그리스도교 신앙 원천 18 Fontes Fidei Christianae

IOANNES CHRYSOSTOMUS
DE VIRGINITATE

Translated with notes by JOH ANNA
Korean translation copyright © 2025 by Benedict Press, Waegwan, Korea.

그리스도교 신앙 원천 18
동정

2025년 10월 30일 초판 1쇄

지은이	요한 크리소스토무스
역주자	조안나
펴낸이	박현동
펴낸곳	ⓒ 성 베네딕도회 왜관수도원, 분도출판사
찍은곳	분도인쇄소
등록	1962년 5월 7일 라15호
주소	04606 서울 중구 장충단로 188 분도빌딩(분도출판사 편집부)
	39889 경북 칠곡군 왜관읍 관문로 61(분도인쇄소)
전화	02-2266-3605(분도출판사) · 054-970-2400(분도인쇄소)
팩스	02-2271-3605(분도출판사) · 054-971-0179(분도인쇄소)
홈페이지	www.bundobook.co.kr
ISBN	978-89-419-2517-0 04230
ISBN	978-89-419-2450-0 (세트)

• 저작권법에 의해 한국 내에서 보호를 받는 저작물이므로 무단 전재와 무단 복제를 금합니다.
• 이 책은 한국천주교주교회의 한국천주교중앙협의회가 문화체육관광부의 국고지원을 받아 발간한 고대 그리스도교 문헌 총서(그리스도교 신앙 원천 · 교부들의 가르침)(비매품)를 분도출판사에서 한국천주교중앙협의회의 허락을 받아 독자 보급용으로 제작하였습니다.

이 책의 본문 종이는 FSC® 인증을 받은 친환경 용지를 사용했습니다.

요한 크리소스토무스

동정

한국교부학연구회
조안나 역주

분도출판사

일러두기

1. 성경 인용은 원칙적으로 『성경』(한국천주교주교회의 2005)을 기준으로 삼았으나, 교부들이 인용한 성경 본문이 『성경』과 차이가 있을 때에는 그리스어나 라틴어 원문을 직역하였다.
2. 성경 본문에 나오는 지명 '유다'는 로마제국의 지방명일 경우 '유대아'로, '유다인'은 '유대인'으로, '유다교'는 '유대교'로 표기했다. 교부 시대의 인명과 지명은 『교부학 인명·지명 용례집』(분도출판사 2008)을 따랐다.
3. 작품명은 『교부 문헌 용례집』(수원가톨릭대학교출판부 2014)을 따랐다.
4. 『교부학 인명·지명 용례집』과 『교부 문헌 용례집』을 수정·보완한 한국교부학연구회 『교부학 사전』(한국성토마스연구소 2021)을 최종 잣대로 삼았다.
5. 본문 번역은 두 독일어 번역본 Bibliothek der Kirchenväter 총서의 52(1926), 53(1927)으로 Paul Koetschau가 번역·주해하여 출간한 *Des Origenes acht Bücher gegen Celsus*와 Fontes Christiani 총서의 한 권으로 Claudia Barthold가 번역하고 Michael Fiedrowicz가 해제와 각주를 붙여 2011년 출간한 *Origenes, Gegen Celsus*을 비교·선택하여 우리말로 옮겼다.
6. 해제는 위의 두 책에 각각 수록되어 있는 Koetscau의 "Einleitung"(VII-XVI)과 Fiedrowicz의 "Einleitung"(9-122쪽), 그리고 Schriften der Kirchenväter 총서의 한 권으로 1986년 출간된 Karl Pichler의 *Origenes, Gegen Kelsos*의 "Erläuterungen zum Autor und Zum Text"(201-217쪽)를 종합하였다.

'그리스도교 신앙 원천'을 내면서

"오래고도 새로운 아름다움!" Pulchritudo antiqua et nova!

교회의 스승인 교부敎父들은 성경과 맞닿은 언어와 문화로 주님의 삶과 가르침을 생생하게 느끼며 살았던 신앙의 오랜 증인들이다. 모진 박해와 세상 거짓에 맞서 기꺼이 자신을 불사르며 복음의 진리와 거룩한 삶의 가치를 지켜 낸 성인들이며, 하느님 백성을 섬기고 돌보는 일을 천직으로 여겼던 목자들이다. 교부 문헌이 탄생한 자리는 책상머리가 아니라, 기쁨과 희망, 슬픔과 고뇌로 누벼진 민중의 애달픈 삶의 현장이었다. 그래서 교부들의 많은 가르침은 단순하면서도 감동적이고, 힘이 있으면서도 따뜻하다. 특히 사회 교리나 교회 생활에 관한 탁월한 가르침은 현대 교회에도 끊임없이 새로운 영감을 불어넣어 주는 마르지 않는 샘이다.

"집어서 읽어라!" Tolle lege!

가장 위대한 교부라고 일컬어지는 아우구스티누스는 바오로 서간을 집어서 읽으면서 진리에 눈을 떴고 마침내 회심했다. 다양한 교부 이름과 책 제목들만 빽빽한 각주로 달려 있는 두터운 신학 논문집보다 짤막한 교부 문헌 한 편이 신학 연구와 영성 생활에 훨씬 더 유익할 수 있다.

신학의 진정성과 보편성은 원전을 짚어서 읽는 데서 비롯하기 때문이다.

고맙게도 분도출판사는 1987년부터 대역본 '교부 문헌 총서'를 펴내고 있다. 라틴어·그리스어 본문을 우리말 번역과 나란히 싣고 상세한 해제와 주석을 단 혁신적 출판 기획은 우리나라 서양 고전 번역의 새로운 지평을 열었다. 세계적 권위를 지닌 프랑스의 '수르스 크레티엔느' Sources Chrétiennes, 독일의 '폰테스 크리스티아니' Fontes Christiani, 이탈리아의 '누오바 비블리오테카' Nuova Biblioteca 등에 당장 비길 바는 아니겠으나, 교부학 불모지였던 우리나라의 철학과 신학, 인문학과 영성 분야에서 일구어 낸 성과와 공헌이 적지 않다.

그러나 고전어를 직접 번역하고 해제와 주석을 다는 일은 고달프고 더딘 여정일뿐더러, 한정된 전문가들에게 기댈 수밖에 없다는 것이 한국교부학연구회와 분도출판사의 공통된 고민이다. 기존 '교부 문헌 총서'의 원전 번역을 꾸준히 이어 가면서도 신자들의 삶과 영성에 꼭 필요한 짧고 감동적인 교부 문헌들을 줄기차게 소개하는 일을 병행할 수는 없을까? 우리는 그 대안으로 지난 2018년부터 대중판 교부 문헌 총서인 '그리스도교 신앙 원천'을 출간하기 시작했다. 누구에게나 널리 읽힐 수 있는 '대중판'(Vulgata)이라는 대전제로 비교적 간소하게 펴내다 보니, 분량이 많거나 신학적으로 묵직한 책들은 어쩔 수 없이 뒤로 밀려났다. 작품의 분량이나 특성에 얽매이지 않고 핵심적인 교부 문헌들을 두루 아우른 총서를 거듭 꿈꾸게 되었다. 그리고 판형을 바꾼 '그리스도교 신앙 원천'으로써 우리의 꿈을 현실로 이루고자 한다.

"원천으로 돌아가자!" Ad fontes!

한국교부학연구회가 국가의 지원을 받아 분도출판사에서 펴내는 이

총서는 30년 프로젝트다. 첫 10년 동안은 매년 굵직한 '교부 문헌' 서너 권과 '교부들의 가르침 — 교부문헌 주제별 선집'(총 10권) 한 권씩을 출간할 예정이다. 라틴어나 그리스어 등에서 직접 번역하는 것이 이상적이겠으나, 여러 가지 현실적인 문제를 고려하여 현대어 번역본에도 기대기로 했다. 영어, 프랑스어, 독일어, 이탈리아어, 스페인어 등으로 충실하게 번역된 권위 있는 현대어 교부 문헌들을 골라 아름답고 적확한 우리말로 옮기는 일에는 교부학자들뿐 아니라 빼어난 전문 번역가들도 참여할 것이다. 분도출판사에서는 오랜 세월 정성껏 가꾸어 온 대역판 '교부 문헌 총서'도 나란히 이어 가기로 했다. '그리스도교 신앙 원천'과 함께 갈 수 있어서 기쁘고 다행스럽다. 교회의 발원지와 맞닿아 있는 이 책들은 성경뿐 아니라 '거룩한 전통'(聖傳)을 더 깊이 이해하도록 도와줄 것이다. 교부 문헌은 가톨릭과 정교회와 개신교가 함께 보존하고 가꾸어야 할 그리스도교 공동 유산이기에, 원천으로 돌아가기 위한 이 노력이 영적 일치 운동에 꾸준히 이바지하리라 믿는다.

"교회는 늘 새로워져야 한다!" Ecclesia semper reformanda est!

이제 우리는 30년 여정에 첫발을 내딛는다. 그리고 그 뒤로도 끝없이 이어질 그 길을 지금 이미 바라보고 있다. 끝이 보이지 않아 행복하다. 지난 수십 년 동안 이 땅에 교부들의 씨앗을 묵묵히 뿌려 온 선배들이 그러했듯, 우리도 힘닿는 만큼 교부 문헌을 살뜰히 옮기다 떠나갈 것이다. 밭에 묻혀 있는 보물과도 같은 교부 문헌을 정성스레 캐내어 생명력을 불어넣는 이 가슴 벅찬 일이 꾸준히 이어지기를 바라는 마음 간절하다. '그리스도교 신앙 원천'이 책꽂이에 차곡차곡 꽂혀 갈수록 우리 교회는 더 젊어지고 더 새로워질 것이다. 교부 문헌은 교회 쇄신의 물

'그리스도교 신앙 원천'을 내면서

줄기를 끊임없이 제공하는 그리스도교 신앙의 살아 있는 원천이기 때문이다. 이 책이 한국천주교주교회의를 통해 출간될 수 있도록 한결같이 격려해 주시고 배려해 주신 모든 주교님께 진심으로 감사드린다.

2022년 11월 1일 모든 성인 대축일에
한국교부학연구회 회장 장인산

차례

'그리스도교 신앙 원천'을 내면서 ___ 5

해제 ___ 11
1. 요한 크리소스토무스의 생애 ___ 13
2. 요한 크리소스토무스의 『동정』 ___ 16
    2.1. 역사적 배경 ___ 17
        2.1.1. 이방인과 유대인의 동정 ___ 17
        2.1.2. 신약성경과 초기 그리스도교의 금욕주의 ___ 18
        2.1.3. 4세기 안티오키아의 금욕주의 ___ 19
        2.1.4. 요한의 청년기와 세상의 매력, 금욕생활 ___ 20
3. 집필 연대 ___ 22
4. 구조 ___ 25
5. 원전 ___ 26
6. 동정과 혼인에 대한 『동정』의 견해 ___ 31
    6.1. 동정 ___ 32
        6.1.1. 이 작품에 담긴 요한의 의도 ___ 32
        6.1.2. 동정 찬양 ___ 34
        6.1.3. 동정의 정의 ___ 35
        6.1.4. 동정과 종말론 ___ 38
    6.2. 혼인 ___ 39
        6.2.1. 혼인의 단점에 대한 전통 자료 ___ 39
        6.2.2. 혼인에 대한 견해 ___ 41
7. 요한 크리소스토무스의 작품들 중 『동정』이 차지하는 위치 ___ 46

7.1. 요한 크리소스토무스의 후대 작품 속의 동정과 혼인___ 46

7.2. 『동정』의 개요___ 48

동정 ___ 53

주제어 색인___ 209
성경 색인___ 212

해제

1. 요한 크리소스토무스의 생애[1]

요한 크리소스토무스는 시리아의 안티오키아에서 아버지 세쿤두스와 어머니 안투사 사이에서 349년경에 태어났다. 어렸을 때 아버지 세쿤두스를 여읜 요한은 홀어머니 밑에서 성장하였는데 어머니 안투사는 자신이 혼인할 때 갖고 온 상당한 재산으로 요한에게 상류층 집안 아이들이 받는 이른바 고등교육을 시킬 수 있었다. 요한이 당시 유명한 수사학자 리바니오스에게 배울 수 있었던 것도 그런 덕분이었을 것이다. 요한이 어떤 목적에서 이런 수업을 받았는지는 모르지만, 친구 바실리우스를 만나고부터 인생의 참목적을 추구하게 된 것으로 보인다.

그리스도교 교육을 받았으나 아직 세례는 받지 않았던(이는 당시 드문 일이 아니었다) 요한은 369년에 멜레티우스 주교에게 세례를 받았다. 멜레티우스는 그를 보조자로 가까이 두었고, 371년에는 그에게 독서직을 주었다. 또한 367~372년에 요한은 당대의 뛰어난 신학자인 디오도루스(후일 타르수스의 주교가 됨)의 제자가 되어 성경 주해와 묵상을 배웠다. 디오도루스는 금욕고행자 동아리인 아스케테리온ἀσκητήριον의 지도자였는데, 요한도 안티오키아의 젊은 금욕고행자 무리와 함께 그의 지도를 받았다. 세례의 확신과 성경에 대한 묵상에서 고독과 금욕에 대한 갈망이 생겼을 것이라 추정한다. 그러나 요한은 어머니를 홀로 두지 않기 위해 도시 성문 곁에 작은 은수처를 짓고 은수생활을 하다가 어머니가 돌아가신 뒤 도시 인근 광야로 물러났다.

---

[1] 참조: 루돌프 브랜들레, 『요한 크리소스토무스: 고대 교회 한 개혁가의 초상』(이종한 옮김, 분도출판사, 2016); 요한 크리소스토무스『라자로에 관한 강해』(1-7편)(하성수 역주, 분도출판사, 2018, 289-333).

그는 노 수도승의 지도 아래 4년간 공주수도승으로 생활하다가 실피오스산의 한 동굴로 들어가 2년 동안 은수자로 살았다. 그러나 지나친 고행으로 위중한 병을 얻어 380년 말경 안티오키아로 돌아왔고 381년 봄에 멜레티우스 주교에게 부제품을 받았다. 요한은 금욕생활에 대한 글 대부분을 부제직 수행 중에 썼다고 한다. 386년에는 멜레티우스 주교의 후임인 플라비아누스 주교에게 사제품을 받았고 이후 12년간 설교 사제로서 수많은 설교를 하였다. 이것이 그의 이름에 '크리소스토무스' 곧 '황금 입'(金口)이라는 수식어가 붙은 까닭이다.

397년에 넥타리우스의 뒤를 이어 콘스탄티노플의 주교가 된 그는 신자들뿐 아니라 성직자들에게서도 전반적 타락상과 나태함을 목격하고 사회와 백성들의 도덕 재교육의 필요를 강하게 느꼈다. 그는 합당치 않다고 여겨지는 사제와 주교들을 파면했고, 방랑하는 수도자들을 강제로 수도원으로 돌아가게 했다. 또한 사회 고위층의 부패한 관습과 방종한 생활을 거세게 비난했다. 그의 권위와 검소하고 엄격한 생활 방식은 주변 소아시아 여러 곳에 영향을 미쳤을 정도다.

그는 주교 재임 초기에는 황실의 호의를 받았지만 얼마 지나지 않아 사회 고위층과 주교들의 적의를 샀다. 에우독시아 황후의 탐욕을 비난하면서 그를 헤로디아와 구약성경의 이제벨 왕비에 빗대는 설교를 한 사건은 황실과의 관계가 틀어지는 결정적 계기가 되었다.

황실과 삐걱대는 관계는, 요한에게 적대적인 다른 주교들과 특히 알렉산드리아 총대주교인 테오필루스(그는 넥타리우스의 후임으로 자신이 원하는 다른 사람을 앉히려 했으나 요한이 그 자리를 차지하여 불만이었다)가 요한에 대한 복수극을 꾸미기에 더없이 좋은 기회를 제공했다. 테오필루스는 403년 29명의 이집트 주교를 데리고 콘스탄티노플에 도착하였고 403년 9월하순에 교회회의를 열고 요한을 소환하여 그에 대한 고발에 대답하게 하였다. 교회회의는 루피니아나이 궁전에서 열렸는데 이 궁전 앞에 커다란 떡갈나무가 있었기에 이 교회회의를 일명 '떡갈나무 교회회의'라고도 한다. 교회회의는 요한이 불참했음에도 그를 파직하였고 이에 대한 보고를 받은 황제는 즉각 판결을 재가하면서 요한을 비티니아(고대 소아시아 북서부 지역)로 유배 보냈다.

그러나 얼마 지나지 않아 아기를 유산한 황후 에우독시아는 그를 다시 안티오키아로 돌아오게 했다. 자신의 유산을 하늘의 경고로 여겼기 때문이다. 그러나 요한에 대한 고발은 다시 한 번 이어졌다. 황실과의 갈등이 또다시 고조되었을 때 요한은 설교에서 세례자 요한의 머리를 요구하는 헤로디아에 대해 암시함으로써 이번에도 황실의 비위를 거스르고 말았다. 게다가 적수인 테오필루스와 반反 요한파 주교들의 음모로 404년 부활절 전날 예비신자들이 세례를 받으려 하고 있을 때 군인들이 성당으로 쳐들어와서 사람들을 칼로 찌르고 성전을 피로 물들였다. 그 후 요한의 핵심 적대자 주교들은 요한을 멀리 보내 버려야 공공질서가 유지될 수 있다는 논지로 황제를 설득하여 결국 요한은 두 번째로 유배형을 받아 아르메니아 산악 지대의 벽지 쿠쿠수스Cucusus로 떠나게 되었다. 에우독시아 황후와 테오필루스 주교의 온순한 거수기 역할만 하는 주교들에게 아무것도 기대할 수 없었던 요한은 교황 인노켄티우스 1세에게 보호를 요청하였고, 교황은 황제가 요한의 후임으로 임명한 두 사람의 임명을 파기하였다. 또한 요한을 파직한 떡갈나무 교회회의를 단죄하고 요한을 콘스탄티노플의 유일한 적법 총대주교로 인정하였다.

그러는 사이에 요한의 명성은 높아만 갔고, 그를 만나려고 쿠쿠수스로 순례하는 사람들이 늘어나자 407년에 황실은 제국의 변방인 흑해 동편의 피티우스Pityus라는 곳으로 유배지를 옮기라고 명령했다. 요한은 뜨거운 태양 볕 아래 새 유배지로 걸어서 가야 했다. 그러나 병으로 약해진 그는 407년 9월 14일 목적지를 약 100킬로미터 앞둔 코마나를 조금 지난 작은 마을(오늘날의 비제리)에서 죽음을 맞이했다. 그의 마지막 말은 그가 언제나 하던 말이었다. "하느님은 모든 일에 찬미받으소서."

2. 요한 크리소스토무스의 『동정』[2]

요한 크리소스토무스의 『동정』은 저자가 코린토 1서 7장의 주해를 통하여 동정의 탁월함을 찬양한 작품이다. 381년 부제품을 받은 저자는 당시 안티오키아 사회의 극단적 금욕주의,[3] 동정을 반대하는 그리스도교 신자들, 동정생활을 지향하거나 살고 있는 동정녀들을 대상으로 올바른 동정생활을 가르쳐야 할 필요를 느꼈다.[4] 저자는 이를 위해 바오로 사도의 코린토 1서 7장을 주해하는데, 성경 주해자라기보다는 청중을 설득하는 설교자의 자세로 써 나간다. 요한은 가상의 대화자를 상정하고 그의 반론에 대답하는 소피스트 수사학 기법을 이 같은 설득을 위한 효과적인 도구로 사용하고 있다.

『동정』은 니사의 그레고리우스의 동명 작품과 마찬가지로 금욕주의

---

2 참조: H. Musurillo/B. Grillet, Jean Chrysostome, La Virginité, Introduction générale, 7-72.
3 극단적 금욕주의는 시리아 사람 타티아누스 등을 중심으로 2세기에 유행했다. 이들은 하느님께서 사람들을 위해 마련하신 선한 것들, 곧 혼인과 출산을 거부했다.
4 이 작품의 집필 연대에 대해서는 여러 가지 설이 있으나 B. Grillet 같은 학자는 요한 크리소스토무스가 부제로 생활하던 382년 무렵에 집필되었다고 본다. 참조: H. Musurillo/B. Grillet, Jean Chrysostome, La Virginité, Introduction générale, 21-25.

적 열성이라는 큰 움직임을 배경으로 한다. 그리스도교 초세기에 탄생한 이러한 움직임은 수도 제도에 힘입어 4세기에 와서 활짝 무르익었다. 요한의 논고는 본질적으로 코린토 1서 7장에 대한 긴 주해의 형태이지만, 광야 생활을 접고 안티오키아에서 사목 활동에 헌신하기로 결심한 시기의 요한의 인물됨과 사상이 어떠했는지 엿보게 해 준다.

2.1. 역사적 배경
2.1.1. 이방인과 유대인의 동정

그리스인과 로마인에게 독신생활은 의례적儀禮的 의미를 지닌 몇몇 동정의 경우를 제외하면 혐오의 대상이었다. 도덕적·영적 완덕에 대한 욕망에서 금욕적 이상을 추구한다는 것은 5세기 아테네 사회에 완전히 낯선 것이었다. 실제로 영적인 노력을 보이는 스토아주의에서도 각 개인은 도덕적 완덕에 대한 이상이라기보다는 감각을 이성으로 지배하기 위한 수단으로서 금욕을 추구했으며, 그러한 훈련을 통해 '아파테이아'에 도달했다. 이들에게 동정은 덕을 향한 여정의 한 단계로서 뛰어넘어야 할 일시적 상태인 반면, 그리스도인의 경우 봉헌된 동정은 돌이킬 수 없는 결정적 상태다. 요한도 본 논고에서 말하길, 이방인들도 동정을 찬미하고 우러러보지만 인간 본성으로는 다가갈 수 없는 것으로 판단한다고 했다.

구약성경은 동정에 대하여 별말을 하지 않는다. 구약의 율법은 동정 제도를 알지 못하며, 창세기의 명령에 따라 혼인을 의무로, 출산을 하늘의 축복으로 여길 뿐이며 심지어 여기엔 사제들도 예외가 아니다. 그러나 기원전 1세기에 동정을 공동체적으로 실천하는 몇몇 유대교 분파에서 혼인보다 독신을 우월하게 여기는 사상이 등장한다. 그중에서도 특히 에세네파를 예로 들 수 있다. 이들의 쿰란 공동체는 세상을 피하는 금욕생활의 본보기였는데, 이들에 대해 예루살렘의 사도단도 틀림없이 알고 있었을 것이다.

2.1.2. 신약성경과 초기 그리스도교의 금욕주의

신약성경과 더불어 새로운 시대가 열린다. 그리스도가 스스로 본보기가 되어 금욕과 동정을 조언한 것이다. "하늘 나라 때문에 스스로 고자가 된 이들도 있다"(마태 19,12). 바오로 사도는 사람이 "아무런 방해도 받지 않고서 주님을 섬기게"(1코린 7,35) 하는 동정의 장점을 찬양한다. 그는 금욕을 권고하지만, 동시에 혼인을 그리스도와 그분 교회의 결합에 대한 상징으로 봄으로써 혼인에도 품위가 있음을 인정한다. 코린토 1서 7장에서 그는 혼인은 좋은 것이지만 동정이 더 우월한 상태임을 보여 주고자 한다. 이로부터 오래지 않아 금욕생활의 장점이 강조되었고, 실제로 수많은 그리스도인이 혼인을 명시적으로 단죄하지는 않지만 그리스도의 참된 제자에 어울리지 않는 상태라고 여기면서 독신으로 살기를 결심한다.

1세기 말부터 하느님께 자신을 바친 고행자와 동정녀들이 출현하였다. 그리고 당시 고독의 추구는 종종 그리스도인들에 대한 박해 때문이기도 했다. 동정과 고독은, 그리스도의 고통과 죽음에 동참하는 순교를 위한 준비인 셈이었다. 그러나 박해 시대가 끝나자 그리스도에 대한 사랑의 증거를 그리스도의 거룩한 삶과의 동일화 안에서 찾게 되고, 동정은 도덕적으로 완전한 행위를 위한 필수 조건이 된다. 또한 동정은 몇몇 고립된 예에 그치지 않고 폭넓은 사회 흐름이 되면서 전통적 사회 여건마저 바꾸게 된다.

바오로의 영향 외에도 금욕적 흐름이 1세기 말부터 유대-그리스도교 안에서 점점 커지면서 혼인을 단죄하고 동정을 찬양하는 극단적 경향이 나타났다. 영지주의는 육체에 대한 멸시를 교의적으로 뒷받침하면서 은밀하고도 지속적으로 영향을 미쳤다. 또 극단적 금욕주의파는 모든 신자에게 금욕을 명하여야 한다고 주장했고, 고자 찬양[5]은 이 오류를 극단적 결과에 이르기까지 몰고 갔다. 바오로 사도의 말이 본디 뜻에 충실하게 해석되도록 감시해야 했던 초세기 교회는 교의적 탈선을 처벌하고, 교회를 분열시키는 이단들에 대해 다양한 설명과 조언과 권고로 응했다. 340년경 강그라 교회회의[6]는 극단적 금욕주의파의 주장들을 단죄했고 요한 크리소스토무스는 『동정』 시작 부분에서 그것들을 통렬하게 논박한다.

2.1.3. 4세기 안티오키아의 금욕주의

요한 크리소스토무스의 『동정』은 4세기 수도 제도라는 큰 움직임과 관련이 있다. 안티오키아 사회의 문란한 도덕, 심각한 양심 파탄의 위기를 불러온 온갖 종류의 악습은 완덕을 갈망하는 많은 남녀를 광야와 관상생활로 떠밀었다. 요한도 이 모범적 본보기들에 도취되었다. 『동정』과 거의 동시대에 쓴 『수도생활을 반대하는 이들 반박』에서 그는

---

[5] 고자(鼓子, eunuque)와 관련된 단어. 오리게네스는 정결을 잃는 위험에 빠지지 않기 위해 자신의 생식기를 잘랐다고 한다. 이런 경우가 너무 많았으므로 니케아 공의회(325년)는 고자들이 사제품을 받지 못하게 금했다.

[6] 오늘날 튀르키예의 강그라에서 열린 이 교회회의는 혼인을 혐오하고 혼인한 이들에게 어떤 희망도 주지 않는 그리스도인들을 단죄했다. "만일 누가 혼인을 비난하고, 자기 남편과 자는 충실하고 신심 깊은 여성을 단죄하면서 그녀가 하늘 나라에 들어갈 수 없다고 말하면 그런 사람은 파문당한다."

세상 속의 삶을 매우 격렬히 단죄하였다. 그가 보기에 그 시대의 젊은 이가 세상 속에 살면서 영혼을 깨끗하게 보존하고자 한다면 교육 외에 다른 해결책이 없었다.

당시에 특히 '독수도승'의 형태로 수행되던 금욕생활은 매우 엄격하였다. 그 어떤 것도 기도를 훼방 놓지 못하게 하기 위해 육체적 욕망을 억누르고 엄청난 고행을 통해 세상에 대한 전적인 이탈을 보장하는 게 그 목표였다. 수도원들에서는 체제가 덜 엄격했고, 각자의 기질에 맞는 관용도 베풀어졌다. 그런데도 생활의 엄격함은 큰 인내심을 요구했다. 은수자든 공동체 수도승이든 모두 동정의 의무가 있었다. 하느님께 봉헌된 고행자가 혼인하면 간음하는 것이었다. '도시의 금욕생활' 형태도 있었는데, 이것은 덕스러운 남녀들에게, 동정 서원을 하면서도 세상에 남아 형제들을 섬기고 그들에게 도덕적·영적 도움과 조언을 줄 가능성을 주었다. 4세기에는 많은 이가 자기네 가정 안에 머물러 살았고, 또 다른 이들은 공동체를 이루어 살았다. 동정녀들은 수도원의 전신인 곳[7]에서, 금욕 수행자는 '금욕고행자 동아리' ἀσκητήριον[8]에서 살았다.

2.1.4. 요한의 청년기와 세상의 매력, 금욕생활

요한 크리소스토무스는 어머니의 영향으로 매우 깊은 신앙 속에서 자랐음에도 금욕에는 별로 채비가 되어 있지 않았다. 그가 받은 지적·도덕적 교육은 그리스도교적 특징을 띠었음에도 본질적으로 안티오키아의 이교인이 받는 중상류층 교육이었다. 두뇌가 민첩하고 호기심이

---

7 이 같은 여성들의 수도원은 꽤 일찍 출현한 듯하다. 안토니우스는 270년경 사막으로 떠나기 전 자기 누이를 동정녀들의 집에 맡겼다(아타나시우스 『성 안토니우스의 생애』 3).
8 디오도루스의 금욕고행자 동아리도 이런 모임의 하나였다.

많은 그는 젊은이에게 너무도 매력적인 주변 세상을 자연스레 찬양하게 되었고, 도시가 아낌없이 제공하는 쾌락들, 곧 경마, 경기, 공연 등에 무감각하지 않았다. 약한 영혼들에게는 종종 위험한 쾌락들이었다. 성적인 면에서 젊은 시절 요한의 행동은 어떠했는가? 그가 비록 그런 세속적 생활에 어느 정도 매력을 느꼈다 해도 정황상 아우구스티누스처럼 죄스러운 정열에는 결코 빠지지 않았다고 생각할 만하다.

요한은 369년, 성인成人이 되어 세례를 받은 후 멜레티우스 주교와 그의 후임자 플라비아누스의 영향으로 도시의 떠들썩한 분위기에서 멀어지고 친구 바실리우스와 함께 거룩한 책들을 읽었다. 멜레티우스, 플라비아누스, 금욕고행자 동아리를 지도하던 디오도루스는 금욕생활을 설파하면서도 매우 온건한 태도를 보였으며 모든 과도한 고행을 엄하게 비난했다. 그리하여 요한은 자기 어머니 곁에 머물면서 디오도루스의 모임에 참여하는 방식으로 수도승생활을 했다. 이런 삶은 그가 다양한 활동들을 할 수 있게 해 준 동시에 그런 만큼 확고하지만 지나치지는 않은 도덕적 규율을 지키게 했다. 이런 생활은 그에게 적절한 것 같았고, 이미 수도생활을 하고 있던 그의 친구 바실리우스가 함께 수도생활을 하길 강권했으나 요한은 어머니의 간곡한 개입 이후 그 요청을 거절했다. 아마도 그가 보기에 세상에 머무는 것이 하느님을 섬기는 데 더 나은 방편으로 보였던 것 같다.

그러나 어머니의 죽음 이후 그는 갑자기 도시를 떠나 산속으로 물러났다. 참으로 이상한 결정이었지만 이 불같은 영혼은 종종 극단적 해결책으로 쏠렸고, 도시에 살면서 이어 가는 온건한 금욕생활은 그의 영혼에 불만을 낳았고 틀림없이 요한 안에 전적인 포기에 대한 갈망을 일으켰을 것이다. 이는 그가 『동정』 79장 1-2와 80장 1에서도 언급하는 거룩한 사람들이 살아간 사막의 삶을 본받은 것이었다. 그는 시리아의 노 수도승 지도 아래 우선 4년 동안 공주수도승으로 생활했다. 그리고 378-379년에는 실피오스산의 한 동굴로 들어가 홀로 생활했다. 이러한 고행생활은 매우 지나쳐서 그의 건강을 해쳤다. 그는 하루의 많은 부분을 구약과 신약을 읽고 묵상하는 데 바쳤는데, 그러다 위중한 병에 걸린 그는 마침내 이 고달픈 경험을 중단하기로 결정했다. 380년 말경 안티오키아로 돌아온 그는 381년 봄에 부제품을 받았다. 금욕생활에 대한 대부분의 글을 요한은 부제직을 수행하는 동안 썼다.

3. 집필 연대

『동정』의 집필 시기를 정확하게 단정하기는 어렵다. 『코린토 1서 강해』(19편)에서 요한 크리소스토무스가 청중에게 동정에 관한 자신의 논고를 참조하라고 했을 때 이 작품 『동정』을 가리켰을 가능성이 매우 높다. "우리가 이 덕에 대하여 다루면 좋을 텐데 그렇게 하지 않는다고 해서 우리를 소홀하다고 비난하지 말기 바랍니다. 우리는 오롯이 이 주제만 다루는 책 한 권을 최대한 정성을 기울여 썼습니다. 그래서 오늘 또다시 주제를 다루는 것은 불필요하다고 생각했습니다. 독자들에게 그 책을 참조하라고 권하는 바입니다"(19편 끝부분). 이 강해는 392년 안티오키아에서 한 것이므로 『동정』은 아무리 늦어도 392년이 되기 전에 썼다고 생각할 수 있다. 392년 이전에 대해서는 추측에 의존할 수밖에 없다. 그 시기 작품들에서는 동정에 관한 저술에 대해 어떤 암시도 없기 때문이다. 아무튼 몇 가지 이유 덕분에 집필 시기를 십중팔구 부제 시절로 거슬러 올라가 잡을 수 있다.

요한이 언제나 동정 문제에 관심이 있던 것은 사실이지만 특히 380년 안티오키아로 돌아온 이후 2~3년간은 매우 적극적으로 그 문제에 몰두했다. 좀 더 후기의 저서들은 동정 문제를 부수적으로 다룰 뿐이지만, 380~382년 사이에 쓰인 논고들은 대부분 동정, 독신, 금욕생활에 할애되고 있다. 이 작품들은 아마도 381년 이래 부제직을 수행하며 요한이 몰두하게 된 관심사에 따라 저술되었을 것이다. 각 작품은 동정과 관계된 특별한 문제들 중 하나를 다룬다. 따라서 동정이라는 덕에 대한 찬양을 통해 이 작품들을 정당화하는 더 완성도 있는 논고가 이들과 같은 시기에 쓰였다고 보는 것은 논리적이다.

그러나 이 논고의 집필 시기를 추정하는 데 특히 결정적인 요소로 보이는 것은 이 논고가 집필된 정신이다. 이 작품에서 요한이 제시한 동정의 이상은 그가 『수도생활을 반대하는 이들 반박』과 금욕주의적 논고들에서 옹호한 이상에 매우 가깝다. 이 모든 작품은 젊음의 혈기로 가득하고, 거기엔 은둔 체험에 대한 기억이 여전히 생생하게 간직되어 있다. 예를 들어 『동정』에서 보이는 사상의 고양, 극단적인 문체, 그리고 혼인과 부부들에 대한 저자의 태도는 젊음의 열정이 아니고는 설명할 수 없는 특징들이다. 혼인에 대한 아연실색할 만한 그의 혹평, 젊은 동정녀에 대한 묘사는 그가 사제이던 시기에 쓴 작품들이 이 주제에 대해 보여 주는 식견을 갖춘 영성과 뚜렷한 대조를 이룬다. 따라서 이 책이 386년 이후, 곧 요한이 영혼들의 목자로서 금욕에 대한 자신의 열망을 효과적인 애덕과 더 직접적이고 능숙하게 조화시키던 시기에 출판되었다고 생각하기는 어렵다.

게다가 이 책의 구성 자체도 집필 연대 추정에 시사하는 바가 크다. 짤막한 1부는 도입부로서, 주제에 대한 상세한 설명이다. 1부가 주로

겨냥하는 대상은 혼인을 멸시하는 이단적 가르침의 그리스도인 추종자들이다. 요한은 상당히 단호한 내용으로 몇 페이지⁹를 이들에게 할애함으로써 독자들이 이 작품을 읽으면서 피해야 할 교의적 오류에 대해 깨우치고자 한다. 이처럼 '극단적 금욕주의'에 대한 엄한 단죄는 동정을 열정적으로 찬양하기 위해 필요한 예비 조치이고, 혼인에 대한 옹호는 혼인에 대한 쩌렁쩌렁한 논고에 없어서는 안 될 서막이다.

1부를 구성하는 장들은 『동정』 나머지 부분의 설득력을 감소시킴 없이 극단적 금욕주의파의 과도함을 저지하고, 그에 따라 주장되는 교의에 대하여 있을 수 있는 반박들을 미리 논박한다. 저자의 이 같은 신중함은 금욕생활에 대한 그의 초기 저작들의 상당히 단정적인 태도가 불러일으켰을 수 있는 저항에 기인한 것이 아닐까? 요한이 '극단적 금욕주의'에 대해 분명한 태도를 취할 필요가 있다고 믿었다면 그것은 그의 동정 찬양에 대해 혹시 있을지 모를 악의적 해석을 방지하기 위해서가 아닐까? 그런데 이 같은 악의적 해석은 그가 자신의 열정으로 말미암아 의심을 받을 가능성이 있던 금욕주의적 작품들의 시기에만 가능하지, 그 이후 시기에는 불가능하다. 이 경우 『동정』은 비난의 대상이 되었다고 볼 수 있는 발언과 텍스트들보다 약간 후기에, 곧 382년 무렵에 출판되었을 것이다.

출판의 상황 자체가 어떠했는지는 알려져 있지 않다. 안티오키아의 금욕생활 무리의 교화를 위해 누군가 요한에게 집필을 요청한 것일까? 아니면 요한 자신이 이 주제가 내포하는 영웅주의의 높은 이상에 고양되어 안티오키아에서 동정 찬양에 대한 책을 출판할 필요가 있고 그 출

---

9 참조: 요한 크리소스토무스 『동정』 1-12.

판이 시의적절하다고 판단한 걸까? 그것은 알 수 없는 일이다.

4. 구조

『동정』은 모두 84장인데 내용별로 4부로 나눌 수 있다.[10] 1부는 1-24장으로, 1-11장은 혼인을 멸시하는 이단적 가르침을 추종하는 동정녀들을 반박하는 내용이다. 이들은 악마에게 복종하고 하느님께 맞서기에 죄의 상태에 있다. 게다가 이들은 물질은 악하다는 생각에서 혼인을 단죄한다. 이는 마니교의 오류로서 하느님의 일을 모욕하는 것이다. 또한 혼인을 악으로 단죄하는 것은 동정에 해를 끼치는 일이다. 그런 단죄는 동정녀들에게서 자유로운 선택이라는 특권을 앗아 가며, 동정을 기껏해야 악보다 나은 차상위 선이 되게 하기 때문이다. 12-24장은 동정을 업신여기는 그리스도교 신자들에 대한 반박이다. 모두가 동정을 지키면 인류는 어떻게 존속하겠는가 하는 반론에 대해 답하고, 동정을 조롱하다가 벌을 받는다는 것을 성경의 예들을 들어 논증한다.

2부는 25-50장으로, 코린토 1서 7장 1-27절에 대한 주해다. 동정을 권고하면서도 혼인을 용인하는 것 같은 바오로 사도의 의도는 동정에 대한 권고에 있음을 바오로 서간 주해를 통해 보여 준다.

3부는 51-72장이며, 혼인의 부정적 측면들과 동정에 대한 찬양을 내용으로 한다. 혼인이 제공하는 보잘것없는 만족들은 혼인에 따르는 걱정에 비하면 대수롭지 않은 것이다. 혼인은 오히려 행복에 대한 장애물

---

[10] 각 장의 제목을 붙인 이가 요한 크리소스토무스인지는 알 수 없다. 8-9세기 무렵 비잔틴 원본 시절에 제목들이 붙여졌으리라고 추측해 볼 수 있다. 참조: H. Musurillo/B. Grillet, Jean Chrysostome, La Virginité, Introduction générale, 86.

이다. 이와 반대로 동정녀는 혼인한 여인이 추구하는 덧없는 부가 필요 없으며, 그녀의 장식은 온전히 영적이다. 동정이 그에게 주는 고통들마저 기쁨의 원천이다. 그리스도를 위해 그것을 견디기 때문이다.

4부는 73-84장으로, 코린토 1서 7장 28-40절에 대한 주해다. 최후 심판이 다가오고 있으므로 혼인은 적절하지 않다. 하느님은 오늘 우리에게 예전보다 더 높은 덕을 요구하시고, 그리스도께서 약속하신 보상이 가까이 다가온 만큼 그분은 우리가 더욱 완전한 덕을 통하여 그것을 누리기를 바라신다. 동정이 그것을 얻도록 도와준다.

5. 원전

당대의 모든 그리스도교 작품은 성聖과 속俗 두 문화의 상호 침투를 보여 준다. 그러나 『동정』에서 그리스-라틴 문학을 직접 모방한 부분은 매우 드물다. 다루는 주제가 그렇게 하기에 적합하지 않기 때문이다. 그에 비해 요한은 성경에서 매우 많은 영감을 받았으며, 이 책에 인용된 구절들은 그가 신·구약성경과 몹시 친숙함을 보여 준다.

세속 작품에서는 에우리피데스와 소포클레스의 몇몇 구절을 떠올리며 그리스비극의 잘 알려진 주제를 취함으로써, 자신의 작품 속 젊은 아내의 괴로움과 걱정에 대한 묘사에 사용하였다. 동정이라는 특정 문제에 대한 철학자들의 영향은 제한적일 수밖에 없었다. 그런데도 초세기 대중 설교의 자료이던 스토아주의적 견해와 견유학파적-스토아학파적 주장들이 이 작품에 들어 있지 않다고 할 수는 없다. 이교 세계의 지혜가 가르치던 노력과 힘에 대한 예찬은 초세기 그리스도교의 도덕가들과 마찬가지로 요한에게도 친숙했기 때문이다. 그러나 무엇보다도 요한 크리소스토무스는 그가 살아온 주변 환경의 영향을 많이 받았다. 4세기 사회는 아직도 전통적 관습과 방식에 얽매여 있었고, 이 같은 이교인적 사고방식과 풍습의 잔존은 예를 들어 혼인 문제에 대한 은연중의 편견의 원천이었다. 사실 동시대의 몇 가지 생활 방식을 이교인적 영감에서 온 것이라고 낙인찍는 요한 크리소스토무스지만, 그 자신이 그런 삶의 무의식적 희생자였다.

구약성경은 이 책의 풍부한 인용처이며, 성경의 사건과 인물들에 대한 암시도 대단히 많다. 성경 본문의 활용법은 매우 다양하다. 어떤 본문들은 이데올로기적 목적으로 인용되어 가설을 뒷받침하는 데 쓰이지만 무리한 해석이 없지 않다. 예를 들어 창세기의 몇 구절에 대한 해석은 건전한 해석학에 부합하지 않아 보인다.[11] 또 다른 본문들, 곧 예언자들의 모범적 삶에 관한 본문이나 하느님의 사람들을 박해하는 자들에게 야훼가 내린 벌에 관한 본문은 증언의 가치를 지닌 것으로 여겨지고 독자의 교화나 경고를 위해 쓰인다. 또 다른 본문들은 거의 기록 자료적이라 할 만큼 역사적인 가치를 지닌다. 이들은 일부다처제와 아내를 내쫓는 것이 허용되고 탈리오법칙이 적용되는 등 풍습이 좀 더 자유롭던 시대로 거슬러 올라가게 해 준다. 성경의 풍습 분야의 예들은 동정의 궁극 목적에 대한 요한의 주장을 뒷받침해 준다. 구약의 율법이 동정에 대해 침묵하는 것 자체가 새로운 법이 진보를 가져다주었다는 증거이며, 구약성경의 인물들 중 시대를 앞서서, 후대에 그리스도가 요구한 도덕적 덕을 지킨 이들은 드문데, 그런 만큼 예언자들의 엄격한

---

11 "자식을 많이 낳고 번성하여라"(창세 1,28)에 대한 해석. 요한의 주장에 따르면, 창세기에서 인간 창조 직후에 생겨난 혼인 제도의 거룩한 성격을 확립하는 이 말은 글자 그대로 받아들여선 안 되고 미래에 대한 예시로 여겨야 한다.

삶은 복음적 요구에 대한 예시로 존경을 받는다는 것이다. 또한 유대인들은 '어린 자녀들'[12]이라고 불리는 반면, 그리스도께서는 동정을 통하여 우리를 "충만한 경지"[13]로 이끄신다는 것이다. 마지막으로, 매우 진부한 주제를 예시하는 몇몇 인용들이 있는데, 이들은 단지 성서적 구색을 맞추기 위해서 인용된 것이다.

복음, 특히 마태오 복음에서 인용된 많은 구절이 논고를 이어 맺으면서 논고에 그리스도의 말씀의 권위를 부여한다. 그러나 복음서에서 동정과 관련된 본문들은 드물다. 요한은 잘 알려진 마태오 복음의 한 구절을 여러 차례 인용한다. "하늘 나라 때문에 스스로 고자가 된 이들도 있다. 받아들일 수 있는 사람은 받아들여라!"(마태 19,12). 그는 동정녀들에게 약속된 기쁨에 대한 바오로 사도의 말이 진리임을 보증하기 위해 위 구절을 당대에 흔히 하듯이 논증의 필요에 맞춰 어느 정도 자유롭게 고친다.[14]

그런가 하면 바오로 서간의 본문은 논고의 골조를 이룬다. 그중 가장 중요한 본문은 코린토 1서 7장으로, 논고의 3분의 2가 그 구절에 대한 주해다. 그 외에 로마서가 9번, 티모테오 1서가 11번, 에페소서가 3번, 히브리서가 3번 인용된다. 요한은 바오로 사도의 삶과 가르침뿐 아니라 그의 변증법과 영혼에 대한 지식에도 탄복한다. 요한 크리소스토무스는 스승 바오로의 지혜[15]에 대해, 그의 통찰력[16]에 대해, 언제나 마

---

12 참조: 요한 크리소스토무스『동정』84,1.

13 요한 크리소스토무스『동정』16,1.

14 요한의 본 논고 마지막 장은 마태오 복음의 "내 아버지께 복을 받은[뽑힌] 이들아, 오너라"(25,34)를 인용하지만, 의인들에게 약속된 영원한 복은 여기서 동정녀들에게 돌아간다.

15 참조: 요한 크리소스토무스『동정』13,1.

16 참조: 요한 크리소스토무스『동정』41,9; 76,2.

음을 얻을 줄 아는 그의 방법[17]에 대해, 그리스도를 향한 그의 사랑[18]에 대해, 그의 겸손[19]에 대해 경의를 표한다. 바오로는 자기 마음속에서 말씀하시는 그리스도를 모시고 있고[20] 복음의 해설자[21]이며 그의 권고는 주님의 권고[22]다. 그런데도 바오로가 혼인에 대해 말하기 위해 사용하는 온정 어린 완곡한 표현들은 요한 크리소스토무스에 의해 좀 더 편협한 직설적 의미로 축소되며, 그의 설명 시도에는 조잡한 이론이 없지 않다.[23] 하기야 요한은 자기 견해를 옹호해야 할 필요성과 바오로의 사상에 대한 올바른 해석 사이에서 종종 갈등을 겪는 것처럼 보인다. 『동정』은 찬양이므로 토론은 광범위하게 벌어지지 않고, 바오로 서간에서 그리스도교적 혼인의 기쁨과 은혜와 관련된 모든 것은 모호한 채로 남는다. 예를 들어 요한이 훗날 혼인에 대한 설교에서 사용하게 될 에페소서 5장 21절의 중요한 본문에 대한 암시는 그 어디에도 없다.

요한 크리소스토무스는 이미 나온 작품들에서 영감을 받았을까? 동방의 수도 제도는 금욕생활에 관한 무수한 작품들을 낳았다. 예를 들어 로마의 클레멘스의 작품으로 간주되는 『동정녀들에게 보낸 편지』(2세기), 헤르마스의 『목자』(150년경), 알렉산드리아의 클레멘스의 『양탄자』 제3권(3세기 초), 메토디우스의 『열 처녀의 잔치』(3세기 말), 안키라의

---

17   참조: 요한 크리소스토무스 『동정』 41,5; 49,3.
18   참조: 요한 크리소스토무스 『동정』 12,1.
19   참조: 요한 크리소스토무스 『동정』 12; 42.
20   참조: 요한 크리소스토무스 『동정』 12,1.
21   참조: 요한 크리소스토무스 『동정』 42.
22   참조: 요한 크리소스토무스 『동정』 12,1.
23   혼인에 대한 바오로의 관용에 관한 끝없는 궤변을 예로 들 수 있다(참조: 요한 크리소스토무스 『동정』 12; 13; 41; 42; 47; 49; 78).

바실리우스의 『참된 동정』(4세기 초), 아타나시우스의 작품으로 여겨지는 『동정』(350년경), 나지안주스의 그레고리우스의 동정에 관한 시(『시가』 1권), 그리고 특히 요한 크리소스토무스의 이 작품보다 겨우 몇 년 앞서 나온 니사의 그레고리우스가 쓴 『동정』(371년)을 들 수 있다.

이들은 요한의 이 작품에 얼마나 영향을 미쳤을까? 그것을 확실히 판별하기는 어렵다. 이 모든 작품들은 각 저자의 내적 확신과 기질에 따른 차이는 있지만 하나같이 바오로 사도에게서 영감을 얻고 있으며, 그들이 사용한 사상, 은유, 이미지, 상징들은 4세기 말에 일반적인 논거로 이미 자리 잡고 있었기 때문이다. 메토디우스의 『열 처녀의 잔치』에는 이미 코린토 1서 7장의 개략적인 주해가 나오며, 『동정』과 비슷한 문체 기법과 이미지와 논법, 그리고 창조와 원죄의 신비와 연결된 동일한 동정 개념, 인류 역사에 대한 종말론적 해석이 나온다. 아타나시우스의 작품으로 여겨지며 동정 실천의 교과서인 『동정』은 요한의 것과 비슷한 가르침, 조언, 권고들을 담고 있다. 동방 수도 공동체들에 널리 퍼져 있던 이 책을 요한도 알았을 가능성이 있다.

그리고 특히 371년에 나온 니사의 그레고리우스의 작품과 요한의 작품 사이에 있는 공통점은 무시할 수 없다. 니사의 그레고리우스도 혼인한 사람들에게 닥치는 곤란들에 대해 이야기할 때 요한과 똑같은 소재를 꼽고, 인간 종種의 번식을 위한 생식기능의 역할을 중요치 않게 여기면서 인류 역사의 축도縮圖를 제시한다. 그러나 이러한 유사성은 무엇보다도 형식적이며, 틀림없이 공통 원전을 가지고 있다고 추정하게 한다. 두 작품 대조의 이점은 다른 데에 있다. 동정의 역할에 대한 신비주의적 이해, 참된 선에 대한 거의 플라톤적인 정의는 그레고리우스의 작품에 철학적이고 추상적인 성격을 부여하는데, 이는 요한의 작품에는 없는 요소다. 그레고리우스의 작품에서 혼인은 더 엄격하게 단죄되며, 요한 크리소스토무스처럼 자신의 비판에 어느 정도 제한을 두는 조심성 같은 것은 찾아볼 수 없다. 요한이 니사의 그레고리우스가 격찬하는 영웅주의의 이상에 매우 예민하던 시기에 이 엄격하면서도 열광시키는 내용의 까다로운 작품에서 영향을 받았다는 것은 불가능한 일이 아니다. 이 본보기 책은 요한이 자신의 개인적 생각을 표현하는 것을 주저하게 하면서도 어쩌면 그에게 영감을 주었을 것이다. 『동정』의 몇몇 극단적 표현의 이유는 부분적으로 이런 식으로 설명할 수 있다.

6. 동정과 혼인에 대한 『동정』의 견해

바오로 사도는 동정인 동시에 다산인 그리스도와 교회 간의 결합을 부부들에게 이상으로 제시하면서 혼인에 전례 없는 품위를 부여했다. 그런데 앞에서 보았듯이, 금욕과 동정에 대한 초세기 그리스도인들의 열성은 혼인에 대한 비하를 동반했다. 『동정』에서 바오로 사도의 본문에 대한 해석이 혼인에 상당히 적대적인 반면, 흥미롭게도 이 작품은 이같은 엄격성을 '정당화'하려는 의지를 여러 차례 표현한다. 요한은, 바오로의 서간들이 대상으로 한 공동체는 이교 사회 안에 있기에 청중 모두가 놀라거나 낙담하지 않고 쉽게 받아들일 수 있는 상당히 완곡한 답변이 요구되었으며, 동정의 뛰어남에 대한 가르침도 신중해야 했다고 말한다. 그러나 4세기 사람들은 마음 안의 은총의 향상과 정화되고 깊어진 종교의 영향으로 더욱 많은 것을 요구하게 되었다. 사람들이 이 주제와 친숙해졌기에 고도로 엄격한 가르침에 좀 더 쉽게 다가갈 수 있었다는 것이다. 이 같은 전망에서 보면 혼인을 비판하거나 동정을 찬양하는 요한 크리소스토무스에게 영감을 준 정신에 대해 더 잘 이해하게 된다.

6.1. 동정

『동정』의 첫마디부터 요한 크리소스토무스는 동정은 십자가에서, "동정녀에게서 태어난"[24] 그리스도에게서 옴을 상기한다. 그리고 그리스도가 영원한 생명의 문턱에서 동정녀들을 의인들로 받아들이는 광경으로 이 작품을 끝맺는다. 요한은 봉헌된 동정에 대한 이 같은 찬양을 이 글에서 되풀이하면서, 동정만이 '살로 빚어진 사람들'에게 천사들의 조건에 다가가게 해 주고 하느님과의 "친밀함"을 누리게 해 준다는 소신을 밝힌다. 392년에 한『코린토 1서 강해』제19편은 정결의 필요성을 가르친다. "정결은 언제나 필요합니다. 늘 정결을 눈앞에 두고 있어야 합니다. 그렇지 않으면 우리는 주님을 뵙지 못할 것입니다." 그런데『동정』에서 요한 크리소스토무스의 의도는 무엇인가?

6.1.1. 이 작품에 담긴 요한의 의도

이 작품에 생명을 주는 정신이 잘 보여 주듯이 이 글은 단순한 문학적 작품을 훨씬 뛰어넘는다. 실천적 차원에서 이 작품을 쓴 의도는 상당히 구체적이다. 우선적으로 동정녀들을 대상으로 하는 것이 틀림없는 이 책의 목적은 그들을 서둘러 모집하려는 것이 아니다. 왜냐하면 당시 광야는 수도승과 독수도승들로 넘쳐 났고 안티오키아에는 동정녀들도 상당히 많았기 때문이다. 그보다는 오히려 호교론적인 염려에

24　요한 크리소스토무스『동정』1,1.

서, 이단자들과 오래된 편견에 사로잡혀 중상하는 그리스도인들에게 그리스도교적 동정의 필수 불가결한 요소들과 그 높은 가치를 상기시켜야 할 필요성에 답하려는 것이다. 그리고 동정녀들이 그리스도께 헌신하는 동정이 요구하는 바를 깨우치게 하려는 것이다. 동정인 남녀들은 도덕적 규율에서 해이해지고 자기들 덕의 참의미를 놓치면서 습관에 안주할 위험이 늘 있었다. 요한은 동정녀들이 늘어나는 것에 기뻐하면서도 다른 사람들과 마찬가지로, 좀 덜 단단한 영혼들이 독신 의무가 무거운 나머지 너무나 인간적인 나약함에 무릎 꿇지 않을까 두려움을 느꼈다. 세속으로 돌아가기 위해 자신들의 서원을 깨뜨린 동정녀들은 말할 것도 없었다. 26장은 아무런 경험이나 숙고 없이 열정만으로 동정의 삶을 선택한 이들에 대한 요한의 불신을 보여 준다. 엄한 규범에도 불구하고 382년에 남녀 동정인들이 함께 사는 문제가 날카롭게 제기되었고, 신비적 결합, 영적 혼인은 추문의 근원이 되었는데, 이는 그 무렵 저술한 요한의 소논문에 잘 반향되어 있다.[25]

다른 한편 요한 크리소스토무스는 동정이라고 다 하느님을 기쁘게 하는 것이 아님을 독자들에게 일깨울 필요가 있다고 생각한다. 교회 밖에서 금욕을 실천하는 것은 정신의 오류이며, 이 범죄는 간음만큼 위중한 것이다. 이단자들이 내세우는 동정은 사실 하느님께 모욕이다. 그들을 이끄는 거짓되고 악한 근본 의도는 그들의 모든 행위를 나쁜 것이 되게 하기 때문이다. 그래서 최후의 징벌이 천국에서 그들을 기다리고 있다. 매우 개인적인 조심성에서 나온 이러한 경고와 유보 조항은 신비

---

[25] 특히 요한 크리소스토무스의 두 개의 소논문(『동정』과 같은 시기의 작품이 틀림없다)을 들 수 있다. 『동정녀들과 함께 사는 이들 반박』과 『동정녀들은 남자들과 함께 살아서는 안 된다는 권고』다.

해제

주의적 열성이 불타오르던 시대였던 만큼 방향 설정과 소명의 문제에서 어느 정도 주의가 필요했기 때문이다. 이 같은 고찰로써 우리는 왜 이 작품의 수많은 논리 전개가 구체적 성격을 띠는지, 왜 이 작품의 철학적 역량이 빈약한지를 이해하게 된다. 요한 크리소스토무스는 신학자라기보다는 사목자로서 독자들에게 이야기하고 있다. 그러나 『동정』은 이것이 다가 아니다. 사상적 측면에서 이 논고는 동정을 옹호하는 감동적인 신앙 고백이다.

6.1.2. 동정 찬양

사람들은 동정 실천의 어려움과 무용성을 들어 동정에 반대한다. 요한은 동정 신분의 어려움을 인정하고, 동정녀들을 공격하는 육적 유혹, 악마에 대항하여 벌이는 그들의 사투를 언급한다. 그러나 이러한 시련들은 그것을 기꺼이 수용하는 이에게 공덕이 되고, 그의 힘을 선과 그리스도를 섬김 쪽으로 이끌기 때문에 그에게 이롭다고 요한은 말한다. 어쨌든 이 시련은 혼인의 시련과 비교할 때 극복 가능하다. 동정녀는 하느님의 영으로 지탱되고, 그런 괴로움 가운데 쏟는 눈물은 이 세상의 폭소보다 더 큰 기쁨을 주기 때문이다.

동정은 매우 얻기 쉬운 덕일 뿐 아니라, 다른 덕들과 달리 이승에서부터 이미 보상을 받는다. 동정을 선택한 사람은 이제 일상의 근심, 바오로 사도가 "현재의 재난"[26]이라고 부른 것을 면하게 된다. 젊은 동정녀의 영혼에는 평온함이 깃든다. 모든 것이 산만함과 소란을 일으킬 뿐인 세상에서 그리스도인에게 하느님을 모시기 위한 영혼의 평온을 보

---

26   요한 크리소스토무스 『동정』 43,1.

장할 수 있는 것은 동정뿐이기 때문이다. 그가 느끼는 복락은 어떤 인간적 행복과도 비교할 수 없다. 더구나 동정녀는 천국에서 뽑힌 이들의 몫을 함께 누릴 것이다. 요한은, 바오로가 동정녀들을 기다리는 보상들에 대해 말하지 않는다 해도, 그리스도께서 친히 "스스로 고자가 된 이들"(마태 19,12)에게 하늘 나라를 약속하셨다고 말한다. 게다가 재림의 임박함은, 우리가 지상적 관심사들을 내려놓고 동정 안에서 우리 구원을 위한 가장 확실한 길을 발견하도록 북돋는다. "이 시대가 끝나 가고 있고 부활의 날이 문 앞에 와 있다면, 우리는 더 이상 혼인이나 이 세상 재물이 아니라, 우리의 궁핍에 대해서, 그리고 저세상 삶에서 유용할 그 밖의 모든 지혜의 요소들에 대해서 생각해야 합니다."[27] 바로 이것이 적어도 개인 차원에서 동정 신분을 선택하는 것이 정당한 이유들이다.

6.1.3. 동정의 정의

그러면 '동정'을 어떤 의미로 알아들어야 하는가? 오늘날 신체적 순결이란 의미로 이해되는 이 단어는 그에 해당하는 그리스어 '파르테니아'$παρθενία$라는 용어를 제대로 옮기지 못한다. 파르테니아는 더 넓은 의미를 지닌 단어로써, 동정의 정신, 다시 말해 신체적 순결과 정결함 둘 다를 가리킨다. 그래서 요한 크리소스토무스는 파르테니아를 육신의 순결, 영혼의 정결함, 그리스도께 대한 봉헌이라는 세 가지 측면에서 정의했다. 사실 신체적 순결로 축소된 동정은 그것을 실천하는 이들을 구원하기엔 불충분하다. 이 경우 동정은 생식기 결여일 뿐이다. 왜냐하면 신체 절단을 통한 정욕의 억제가 그리스도인에게 동정의 정신을 주

---

27   요한 크리소스토무스 『동정』 73,1.

지는 않기 때문이다. 그리스도인의 의무는 정욕의 '제거'가 아니라 '극복'에 있다.

동정녀가 혹시라도 자신에게 불순함의 원인이 될 수 있는 모든 것을 의지적으로 피하려면 그녀에게 의지와 도덕적 힘이 있어야 한다. 악한 의도는 그 자체로, 비록 그에 따른 아무런 결과를 낳지 않았더라도, 영혼을 더럽힌다. 단 하나의 불순한 욕망도 만일 동정녀가 그것을 즐긴다면 금지된 육적 행위만큼 위중한 죄다. 따라서 검소한 외양, 눈물, 거친 의복, 심지어 고행마저도 동정녀 평가의 기준이 될 수 없고 오직 그녀의 "근본적 태도"[28]만이 기준이 되어야 한다. 살펴봐야 할 것은 바로 마음이기 때문이다. 속세의 모든 관심사에서 벗어난 동정녀는 그녀를 세상으로 이끄는 모든 것을 포기해야 할 것이다. 완벽한 행위로 표현되는 이 도덕적 순수함의 기원이요 목표는 영적 순수함이다.

이교인에게 금욕은 감각을 이성으로 지배한다는 인간적 목표에 따른 것이다. 이단적 가르침을 추종하는 동정녀의 금욕은 교만한 행위다. 그녀는 정신적으로 사탄에게 자신을 주기 때문이다. 그러나 그리스도교적 동정은 그리스도께 대한 믿음 안에 원천이 있다.『수도생활을 반대하는 이들 반박』은 이미 신앙이 금욕생활에 양분을 주는 뿌리임을 보여 주었고,『동정』의 12-19장은 이러한 진리에 대한 해설일 뿐이다. 동정녀는 그리스도께 대한 사랑과 그분을 닮고자 하는 갈망에서 자신의 정결의 원동력을 길어 낸다. 자신이 선택한 상태를 통해 스스로를 영광스럽게 하기는커녕 주님의 겸손한 종이 되는 데에서 기쁨을 얻는다. 동정은 그리스도에 의해 영감을 받고 그리스도께 봉헌되기 때문에

---

[28] 요한 크리소스토무스『동정』7,1.

애덕이다.

동정은 덕인가? 하느님의 선물인가? 이 은총의 영역에서 요한 크리소스토무스의 태도는 신중하다. 하느님은 그리스도인에게 동정을 위해 싸우도록 제안하시고 이에 대한 보상을 약속하시지만 그에게 선택의 자유를 남겨 두셔서 우리 그리스도인이 기도와 단식, 밤샘기도와 겸손을 통한 우리 영혼 안의 하느님 은총의 활발한 작업에 의해 동정의 정신을 얻게 하신다. 우리를 이 높은 덕의 경지로 끌어올리기 위해 우선 은총이 필요한데, 하느님은 세례를 통해 이 은총을 모든 그리스도인에게 주시기에 우리의 첫째가는 공덕은 우리에게 베풀어진 은총을 잘 받아들이는 데 있다. 하느님의 초자연적 도움은 우리의 임의적 자유를 없애지 않으며, 이 선한 의지의 행위는 인간이 자기 선택에 온전히 책임질 것을 전제하기 때문이다. 그래서 혼인은 나쁘다고 미리 확신하며 자신의 모든 행위를 해 나가는 이단자는 고자의 신체가 절단되듯 자기 영혼을 절단하며 거기서 아무런 공덕도 이끌어 내지 못한다. 고자들이 혼인하지 않는다고 해서 아무도 그들을 찬양할 생각은 하지 않는 것은 그런 까닭이다.

이 하느님의 호의를 간직하여 우리 안에 꽃피우는 것은 우리의 깨어 있음과 열성에 달려 있다. 사실 우리의 개인적 노력이 효력 있으려면 위로부터 오는 도움이 필요하다. 주님께서 집을 지켜 주지 않으시면 그것을 지키는 이들의 수고가 헛되다. 그리고 기도와 단식, 밤샘기도와 겸손으로 우리는 하느님의 지속적 도움을 얻어야 한다. 이처럼 우리는 하느님의 너그러우심과 우리의 깨어 있는 힘을 통하여, 천사나 낙원의 아담과 하와가 누리던 것과 같은 하느님과의 "친밀함"에 도달한다.

해제

6.1.4. 동정과 종말론

　이 덕의 유효성 또는 목적은 우리를 하느님과 가까워지게 하는 것이다. 은둔생활과 수도 제도가 그렇듯이 동정도 그 추종자들을 세상 속의 "수도자"로 만든다. 동정은 영혼의 무기력을 털어 없애고 영혼을 기도에 가장 적합한 조건 안에 둠으로써 그 안에서 기적적인 작업을 수행한다. 동정은 우리의 모든 감각을 육적인 것에서 멀어지게 하면서 일종의 신적인 삼투작용에 의해 그 속으로 스며든다. 그리스도인의 빼어난 덕인 동정은 모든 덕의 누룩이며, "철학" 다시 말해 그리스도에 따른 학문과 지혜에 이르게 한다.

　동정의 덕은 그리스도께서 아끼신 덕이며, 요한 크리소스토무스는 나아가 동정이란 용어와 그리스도교라는 단어를 바꾸어 쓰기도 한다. 동정은 하느님의 구속이라는 거룩한 계획 안에서 중요한 부분이다. 하느님은 아담을 당신 모상대로 지으시면서 낙원에서 영원의 상징인 동정을 먼저 창조하셨다. 낙원에서 내쫓긴 아담은 인류도 함께 추락으로 이끌었고, 이제 인간 종족은 부패에 빠지고 더 이상 정결을 지킬 수 없게 되었다. 그러나 인류는 근친상간에서 일부다처제로, 일부다처제에서 일부일처제로 한 단계씩 진보했다. 그리고 마침내 그리스도의 자비와 세례는 아담이 잃은 것을 돌려줌으로써 인간이 동정을 통하여 애초의 순수함을 되찾고 그리스도 신비체의 일원이 되게 해 주었다.

　동정을 실천하는 이들은 천사들과 같고, 어떤 면에서는 그들보다 우월하기까지 하다. 왜냐하면 천사는 세상의 유혹을 당하지 않는 반면, 인간은 본성적 반항심의 극복이라는 공로를 세우기 때문이다. 동정녀는 놀라운 특전을 누린다. 아직 육 속에 갇혀 있음에도 그리스도의 약혼녀가 되고 "하늘의 주인을 이승에서부터 받아 모시며"[29] 그의 영혼에 하늘의 순수함을 전달해 주는 모든 영적인 본성, 곧 '아파테이아'^{ἀπάθεια}를 획득하기 때문이다. 이렇게 하여 지상에서 낙원의 '삶의 조건'이 실현될 것이다. 요한은 사막의 동정 은수자들과 거룩한 예언자들을 가리켜 "이들이 땅 위의 천사들입니다! 이것이 동정의 힘입니다! 살과 피를 지닌 존재, 땅 위를 걷고 죽음을 면치 못하는 본성의 요구에 매여 있는 존재인 이들은 동정 덕분에 모든 일에서 마치 육신 같은 것도 지니지도 않은 듯, 하늘이 벌써 그들에게 내려온 듯, 이미 불사를 얻은 듯 행동할 수 있었습니다"[30]라고 말한다.

6.2. 혼인

동정에 대한 찬양과 반대로 혼인은 가차 없이 다루어진다. 비교를 통하여 동정의 광채를 높여 준다는 이유로만 호의적으로 평가되는 혼인인 만큼, 혼인의 품위는 이 책의 주장을 입증하기 위한 전제로서만 고려될 뿐[31] 혼인 자체로는 결코 찬양을 받지 않는다.

6.2.1. 혼인의 단점에 대한 전통 자료

한편 진부한 이야기와 상투적 표현이 있음도 고려해야 한다. 예를 들어 동정 "찬양"에 필수적인, 혼인의 불행에 관한 목록은 재치 있으면서도 상당히 전통적인 유머와 함께 제시된다. 혼인의 즐거움[32]이라는 널

---

29   요한 크리소스토무스 『동정』 11,1.
30   요한 크리소스토무스 『동정』 79,2.
31   참조: 요한 크리소스토무스 『동정』 10,1: "혼인을 비방하는 것은 동시에 동정의 영광을 흐리게 하는 것입니다. 반면에 혼인을 찬양하는 것은 동정이 받아 마땅한 찬탄을 드높이고 동정의 광채를 더 빛나게 하는 것입니다".
32   참조: 요한 크리소스토무스 『동정』 49.

리 퍼진 오류를 배제한 다음, 요한 크리소스토무스는 혼인의 비참함을 살펴본다. 성격 차이, 범죄로까지 이어질 수 있는 질투,[33] 재산의 불균형과 잘 맞지 않는 결합에서 오는 갈등,[34] 질병과 죽음에 대한 두려움이 낳는 끊임없는 불안[35]이다. 이 우연적 이유들에 더해 또 다른 필연적 이유들도 있다. 이것들은 혼인하는 이의 조건과 뗄 수 없고 어느 누구도 피할 수 없기 때문에 더 심각하다. 곧 자신과 혼인하는 남자가 어떤 사람인지 잘 알지 못하고 자신에게 행복을 가져다줄지 어떨지 모르기에 젊은 처녀가 혼인 전날 밤에 느끼는 불안, 지참금 때문에 겪는 가족과의 갈등, 장래에 갖게 될 아이들에 대한 걱정, 아이들을 낳은 뒤 그들의 건강과 교육에 대한 걱정[36]이다. 부부의 일용할 양식이라고들 하는 불화와 반목은 말할 것도 없다.

그래서 혼인 관계 안에서 남자도 여자도 더 이상 자기 자신, 곧 자기 영혼의 주인이 되지 못하고 수많은 걱정에 안달복달하게 된다. 그때부터 혼인은 여성에게는 영적 성숙에 대한 장애다. 이 세상 일로 걱정하기 때문이다. 남편으로 말할 것 같으면 아내의 존재 자체가 그에게는 방해물이다. 부인의 많은 요구와 변덕, 그의 욕구, 아이들, 가정의 걱정, 가족의 생계를 해결해야 할 필요는 남편이 관상과 기도 또는 하느님을 위한 행위에서 돌아서게 만든다. 비록 혼인으로 이승에서 상상할 수 있는 온갖 복을 다 갖춘다 하더라도 부부들은 이 세상의 이런 특혜에서

---

33 참조: 요한 크리소스토무스 『동정』 52.
34 참조: 요한 크리소스토무스 『동정』 52-55.
35 참조: 요한 크리소스토무스 『동정』 56.
36 참조: 요한 크리소스토무스 『동정』 57.

어떤 이득을 이끌어 내어 최고 심판관 앞에 나설 것인가?[37]

이런 비난이 과격하지만, 그것이 영향을 미치는 범위는 물론 매우 제한적이다. 우선 제시된 논거가 근거 없는 것이 아니며 요한은 아마도 약간의 자기만족 속에서 일상 현실과, 책을 통해 기억한 내용뿐 아니라 안티오키아 사회에서 볼 수 있는 무수한 예들에서 영감을 받았을 뿐이기 때문이다. 게다가 장르의 구속을 받는 점과 진부한 이야기가 사용된 것을 볼 때, 이같이 직접적이고 비아냥거리는 형태 아래 희극적 어조를 떠올리게 하는 대목들이 저자의 생각을 진지하게 반영한다고 생각하기는 어렵다. 그러므로 이 분노로 가득하고 신랄한 웅변이 요한의 깊은 의도를 분명히 증언한다고는 결코 말할 수 없다.

6.2.2. 혼인에 대한 견해

그런데도 혼인에 대한 비판은 혼인의 비참에 대한 상투적 나열에 그치지 않고 그보다 훨씬 더 중요한 측면들을 건드린다. 창세기 이야기에 대한 요한 크리소스토무스의 해석에 따르면 혼인의 기원 자체가 부패로 얼룩져 있다. 아담과 하와는 정욕과 임신, 온갖 형태의 부패에서 보호된 정결함 속에, 천사와 비슷한 상태에 살고 있었다. 게다가 창세기에서 사람의 창조 직후에 나오며, 혼인 제도의 거룩한 성격을 확립하는 "자식을 많이 낳고 번성하여라"(창세 1,28)라는 문구는 글자 그대로 받아들여서는 안 되며, 미래에 대한 일종의 예언, 예고로 받아들여야 한다. 하느님의 이 초대는 완전히 상징적인 것이다. 아담과 하와는 낙원에서 불사를 누리고 있었기에 사실 생식을 통해 인류를 지속시킬 필요가 없

---

[37] 참조: 요한 크리소스토무스 『동정』 58.

었다. 게다가 만일 하느님께서 사람들을 번식시키고자 했고 오늘날도 그렇다면 그분이 왜 성적 결합의 도움을 청하겠는가? 그분은 틀림없이 당신의 지혜로 다른 방법을 찾아내셨을 것이다. 그분을 호위하는 천사들 무리와, 늙어서 아이를 낳을 수 없었으나 아버지가 되는 기쁨을 하느님에게서 받은 아브라함이 그 증인들이다. 인류의 존속에 혼인이 필요하다고 주장하는 혼인 옹호자들의 반론을 『동정』은 이렇게 논박한다. 따라서 혼인은 잘못의 '결과'일 뿐이며, 하느님의 의도에서 나온 것이 아니다. 원조의 범죄 이후 정욕이 출현했고, 인간은 죽음을 면치 못하는 존재가 되었고, 하느님은 이처럼 "불순종과 저주와 죽음의 결과"[38]인 혼인을, 한편으로는 인류의 사라짐을 막고 다른 한편으로는 불륜을 막기 위해 받아들이셨다.

  이 주장 때문에 『동정』에서 여성에 대한 비판은 전통적 여성혐오의 한계를 뛰어넘는다. 여성은 협력자가 되도록 창조되었지만 자기 잘못으로 창조주께서 그어 놓으신 길에서 벗어났다. 하느님이 세례로써 그녀를 짓누르는 저주를 지워 주셨는데도 여전히 여성은 불순종과 악의의 상징인 하와로 머물며, 과거에 남자에게 낙원의 행복을 잃게 만들었듯이, 홍수와 삼손의 죽음과 유대 민족 파멸의 원인이었듯이, 오늘날에도 배우자가 주님께 불순종하게 만든다. 그래서 아내는 자기 남편과 대등할 수 없다. 혼인 안에서 여성의 남성에 대한 복종 원칙은 자연스럽고 하느님 의도와 부합한다. 『동정』이 이야기하는 여성의 역할을 보면, 여성에겐 세례를 통한 원죄에서의 해방도 역시 상징적이거나 적어도 한참 먼 미래에 실현될 약속, 세례를 첫 발걸음으로 하는 기나긴 여정

---

38 요한 크리소스토무스 『간음 때문에 아내를』 1,3.

을 밟은 후에야 이뤄질 약속이 아닐까 하는 짐작을 하게 된다.

그러므로 혼인이 본디부터 지닌 부패라는 특성은 혼인에서 모든 영적 가치를 없애 버린다. 혼인이 부부가 된 두 사람에게 상호 구원을 제시할 수 있음을 암시하는 바오로 사도의 "아내 된 이여, 그대가 남편을 구원할 수 있을지 혹시 압니까?"라는 말은 그럴 가능성이 희박하다는 쪽으로 제한적이고 편향적인 의미로 해석된다. 그리고 요한 크리소스토무스는 여성은 자녀 출산과 가사에 유용하지만, 모든 도덕적·영적 행위에서는 헛되고 해로운 존재라고 결론 내린다. 그런 영역에서 그리스도인 아내가 혼인에 의해 자기 배우자를 "의로운 철학"으로 이끌 수는 없다. 만일 아내가 자기 남편에게 때로 복된 영향을 끼칠 수 있다면 그 힘은 개인적 자질에서 오는 것이지 혼인이 부부에게 부여하는 성화에서 오는 것은 아니다. 더 나아가 그녀는 자신의 성적 요구를 무시해야 하고, 자신 안의 육욕의 불을 끄고 정욕을 일으킬 수 있는 모든 것을 멀리함으로써 현실 세계를 초월해야 한다.

『동정』이 정의하는 혼인은 동정에 대한 향수와 육욕의 죄에 대한 강박으로 가득하다. 요한 크리소스토무스는, 인간은 너무나 나약하므로 혼인은 거의 언제나 육욕에 빠져듦을 전제로 한다고 말한다. 혼인이 내포하는 위험은 합법적이고 일정한 성관계를 통하여 부부가 습관적으로 하늘의 일들에서 돌아서고 그럼으로써 육적인 존재가 된다는 데 있다. 이렇게 되면 혼인은 위장된 간음에 지나지 않는다. 유혹에 무릎 꿇기를 거부하려면 강한 의지가 필요하고, 남편과 아내의 합의라는 보기 드문 조건이 필요하다. 자신은 간통과 간음만을 금한다고 주장하는 요한이지만, 혼인 제도가 죄를 얼버무리는 수단인 경우가 대부분이 아닌가 하는 의혹은 그를 떠나지 않는다. 이 같은 강박관념은 부부가 일단

해제

인연을 맺었으면 그 불가해소성을 반드시 지켜야 한다는 염려로 표현된다. 이혼과 재혼은 육적 요구 앞의 타협으로 여겨져 가차 없는 단죄와 심판을 받는다.

혼인은 부부를 영원히 한데 엮으므로 이혼은 어떤 경우에도 허락되지 않는다. 아내는 한 사람의 남편만, 남편은 한 사람의 아내만 가질 수 있다. 성격 차이가 있을 경우 아내는 자신이 이미 받아들인 그 멍에를 견뎌야 하고 남편이 죽어야 자유롭게 된다.[39] 홀아비와 과부의 경우는 37장에서 논한다. 바오로 사도는 홀아비나 과부 생활이 바람직하지만, 남편이 죽은 여자는 과부 생활 서원을 하지 않았다면 재혼하더라도 간통하는 것은 아니라는 원칙을 제시했다. 이 관점은 초세기부터 매우 단호한 태도 표명의 대상이었다. 요한 크리소스토무스는 후에 이 문제를 『재혼하지 말아야 한다』에서 더 폭넓게 다루지만 『동정』에서는 냉혹하게 판단하며 재혼이 허용되는 것을 개탄한다. 재혼하는 남자는 배신자처럼 간주될 수 있다. 자신의 과거, 자신의 아내, 그 아내가 자신에게 준 행복을 부인하는 것이기 때문이다. 게다가 그의 두 번째 혼인은 첫 부인에게서 난 자녀들을 딱한 처지로 몰아넣는다. 그들은 새어머니가 남편의 첫 아내에 대한 기억을 질투하여 상상 속의 원한을 쏟아 내며 부리는 변덕에 속수무책으로 내맡겨지고, 그들의 아버지는 비겁하게 이에 동조하기 때문이다. 아무튼 재혼은 커다란 도덕적 약함의 표시다.

요컨대 혼인에 인정된 유일한 선익은 간음을 피하게 해 주고 육체관계, 공동생활과 관련된 권리와 의무를 규제한다는 점이다. '정욕의 파도가 부딪쳐서 부서지는 방파제'[40]인 혼인은 나약하고 의지가 약한 이

---

[39] 참조: 요한 크리소스토무스 『동정』 40.

들의 자연적 피난처다. 이 같은 부정적 측면을 생각할 때 혼인은 그 어떤 성사적 성격도 띠지 않는다. 사랑은 욕망과 구분되지 않으며, 『동정』에서 남편과 아내 사이의 정서적 유대감은 스치듯 언급될 뿐이다. 두 배우자는 성령께서 성경 안에서 그들에게 권하는 상호 사랑 속에서 연대하지 않는다. 물론 그들의 영성은 하느님께로 향하고 있지만 그들은 그들 결합의 성격을 정화하기 위해 규칙적인 고행과 금욕 훈련을 통해 하느님께 영광을 드려야 한다. 부부생활 중 성적 결합에는 신비적 성격이라고는 없다. 부부는 자신들의 부부로서의 조건을 잊도록 권유되며, 남편은 아내가 없는 사람처럼 살아야 하고, 여자는 아내로서보다는 동정녀처럼 살아야 한다. 혼인의 사회적 목적, 곧 출산과 자녀 교육으로 말할 것 같으면 『동정』은 그런 것을 모른다. 출산에 대한 짤막한 암시에서조차 혼인의 그 "목적"은 부차적임이 명기되며, 오히려 출산의 끔찍한 고통만을 여러 차례 강조한다.

이상과 같은 것이 『동정』에 나타난 동정-혼인에 관한 두 관점이다. 요한은 이 두 상태를, 그리스도인의 영혼이 천국에 이르기 위해 도달해야 하는 완덕과 관련하여 살펴본다. 이 경우 동정은 특전적 상태로서, 동정녀가 하느님과 일치하도록 해 주고 그분과 함께 가장 친밀한 관계 안에 살게 해 주는 반면, 혼인은 "비천한 옷"[41]이라 할 수 있으며, 엄격한 절제라는 전망 앞에 두려워하며 자신들의 육체적 요구와 구원을 조화시킬 더 나은 수단을 혼인 안에서 찾는 보잘것없는 이들에게 어울리는 것이다.

---

40 참조: 요한 크리소스토무스 『동정』 9,1.
41 요한 크리소스토무스 『동정』 14,1.

7. 요한 크리소스토무스의 작품들 중 『동정』이 차지하는 위치

현대의 독자들은 어떤 순진함, 지나치게 화려한 문체와 기교, 혼인과 여성, 그리고 여성의 역할에 관한 과장된 생각, 동정의 목적에 대한 겉보기에 지나치게 개인주의적인 견해에 예민하다. 그러나 이 작품을 그 내용만 가지고 판단하지 않는 것이 좋다. 『동정』의 가장 흥미로운 점은 오히려 요한 크리소스토무스의 저작들 중 이 작품이 차지하는 위치에 있다. 『동정』은 금욕생활에 대한 작품들, 다시 말해 사막 생활의 체험에서 나온 도덕적 주장이 펼쳐지는 젊은 시절의 소책자들 중 마지막 작품이다. 좀 더 후대 작품들에 비추어 볼 때, 혼인에 대한 견해와 과도한 동정 찬양 부분은 모두 문학적 규범이나 특정한 역사적·심리적 상황에 기인한다.

7.1. 요한 크리소스토무스의 후대 작품 속의 동정과 혼인

이 문제에 대한 요한의 생각은 발전되어 나갔고, 그의 사목적 저작들 전반에 걸쳐 모호하지 않은 용어들로 표현되었다. 그의 생각은 "자기 약혼녀와 혼인하는 사람도 잘하는 것이지만, 혼인하지 않는 사람은 더 잘하는 것입니다"(1코린 7,38)라는 구절에 잘 요약되어 있는 바오로 사도의 가르침에 대한 충실한 해석을 보여 준다. 요한은 이 구절을 수정하여 "혼인은 좋은 것이고 동정은 더 나은 것이다. 그렇다고 혼인이 나쁘다는 것은 아니다. 혼인은 열등하지만 그런데도 역시 좋은 것이다"[42]라고 말한다. 요한의 작품은 이 같은 중용을 잘 보여 준다. 그 어떤 교부보

---

42 요한 크리소스토무스 『나는 주님을 보았다』(1-6편) 3,3.

다 요한은 하느님을 섬기는 것과 사회생활에서 요구되는 것들을 양립시키려 애썼다. 목자로서의 그의 관심사, 실제 사목 경험, 영혼들에 대한 걱정은 영과 육을 대립시키는 편협한 이원론에 대하여 신중하게 만들었다. 그래서 그는 영과 육의 바람직한 균형을 옹호하게 된다.

요한이 보기에 그리스도인에게 동정은 혼인에 비해 더 바람직한 상태다. 동정은 우리를 지상의 천사로 만듦으로써 하느님께 더 가까이 다가갈 수 있게 해 주기 때문이다. 그러나 동정을 존중한다고 해서 세상이나 혼인을 단죄해야 하는 것은 아니다. 사제로 사는 동안 이 점에 대한 요한의 태도는 부드러워지고 그의 사고는 풍부해진다. 그는 혼인의 사회적 가치와 마찬가지로 사회 안의 동정의 사명에 대해서도 훨씬 더 주의를 기울인다. 이리하여 자선, 이웃 사랑, 자비와 애덕 활동은 동정의 구성 요소로 여겨진다. 영혼이 그리스도교 덕을 사랑함으로써 행하는 "증언"은 순수함의 뚜렷한 표시인 만큼 동정의 정신을 보장하는 데 육체적 온전성이 더 이상 필요하지 않을 정도다.

404년에 요한은 올림피아스라는 과부의 큰 덕에 대한 보상으로 그녀를 동정녀 무리에 받아들여지게 하고, 403년의 한 설교에서 모범적인 그리스도인 부부들에게 동정인의 지위를 허락하게 된다. "당신은 흠 없는 영혼을 지니고 있습니까? 당신은 동정입니다. 비록 당신에게 배우자가 있지만 당신은 동정이고, 저는 그 동정이 참되고 찬탄할 만하다고 선언합니다."[43] 혼인은 단순한 궁여지책이 아니라 찬미할 만한 상태로 기려진다. 혼인의 기원은 부패로 얼룩져 있지만 그 자체는 죄가 아니다. 혼인은 그 자체로는 거룩하지 않지만 우리로 하여금 부부간의

---

43 요한 크리소스토무스 『히브리서 강해』 28,7.

해제

신의와 존중을 통하여 순수함을 보존하게 해 준다. 혼인은 악한 욕망을 억제하는 데 기여하는 정도에 따라 우리 안에서 영적인 것을 지켜 내고 동정과 똑같이 우리에게 하늘의 길을 열어 줄 수 있다. 특히 정결함은 그것이 전제하는 헌신과 희생을 통하여 혼인에 이교 세계에는 거의 알려지지 않은 품위를 부여한다. 요한은 가정생활의 즐거움뿐 아니라 그리스도인 아내의 찬미할 만한 역할, 그리스도인 부부가 서로에게 줄 수 있는 영적 도움과 성숙을 조심스럽게 묘사한다.

7.2.『동정』의 개요

물론『동정』이 그 같은 평온함을 보여 주고 있지는 못하다. 혼인의 유용성은 무엇보다도 간통을 피하는 데 있다. 혼인의 영적 특성과 사회적 가치 — 혼인은 가정의 기초로서 인류의 지속을 보장한다 — 에 주목하는 경우는 극히 드물다. 그러나 이 같은 제한과 결함도 혼인에 대한 단죄로 이어지지는 않으며, 처음 몇 장의 분명한 문장을 통하여 요한은 극단적 금욕주의라는 혐의를 받을 만한 가능성을 모두 차단한다. "나는 간통과 간음은 금하지만 혼인은 결코 금하지 않습니다. 나는 이 악들을 범한 자들을 벌하고 교회라는 몸에서 추방합니다. 그러나 혼인한 이들이 정결을 지킨다면 나는 그들을 찬양할 수밖에 없습니다"[44]라고 그는 말한다. 이처럼 혼인은 선이고, 그 반대를 주장하는 사람들은 이단자다. 혼인을 악으로 단죄하는 것은 스스로에게 형벌과 징벌을 초래하는 것이다. 혼인이 성인들을 만들지 않음은 분명하지만 "거룩한

---

44 요한 크리소스토무스『동정』9,3.

성전이 속되게 더럽혀지는 것"⁴⁵을 막는다. 혼인은 구원의 길에 무수한 장애물을 놓지만 아브라함은 혼인했음에도 구원받았다. 왜냐하면 그의 '덕들이 그의 영광을 보장해 주었기'⁴⁶ 때문이다.

이처럼 혼인에 대한 요한의 매우 신중한 견해의 본질적 요소들은 이미 『동정』에서도 찾아볼 수 있다. 요한은 서론에서도 이미, 동정 찬양의 진지성을 조금도 약화시키지 않은 채 우리를 완곡한 판단으로 초대하는 유보 조건을 제시한다. 곧, 바오로 사도의 말을 토대 삼아 '권고와 계명은 아주 다르다. 동정녀들에 대해서 나는 주님의 명령을 받은 것이 없지만 내 의견을 내놓는다'⁴⁷라고 말한다. 그리스도의 눈에는 둘 다 가치가 있다. "자기 약혼녀와 혼인하는 사람도 잘하는 것이지만, 혼인하지 않는 사람은 더 잘하는 것입니다"(1코린 7,38). 요한은 언제나, 바오로 사도가 두 상태에 대해 하는 찬사와, 그 둘 사이에 심어 놓은 차이를 명확하게 느꼈다. 오직 그 차이에 대한 그의 평가만이 다양했다.

그뿐 아니라 현대의 독자들이 하나같이 유감스럽게 생각하는 지나친 찬양과 지나친 혹평에는 매우 뚜렷한 이유가 있다. 혼인의 문제에서 요한의 작품은 분명 그 시대의 상당히 편협한 관점을 반영한다. 수도생활에 대한 4세기의 열광은 혼인성사의 영적인 효력을 의식하는 데 유리하게 작용하지 못했다. 『동정』에서 요한을 움직이는 주 동기는 육의 표시인 혼인이 촉진할 수 없는 그리스도인의 완덕에 대한 염려였으며, 이탈과 육신에 대한 망각이라는 정신 속에 오랜 세월 고독하게 해 온 명상은 요한을 세상의 "비열함"에 더욱 민감해지게 했다. 게다가 이 작

---

45   요한 크리소스토무스 『동정』 25,1.
46   참조: 요한 크리소스토무스 『동정』 82,3.
47   참조: 요한 크리소스토무스 『동정』 9,2.

품은 '송가'이고, 저자는 당대의 문학적 관례를 따른다. 동정에 대한 찬양은 그 반대 것에 대한 경시를 전제했다. 이런 방식은 객관성을 중시하는 사람에게는 충격적이지만 당시 독자들에게는 논쟁을 위한 훌륭하고도 익숙한 무기였다. 요한이 바오로 사도의 문장들 중 하나를 선택하고 혼인에 호의적인 나머지 것들은 내버려 둔 것, 또 어떤 문장들을 혼인에 적대적인 의미로 왜곡한 것, 혼인의 어려움을 너무 혹독하게 묘사한 것 등은 관례상 '송가'에 요구되던 것이다. 그리고 동정에 대한 요한의 선호는 깊은 확신에 부합하는 것이고, 그의 이 작품은 목자가 동정녀들에게 보내는 설교인 만큼 그는 그 어떤 근거 없는 문학작품보다 더욱더 이 전통을 존중했다. 곧, 동정녀들이 선택한 삶, 그리스도인에게 가장 품위 있는 선택을 칭송하는 것은 당연하다. 또한 당시에는 동정 덕분에 동정녀들이 면하게 된 걱정에 관한 목록을 반대 명제로 제시하는 것이 관례였다.

그러나 형식과 사상의 지나침은 특히 요한의 고독한 체험 탓으로 돌리는 게 합리적이다. 디오도루스의 아스케테리온에 다니고 거룩한 책들을 읽고 안티오키아 언덕들 위의 수행자들에게서 보는 포기의 본보기들, 용감하게 견디는 고행 등 이 모든 것은 요한으로 하여금 뜨거운 열정으로 금욕생활의 덕들에 몰두하게 했다. 광야에 물러나 생활하는 내내 요한은 "엄격한 금욕가"로 머물렀고, 젊음의 열정 탓에 과도함 쪽으로 이끌렸다. 안티오키아에 돌아왔을 무렵 중단된 체험이 주는 실망 탓에 그의 엄격한 태도는 더욱 심해졌을 것이다. 그러나 이 금욕의 참 목적에 대해 오해해서는 안 된다. 금욕은 단지 영혼을 하느님에 대한 더 완전한 관상으로 이끄는 신비주의만은 아니었다. 그리스도를 위해 받아들인 고행, 고통은 오히려 행동과 투신의 한 형태다. 우리는 "그리스도의 종"이고, 금욕은 주님께 대한 헌신의 가장 완벽한 표현이다. 노력의 맛, 자기 통제의 추구, 신체적이고 도덕적인 영웅주의를 통하여 그리스도인은 자신의 영광이 아니라 하느님의 영광을 위해 벌여 나갈 투쟁에 대비한다.

『동정』은 동정녀들에게, 그리스도에게 영감을 받지 않고 그리스도를 위해 행해지지 않은 모든 노력이 쓸모없음을 상기시킨다. 금욕은 개인적 구원에 대한 염려에서 행해지는 것처럼 보이지만, 요한이 보기에 금욕은 십자가의 희생이 제안하는 하느님 계획의 실현에 그리스도인을 더 잘 참여시킨다는 것 외의 다른 목적은 없다. 동정은 우리를 육적인 것에서 벗어나게 하면서 우리의 무기력과 무관심을 흔들어 깨운다. 우리는 동정에 의해 주님 곁에 더 부지런히 나아오게 되는데, 그것도 주님을 관상하기 위해서가 아니라 그분을 더 잘 섬기기 위해서 그렇게 한다. 동정은 세상 속의 사도직과 양립 불가능하지 않다. 왜냐하면 동정이 요구하는 내적 훈련은 영혼들 안에 항구한 유연성이 자리하도록 해 주며, 활동적 삶 속의 일들은 오히려 금욕의 자연스러운 연장처럼 나타나기 때문이다. 요한은 부제직을 수행하던 결정적 시기에, 애덕과 헌신을 고행 금욕의 참목적으로 삼음으로써 좀 더 이타적이고 활동적인 이상에 열성을 쏟을 필요성을 더욱 분명하게 의식하게 된다. 사목자로서 그가 맡은 책임은 해가 감에 따라 고행자로서의 그의 관심사를 희미해지게 만들고, 그가 세상에 더욱 투신하게 되었을 때 그는 그리스도인의 품위에 가장 잘 어울리는 것이라고 정의한 이상을 부인함 없이 금욕에 대한 견해를 인간화하게 된다.

『동정』의 혼인관이 현대 독자에게는 낯설게 여겨지겠지만 4세기 안티오키아 교회와 21세기의 교회는 엄청난 차이가 있을 수밖에 없기 때문일 것이다. 하느님과 인류의 결합의 상징으로서 혼인의 아름다움이나 거룩함, 성사로서의 혼인의 면모는 찾아보기 어렵고, 혼인이 하느님과의 일치에 장애물로 여겨지는 점이 특히 그렇다. 동정을 선택하도록 장려하기 위한 논리로서는 지나치게 부정 일변도라 하겠다. 그러나 이는 현대적 관점의 비판이리라. 동정에 대한 찬양을 위해서는 동정의 반대인 혼인의 단점을 나열하는 것이 요한 크리소스토무스 시대에 문학 기법의 하나였다.

동정

제1장 이단자들의 동정童貞에는 보상이 없다

1. 유대인들이 동정의 아름다움을 얕보는 것은 놀랄 일이 아닙니다. 그들은 동정녀에게서 태어난 그리스도를 비열하게 다룬 이들이니까요.[1] 그리스인들은 동정을 찬미하고 경의를 표하지만 오직 하느님의 교회만이 동정에 열정을 바칩니다. 나로서는 이단적 가르침을 추종하는 동정녀들은 동정녀라고 부를 수가 없습니다. 우선 그들은 정결하지 않습니다. 그들은 "나는 여러분을 순결한 처녀로 한 남자에게, 곧 그리스도께 바치려고 그분과 약혼시켰습니다"(2코린 11,2)[2]라고 말하는 그리스도의 복된 함진아비인 바오로 사도가 바라는 식으로 한 남자와 약혼한 것이 아니기 때문입니다. 이 구절은 충만함에 도달한 교회에 대한 내용이지만 동정녀와도 관련이 있습니다. 이 유일한 신랑에 만족하지 못하고 하느님이 아닌 또 다른 신랑을 끌어들이는 이 여인들이 대체 어떻게 정결할 수 있겠습니까?

2. 이것이 그녀들이 동정녀일 수 없는 첫째 이유입니다. 둘째 이유는 다음과 같습니다. 그들이 혼인을 삼가는 것은 혼인을 경멸스러운 것으로 낙인찍기 때문인데, 그들은 혼인 상태를 원칙적으로 악한 것으로 봄으로써 동정의 상급을 지레 포기합니다. 악을 삼가는 것은 월계관 감이라기보다는 벌을 면하게 해 줄 뿐입니다. 이는 우리의 법에서만이 아

---

[1] 모세 율법은 창세기의 가르침대로 심지어 사제들에게도 혼인을 의무로 규정하며 임신을 하늘의 축복으로 여기기 때문에, 동정의 관습은 찾아볼 수 없다.

[2] 구약성경은 당신 백성에 대한 야훼의 사랑을 일컫는 데 이 신랑의 이미지를 사용한다(참조: 이사 62,5; 호세 2,21 등). 신약성경에서는 그리스도가 당신 교회의 약혼자가 되며(에페 5,25 참조) 그분은 재림 때 교회의 신랑이 될 분이시다(묵시 19,7 참조). 이 표현은 언제나 충만함에 도달한 교회를 뜻한다고 이해되었다. 바오로 사도는 '님파고고스'(νυμφαγωγός, 약혼녀를 신랑에게 인도하는 사람)의 역할을 했다. 그는 설교를 통해 그리스도인들과 그리스도의 약혼을 주선했다.

니라 이교인들의 법에서도 마찬가지입니다. "살인을 범한 자는 사형에 처하여야 한다"라고 법에 규정되어 있습니다. 그러나 "살인을 범하지 않은 자는 칭찬해야 한다"라는 문구가 덧붙지 않습니다. "도둑질은 벌을 받아야 한다"고 하지만 다른 사람의 재물에 피해를 주지 않은 사람을 칭찬하지는 않습니다. 간통은 사형으로 다스리지만 다른 이의 혼인을 망가뜨리지 않았다고 해서 특전을 받지는 않습니다. 악을 피한 사람이 아니라 선을 이룩한 사람이 찬양과 감탄을 받는 것은 전적으로 합당합니다. 악을 피한 사람에 대한 보상으로는 그가 어떤 손해도 입지 않는 것으로 충분합니다.

3. 이처럼 우리 주님도 이유 없이 자기 형제에게 성을 내고 그에게 '멍청이!'라고 하는 사람은 지옥에 갈 것(마태 5,22 참조)이라고 경고하셨지만, 그렇다고 화날 만해서 화를 내는 사람이나 남에 대한 욕을 참는 사람에게 하늘 나라를 약속하시지는 않았습니다. 그분은 "네 원수를 사랑하여라"(마태 5,44; 루카 6,27)고 말씀하시면서 한 걸음 더 나아간 것, 더욱 중요한 것을 요구하십니다. 그분은 우리가 형제를 미워하지 않는다고 해서 결코 대단하거나 상 받을 일이 아님을 보여 주시면서 그보다 훨씬 더한 것, 곧 형제를 사랑하고 아낄 것을 제안하십니다. 그러면서 그것도 상을 받을 만한 행위라고 하시지는 않습니다. 그렇게 행동한다고 해서 다른 민족 사람들보다 나은 것도 아니니 어떻게 상 받기에 충분한 행위라 하겠습니까?(마태 5,47 참조). 그러므로 우리 편에서 상을 요구할 수 있으려면 그것보다 훨씬 중요한 보충 조건이 필요합니다. 주님은 '너희가 형제에게 욕하지 않고 그에게 성을 내지 않기에 내가 너희에게 지옥 벌을 내리지 않는다고 해서 너희가 월계관을 받을 자격이 있다고 믿지 마라! 내가 요구하는 관대함은 그처럼 쉬운 것이 아니다. 비

록 네가 형제에게 욕하긴커녕 그를 사랑한다고 주장하더라도 너는 여전히 아주 낮은 단계이며 세리와 같은 단계다(마태 5,46 참조). 하늘 나라에 합당하도록 완전한 자가 되길 원하느냐? 그렇다면 거기서 멈추지 말고 더 높이 올라 본성을 뛰어넘는 생각을 품어라, 다시 말해 너의 원수들을 사랑하여라' 하고 말씀하십니다.

4. 우리는 이에 적극 동의하는바, 이단자들은 쓸데없는 금욕을 그쳐야 합니다. 그들은 아무런 상도 받지 못할 것입니다. 주님이 불의해서가 아니라 — 그런 생각은 당치도 않습니다! — 그들이 어리석고 못됐기 때문입니다. 어째서 그렇냐고요? 우리는 앞에서 악을 단순히 피하는 것에는 어떤 상도 없다고 했습니다. 그런데 이단자들은 혼인을 악으로 여기기 때문에 피합니다. 그러니 그들이 악을 피했다고 해서 어떻게 상급을 요구할 수 있겠습니까? 우리가 간통을 범하지 않았기에 월계관을 받을 자격이 있다고 믿지 않듯이 그들도 혼인하지 않았다는 구실로 월계관을 받을 수는 없을 것입니다. 왜냐하면 마지막 날 심판관은 그들에게 이렇게 말할 것이기 때문입니다. "나는 악을 삼간 — 내 눈에 이것은 별로 공이 없다 — 이들만을 위해서 높은 자리를 마련한 것이 아니다. 언제나 덕을 부지런히 닦은 이들에게 나는 천국의 영원한 상속 재산을 차지하게 한다." 그러므로 여러분이 혼인을 불순함과 더러움으로 여긴다면 그 더러움을 멀리했다고 해서 어떻게 아름다운 행동을 한 이들에게 약속된 상급을 요구할 수 있겠습니까?

5. 그리스도께서 양들을 당신 오른쪽에 세우시고는 그들을 칭찬하시며 당신 왕국으로 들여보내시는(마태 25,32 참조) 것은 그들이 다른 이들의 재산을 훔치지 않았기 때문이 아니라, 그들 자신의 재산을 다른 이들에게 나눠 주었기 때문입니다. 또 주님이 다섯 탈렌트를 맡긴 종(마

태 25,15 참조)을 받아들이신 것은 그가 맡은 돈에 손대지 않았기 때문이 아니라 돈을 다섯 갑절로 불려 주인에게 돌려주었기 때문입니다. 여러분은 언제가 되어야 무모하게 달리기를, 쓸데없이 힘만 낭비하기를, 허공에서 격투하기를, 허공을 치기(참조: 1코린 9,26; 필리 2,16)를 멈출 것입니까? 그런데 그저 쓸데없기만 하다면야 그나마 괜찮을 겁니다! 그러나 겪은 시련보다 훨씬 많은 것을 돌려줄 상을 받으리라 예상하며 엄청난 노력을 기울였는데, 영광을 받으리라 기대한 날 영광을 차지하지 못한 이들 가운데 끼어 있는 자신을 보게 되는 것은 결코 하찮은 징벌이 아닙니다!

제2장 이단자들은 동정을 실천한 데 대해 오히려 벌을 받는다

1. 두려워할 불행은 거기서 그치지 않으며, 그들의 벌은 성과를 내지 못한 것에서 끝나지 않습니다. 그보다 훨씬 무서운 아픔, 곧 꺼지지 않는 불, 죽지 않는 구더기, 바깥 어둠, 고뇌, 신음이 그들을 기다리고 있습니다. 또한 우리에 대한 하느님의 배려에 합당한 감사를 그분께 드릴 수 있으려면 무수한 천사들의 입과 힘이 필요합니다. 아니, 사실 그런 것들이 있다 해도 충분한 감사를 드릴 수 없습니다. 합당한 감사를 드리는 것이 어떻게 가능하겠습니까? 왜냐하면 동정이 요구하는 노력은 우리에게나 이단자들에게나 동일하고, 어쩌면 그들에게 훨씬 더 큰 노력이 요구될지도 모르는데 거두는 열매는 똑같지 않으니까요. 그들에게는 쇠고랑과 눈물과 신음과 영원한 벌이 돌아가는 반면에 우리는 천사들의 몫, 빛나는 횃불, 모든 선의 극치, 천상 신랑과의 친밀함을 누리게 되니까요.

2. 그런데 왜 똑같은 노력을 기울였는데 상반되는 보상을 받을까요?

이유는 다음과 같습니다. 이단자들은 하느님의 법에 반항하기 위해 동정을 택했고 우리는 하느님의 뜻을 따르기 위해 동정을 선택했기 때문입니다. 왜냐하면 하느님은 모든 사람이 혼인을 포기하기를 바라시기 때문입니다. 자기 마음속에 말씀하시는 그리스도를 모신 이가 이를 증언합니다. "나는 모든 사람이 나와 같아지기를 바랍니다"(1코린 7,7).[3] 다시 말해 모든 이가 금욕을 실천하길 바란다는 말입니다. 그러나 구원자께서는 우리의 짐을 덜어 주길 원하시고 우리의 마음은 간절하지만 몸이 따르지 못함을 아십니다(마태 26,41 참조). 그래서 금욕에 계명이라는 강제적 성격을 주지 않으시고 우리 영혼이 자유로이 선택하도록 놔두셨습니다. 만일 금욕이 명령이나 법규라면 그것을 지킨 사람들은 상을 기대할 수 없고, 다만 "너희는 해야 할 것을 하였다"(루카 17,10 참조)란 말만 들을 것입니다. 그리고 그것을 어긴 이들은 용서받지 못하고 범법에 대한 벌을 받을 것입니다. 그러나 구원자께서는 "받아들일 수 있는 사람은 받아들여라"(마태 19,12)라고 하심으로써, 이를 받아들일 수 없는 이들을 단죄하지 않으시고, 그것을 받아들일 수 있는 이들에게는 그 싸움의 중요성과 고귀함을 알려 주십니다. 그런 까닭에 바오로 사도도 스승의 발자취를 따라 걸으며 "미혼자들에 관해서는 내가 주님의 명령을 받은 바가 없습니다. 그러나 … 의견을 내놓습니다"(1코린 7,25)라고 말한 것입니다.

---

[3] 그러나 성경 본문에는 '바랍니다'가 θέλω다. 참조: E. B. ALLO, La 1re Épitre aux Corinthiens, Paris 1935, p.158. 요한 크리소스토무스가 사용한 βούλομαι는 문장에 좀 더 권위적인 느낌이 나게 한다("… 를 바랍니다"). 반면에 성경 본문의 θέλω는 "… 했으면 좋겠습니다" 정도의 표현으로 더 부드러운 느낌이다.

제3장 혼인에 대한 혐오는 악마 같은 잔인함의 표시다

그러나 마르키온이나 발렌티누스, 마니⁴는 이 같은 중용을 받아들이지 않았습니다. 그들 안에서 말하는 이는, 자기 양 떼를 조심스럽게 다루며 자기 목숨을 내주는 그리스도가 아니라 거짓의 아비, 인류의 파괴자였기 때문입니다. 그들이 자신들을 추종하는 모든 신자의 멸망을 초래한 것은 그들이 이승에서는 신자들을 무익하고 견딜 수 없는 온갖 시련으로 짓누르고, 저세상에서는 그 자신들을 위해 준비된 불 속으로 신자들도 이끌고 들어갔기 때문입니다(참조: 요한 8,44; 10,11.15).⁵

---

4 마니(215-273년)는 마니교의 창시자다. 그는 스스로 "바빌론을 위한 하느님의 사자"로 칭하면서 예수의 사절, 곧 "아버지 하느님의 섭리를 통한 예수 그리스도의 사도"로 자처했다. 그는 엘타완이라는 천사에게서 계시를 받았다고 주장했다. 그는 페르시아와 바빌론에서 자신의 가르침을 설파하다가 273년경 페르시아 사산 제국의 한 군주에 의해 십자가형에 처해졌다. 영지주의와 깊은 관련이 있는 마니의 이원론적 가르침은 동방에서 매우 빨리 퍼져 나갔다. 마니와 마니교에 관해서는 참조: 특히 H.-Ch. PUECH, La manichéism, son fondateur, sa doctrine, Paris 1949.

마르키온은 140년경 이탈리아에 왔는데 그의 가르침은 영지주의적 성격을 띠어서 의심을 받았다. 그는 교회와 관계를 끊고 케르돈이라는 사람의 영지주의적 가르침을 따른 것으로 보인다. 그의 주된 교의는 구약의 하느님이 예수 그리스도를 통해 드러난 하느님과 대립된다는 것이다. 전자인 창조주 하느님, 율법의 제정자 하느님은 정의의 하느님으로서 무섭고 두려운 분이다. 후자인 구원자 하느님은 선한 하느님이다. 예수는 메시아 예언들의 실현자가 아니라 새 메시지를 가져다준 분이다. 세상은 선한 하느님의 작품이 아니다. 마르키온에 따르면 이 교의에는 엄격한 금욕주의가 동반된다. 마르키온주의는 아펠레스 같은 이단자들 덕분에 큰 성공을 거두며 퍼져 나가서 4세기 말에는 이탈리아, 팔레스티나, 시리아, 이집트, 심지어 페르시아에도 마르키온주의자들이 있었다.

발렌티누스는 알렉산드리아에서 공부하였고 그곳에서 가르치기 시작했으며 그가 로마에 온 것은 136년이었다. 그는 영지주의자들 중 가장 철학적인 사람으로 여겨진다. 그는 Puech, Quispel, Malinine eds., Évangile de verité, Zurich 1956의 저자로 추정된다.

5 이어지는 장들의 단호한 논증은 이단자들이 아무리 철저한 금욕을 실천한다 해도 그리스도께 마음으로 헌신하지 않기에 아무 이득이 없는 헛수고임을 보여 주는 데 주력한다. 논증의 단호한 어조에는 연민이 섞여 있다(『동정』 6,2). 마니와 발렌티누스와 마르키온의 추종자들은 이 못된 조언자, 다시 말해 결국 그들에게 영감을 주는 악마의 희생자들일 뿐이기 때문이다.

제4장 동정을 지키는 이단자들은 그리스인들보다 더 불운하다

1. 당신들은 그리스인들보다도 얼마나 더 불운합니까! 사실 그리스인들은 비록 지옥이 그들을 기다리고는 있지만 적어도 삶의 즐거움을 누리기 때문입니다. 그들은 서로 혼인도 하고 재물의 기쁨과 존재의 온갖 감미로움[6]을 맛봅니다. 그러나 여러분에겐 이 세상에서는 자의로, 저세상에선 어쩔 수 없이 겪는 고통과 괴로움만 있을 뿐입니다. 그리스인들은 단식과 동정의 대가로 보상을 받지 않지만 그렇다고 벌을 받지도 않을 것입니다. 그러나 여러분은 무한한 찬미를 기대하며 행한 행위에 대해 최고형을 받을 뿐 아니라, 다른 사람들과 함께 "나에게서 떠나 악마와 그 부하들을 위하여 준비된 영원한 불 속으로 들어가라"(마태 25,41)는 말을 들을 것입니다. **2.** 단식과 동정은 그 자체로 선이나 악이 아니며, 그것을 실천하는 이들의 의도에 따라 선도 되고 악도 되기 때문입니다. 그리스인들에게 그런 덕은 쓸데없는 것입니다. 그들이 그것들을 실천한다 해도 하느님에 대한 경외심에서 하는 것이 아니므로 보상을 받지 못합니다. 그러나 여러분은 하느님께 싸움을 걸고 그분의 업적을 비방하면서 그렇게 합니다. 그래서 여러분은 보상을 얻지 못할 뿐 아니라 벌을 받는 것입니다. 교리로 보자면 여러분은 이교인들에 속합니다. 그들처럼 여러분도 참된 하느님을 배척하고 여러 신을 받아들였기 때문입니다. 삶의 현실로 보자면 그들이 받는 운명이 여러분보다 나을 것입니다. 그들의 벌은 아무 호의도 받지 못하는 데 그치지만, 여러분은 거기에 더하여 고통까지 견뎌야 하니까요. 그들은 이승을 살면서 모든 것을 여유롭게 즐겼던 반면, 여러분은 다른 행복과 마찬가지로 이

---

6 '아네세오스' ἀνέσεως라는 단어가 여기서 뜻하는 것은 너무 편안한 삶이 주는 도덕적 해이다.

런 행복도 빼앗길 것이기 때문입니다. **3.** 일과 땀의 대가로 고통만 받는 것보다 더 끔찍한 벌이 있을까요? 간통하는 자, 탐욕스러운 자, 다른 이의 재산을 빼앗는 자, 이웃의 것을 훔치는 자는 적어도 약간의 위안을 느낍니다. 비록 짧은 순간의 위안일지라도 말입니다. 그들은 잘못한 데 대해 벌을 받긴 하지만 이승의 재미도 맛봅니다. 그러나 저세상에서 부자가 되기 위해 이승에서 기꺼이 가난을 껴안고, 저세상에서 천사들의 합창대에 들기 위해 동정의 시련을 감당한 사람이, 헤아릴 수 없는 행복을 누리리라 예상하며 한 행위에 대해 기대와 전혀 다르게 갑자기 벌을 받게 된다면, 그가 자신의 소망과 정반대인 그 운명을 견뎌야 할 때 받는 고통은 이루 표현할 수가 없을 것입니다. 저는 지옥 불뿐 아니라 그의 자각도 그를 괴롭힐 것이라 생각합니다. 그가 자신과 같은 시련을 견딘 이들은 그리스도의 곁에 있는데, 그들에겐 말로 다 할 수 없는 선익의 원천이 되는 행위에 대해 그 자신은 벌을 받는다는 것, 그리고 엄격한 삶을 통해 얻는 운명이 난봉꾼과 간음자에게 돌아가는 운명보다 더 가혹하다는 것을 알게 될 것이기 때문입니다.

제5장 이단자들의 동정은 간통보다 훨씬 더 부정하다

1. 그렇습니다, 이단자들의 정결은 온갖 방종보다 더 나쁩니다.[7] 방종이 끼치는 해악은 인간에게 한정되지만, 이단자들의 정결은 하느님을 대적해[8] 싸우며 그분의 무한한 지혜를 모욕하기 때문입니다. 이것이

---

7 참조: 아우구스티누스『혼인의 유익』8,8. 아우구스티누스는 이교인의 동정이 하느님 앞에서 간음과 같다고 한다. 이와 비슷한 문구가『동정』8,1 마지막 부분에도 나온다.

8 이 표현은 구약성경(2마카 7,19)과 신약성경(사도 5,39)에서 사용된다. 악마의 간교함은 하느님의 업적을 흉내 내는 데 있다. 그러므로 이단자적 가르침을 추종하는 동정녀들의 죄는 동정 실천에 있는 게 아니라 그들을 이끄는 의도에 있다. 그들의 오류는 근본적으로 교의적이다. 그들

악마가 자신의 추종자들을 빠뜨리는 함정입니다. 이단자들의 동정이야말로 바로 악마의 간교한 발명품입니다. 이는 저의 주장이 아니라 악마의 계획을 모르지 않는 사람의 주장입니다. 2. 그는 무엇이라 말합니까? "성령께서 분명히 말씀하십니다. 마지막 때에 어떤 이들은 사람을 속이는 영들과 마귀들의 가르침에 정신이 팔려 믿음을 저버릴 것입니다. 양심이 마비된 거짓말쟁이들의 위선 때문입니다. 그들은 혼인을 금지하고, 또 믿어서 진리를 알게 된 이들이 감사히 받아 먹도록 하느님께서 창조하신 어떤 음식들을 끊으라고 요구합니다"(1티모 4,1-3).[9] 그러므로 신앙에서 돌아선 채 속이는 영들에게 귀를 기울이고 마귀들에게 복종하고 거짓을 숭상하는 사람이 어떻게 동정녀일 수 있습니까? 양심이 마비된 이가 어떻게 동정녀일 수 있습니까? 동정녀가 거룩한 신랑을 맞이할 수 있으려면 육신뿐 아니라 영혼도 순결해야 하니 말입니다. 그 같은 낙인이 찍힌 이단자가 어떻게 순수할 수 있습니까?[10] [동정녀는] "합당하게 자신을 꾸미는 것"을 불가능하게 하는 덧없는 걱정들을

이 악마의 영감을 따르므로 그들의 동정은 하느님께 대한 반항이다.

9 음식과 혼인의 금지에 대해서(참조: 콜로 2,16; 로마 14,1; 1코린 8,1) 바오로 사도는 이미 당시에 상당히 두드러진 이원론적 경향을 단죄하고 있는 듯 보인다. 이원론적 경향은 에세네파와 필론에게서도 찾아볼 수 있다. 요한 크리소스토무스는 위의 구절을 자신의 시대에 적용하여 인용한다.

당대에 마니교는 물질을 단죄했다. 아우구스티누스에 따르면 마니교 윤리 규범들은 세 그룹으로 나뉘어 적용되었는데(참조: 『가톨릭 교회의 관습과 마니교도의 관습』 19) 마니의 제자는 세 가지 인장이 찍힌다. 입의 인장은 포도주와 동물의 살, 부정한 말을 금하고, 손의 인장은 부정한 물건을 만지는 것을 금하며, 마음의 인장은 혼인한 사이에서조차 성관계를 배척했다. 마니교도는 생식을 그 자체로 악한 것으로 보고 동정 실천을 명했다. 따라서 단순히 쾌락을 좇을 때보다 아이를 갖기를 원할 때 더 심각한 책임을 자초했다.

10 요한 크리소스토무스는 마니교의 금욕주의에 대해 정신의 오류만 지적할 뿐 그것을 단죄하지는 않았다. 9년 동안 마니교였던 아우구스티누스도 적어도 마니교의 '뽑힌 이들'에 관한 그들이 파렴치하다는 고발은 전혀 하지 않았다.

자신의 신방에서 모두 비워야 하는 법인데, 어떻게 마음속에 불경한 생각을 지닌 채 동정의 아름다움을 간직할 수 있겠습니까?

제6장 동정을 실천하는 이단자들은 자신의 영혼뿐 아니라 육신도 더럽힌다

1. 과연 그가 비록 흠 없는 육신을 간직한다 해도 영혼의 최상부인 그의 생각은 썩었습니다. 성전이 무너졌는데 성전 울타리가 여전히 남아 있다 한들 무슨 소용이 있겠습니까? 왕좌가 더럽혀졌는데 왕좌가 놓인 장소가 깨끗한들 무슨 소용이 있습니까? 더 명확히 이야기하자면, 설령 그렇다 해도 육신의 더러움은 씻기지 않습니다. 불경함과 나쁜 말이 우리 안에 생겨나면 그것들은 우리 안, 영혼 내부에 머물지 않고 그것을 발설하는 입을 통해 혀를 더럽히고 그것을 듣는 귀를 더럽힙니다. 그것은 마치 우리 영혼에 부어진 해로운 독과 같습니다. 그 독은 벌레가 나무뿌리를 갉아먹는 것보다 더 심하게 영혼을 갉아먹으면서 영혼과 더불어 육신 전체도 망가뜨립니다. 그러므로 동정을 육신과 영혼의 거룩함이라고 정의한다면, 그리고 이 두 영역 모두 불경건하고 더럽혀진 어떤 여인이 있다면 어떻게 그가 동정녀일 수 있겠습니까?[11] — 하지만 그녀의 얼굴은 창백하고 팔다리는 가늘고 거친 옷을 입고 있고 눈길이 겸손한걸요? — 그녀의 내적인 눈이 뻔뻔하다면 그것이 무슨 소용이겠습니까? 그리고 하느님의 작품들을 나쁜 것으로 여기도록 육

11　헤르마스 『목자』(비유) 5,7,4: "네가 육을 더럽히면 너는 동시에 성령을 더럽히게 된다. 그 둘은 너무나 깊이 결합되어 있어서 하나가 더럽혀지면 다른 하나도 더럽혀질 수밖에 없다." 메토디우스 『열 처녀의 잔치』 11,1: "순결을 닦을 때 죄를 짓지 않고자 한다면 자신의 기관들을 티 없이 지키고 모든 감각을 단단히 잠가서 죄가 내면으로 스며들 수 있는 모든 길을 차단해야 한다."

의 눈을 충동질하는 그 눈길보다 더 뻔뻔한 것이 어디 있겠습니까? 2. "임금님 딸의 모든 영화는 안에서 나옵니다"(시편 44,14 칠십인역).[12] 그런데 이단적 가르침을 추종하는 동정녀는 이 말씀과 정반대로 행동합니다. 겉에는 화려하게 꾸민 옷을 입었지만 내면은 파렴치함뿐이니까요. 사람들에 대해서는 큰 조심성을 보이면서 자신의 창조주인 하느님께는 터무니없는 짓을 하는 것이야말로 범죄입니다. 남자를 감히 정면으로 바라보지도 못하는 이 여자는 — 이단자들 가운데 그런 여자들이 있다면 말입니다 — 인간들의 스승이신 분을 건방진 눈길로 바라보면서도 자신의 잘못을 온갖 말로 칭찬합니다. 그들의 얼굴은 시체라고 해도 과언이 아닐 만큼 거칩니다. 그들을 보면 눈물이 날 만큼 안쓰럽고 불편합니다. 그들이 받아들인 그토록 비참한 조건이 쓸데없을 뿐 아니라, 그들에게 불행을 불러오고 그들 자신을 해치기 때문입니다.[13]

제7장 옷차림이 아니라 영혼을 보고 동정을 판단해야 한다

1. "옷차림이 거칠다." 그러나 동정은 옷차림이나 안색에 달려 있지 않고 영혼과 육신 안에 있는 것입니다. 우리는 철학자를 그의 두발이나 지팡이나 배낭[14]이 아니라 그의 행실과 영혼으로 판단합니다. 군인을 그의 외투나 멜빵이 아니라 그의 힘과 용기로 판단합니다. 그런데 인간

---

12 히브리어 성경은 가필과 부적절한 띄어 읽기 탓에 칠십인역과 다르게 번역되었다: "한껏 화사하게 꾸민 임금님 딸이 금실로 수놓은 옷에 싸여 안으로 드는구나"(시편 45,14).
13 독설은 그리스도교 호교가들이 자주 사용하던 방법이다. 특히 가상의 상대와 나누는 대화에서 그러했다.
14 이것은 이교인 철학자의 전형적 상징물들이다. "이교인 철학자들"을 알아볼 수 있는 특별한 표시로 겉옷, 숱 많은 수염, 지팡이에 관해서는 참조: 요한 크리소스토무스 『(입상에 관해) 안티오키아 신자들에게 행한 강해』 17; 『티토서 강해』 5; 『(세례) 교리교육』 8,6.

적인 모든 것을 뛰어넘는 찬탄할 만한 존재인 처녀에게, 그의 영혼을 발가벗겨 그 근본적 태도를 꼼꼼히 따지는 대신 그의 수수한 머리단장, 내리뜬 눈, 어두운 색깔의 옷차림이라는 피상적이고 부수적인 이유 때문에 동정녀의 자격을 부여한다는 말입니까? **2.** 하지만 이 시합의 규칙을 정한 이는 그렇게 하는 것을 허용하지 않습니다. 그는 그 같은 투쟁에 뛰어든 이들이 옷차림이 아니라 그들의 확신과 영혼에 따라 판단되길 원합니다. "모든 경기자는 모든 일에 절제를 합니다"(1코린 9,25)라고 합니다. 자신의 영혼의 건강을 상하게 하는 모든 것을 절제합니다. 또한 "규칙대로 경기를 하지 않으면 승리의 화관을 얻지 못합니다"(2티모 2,5)라고도 합니다. 그렇다면 이 경기의 규칙은 무엇일까요? 바오로 사도의 말, 아니, 이 투쟁을 제정하신 그리스도 자신의 말씀을 들어 보십시오. "처녀는 몸으로나 영으로나 거룩해지려고"(1코린 7,34), "혼인은 존경받을 만하고 부부의 잠자리는 더럽혀질 수 없습니다"(히브 13,4).[15]

제8장 혼인한 사람들을 업신여기는 것은 동정녀에게 해롭다

1. "'내가 혼인을 단념했는데 이런 말들이 나와 무슨 상관인가'라고 여러분은 이의를 제기할 것입니다.' 그러나 불행한 이여, 당신이 혼인의 교리와 아무 상관이 없다고 생각하는 것이 바로 그대가 길을 잘못 들게 된 원인입니다. 이처럼 혼인을 극도로 경멸함으로써 그대는 하느님의 지혜를 모욕했고 모든 피조물을 조롱한 것입니다. 만일 혼인이 불

---

15 정확한 인용은 "혼인은 모든 사람에게서 존중되어야 하고, 부부의 잠자리는 더럽혀지지 말아야 합니다. 간통을 저지르는 자와 간음하는 자를 하느님께서는 심판하실 것입니다"이다. 이 두 인용 구절은 참된 동정(육신과 영혼)의 정의를 상기시키고, 혼인이 불결한 것이라고 주장하는 이단자들에게 응수하기 위한 것이다.

결한 것이라면 인간 본성이 불결하다고까지 말하지는 않는다 해도 혼인을 통해 태어난 모든 존재는 불결합니다. 따라서 당신도 역시 불결합니다. 그러니 불결한 사람이 어떻게 동정녀일 수 있습니까? 왜냐하면 거기에 당신이 생각하는 부패와 불결함의 둘째, 아니 정확히 말하면, 셋째 종류가 있기 때문입니다. 혼인을 불결하게 생각해서 피하는 당신은 그것을 피하는 사실 자체에 의해 세상에서 가장 더럽혀진 존재가 되고 동정을 간통보다 더 가증스러운 것으로 만듭니다.[16] 2. 그러므로 당신을 어떤 부류에 두면 좋겠습니까? 유대인들 편에? 그들은 이 사실을 참지 못할 것입니다. 그들은 혼인을 존중하고 하느님의 창조물을 예찬하는 사람들이니까요. 그렇다면 우리 편에 받아들일까요? 그러나 당신은 그리스도께서 바오로 사도의 입을 통해 하시는 말씀을 듣고자 하지 않습니다. "혼인은 모든 사람에게서 존중되어야 하고, 부부의 잠자리는 더럽혀지지 말아야 합니다"(히브 13,4). 그렇다면 그리스인들 편에 두는 수밖엔 없을까요? 하지만 그들 역시 당신을 자신들보다 더 불경건한 사람으로 여겨 배척할 것입니다. 예를 들어 플라톤은 "이 우주를 만든 분은 선한 분이었다"[17]고 선언하고, "선한 것 안에서는 그 어떤 주제에 대해서도 아무 시기심도 일어나지 않는다"[18]고 말했습니다. 당신은 플라톤이 나쁘며 나쁜 저서들의 저자라고 말합니다. 그러나 두려워하지 마십시오. 당신의 그 같은 교리에 악마와 그 졸개들도 함께하니까요. 아니, 그 졸개들조차 정확히 당신과 함께하는 것은 아닙니다. 그들

16　저자는 혼인을 그처럼 회피하는 것은 그것을 악인 양 단죄하는 것이고, 창조물 안에 깃든 하느님의 지혜를 모독하는 것임을 말하고자 한다. 그것이야말로 가장 더러운 것이다.

17　플라톤 『티마이오스』 29a.

18　플라톤 『티마이오스』 29e.

이 당신에게 그 같은 미친 짓을 할 마음을 불어넣었다 해서 그들도 당신과 같은 감정을 느끼리라고는 믿지 마십시오. 그들은 하느님께서 선하심을 잘 알고 있습니다. 그들은 "저는 당신이 누구신지 압니다. 당신은 하느님의 거룩하신 분이십니다"(마르 1,24)라고 소리 지르고, "이 사람들은 지극히 높으신 하느님의 종으로서 지금 여러분에게 구원의 길을 선포하고 있습니다"(사도 16,17)라고 외치기 때문입니다. **3.** 여러분은 우리에게 계속해서 동정에 대해 말하고 그것을 영광의 주제로 만들고자 합니까? 차라리 뒤로 물러나 여러분 자신에 대해 울지 않으렵니까? 여러분을 포로처럼 끌고 다니고 당신을 지옥 불에 끌고 들어가도록 악마에게 틈을 준 어리석음을 한탄하지 않으렵니까? 당신은 혼인을 안 했습니까? 그렇다고 동정녀가 되기에 충분한 것은 아닙니다. 나로서는 혼인할 자유가 있으면서도 그것을 거절한 여성을 동정녀라고 부릅니다. 그런데 당신이 혼인을 금지된 것으로 여긴다면 당신의 아름다운 행위는 더 이상 당신 쪽에서 한 선택이 아니라 법에 강제로 복종하는 것입니다. 이처럼 우리는 근친상간을 범하지 않았음에 대해 페르시아인들을 칭찬하지만 로마인들에 대해서는 그렇게 하지 않습니다. 사실 로마에서 그런 행위는 누구나 불명예스러운 일로 여기지만, 페르시아에선 그런 행위를 감행하는 이를 처벌하지 않으므로 누군가 그런 행위를 자제하면 칭송을 받을 수 있으니까요. **4.** 혼인 문제도 똑같은 논리로 검토해야 합니다. 왜냐하면 혼인의 결합은 우리나라에서 모두에게 허락되어 있기에 혼인하지 않는 이들을 예찬하는 우리는 옳습니다. 그러나 혼인을 가장 큰 죄 중 하나로 치부하는 여러분은 여러분의 금욕에 대해 칭송받을 자격을 요구할 수 없을 것입니다. 금지된 것을 하지 않는 것이 관대하고 열정적인 영혼을 드러내는 표시라고는 할 수 없습니다. 완전한 덕은 모두의 혐오를 받는 행위를 피하는 데 있지 않고, 삼가면서도 불명예가 되지 않는 행위를 통하여, 그리고 선택하고 실천하면 나쁜 평판에서 보호되는 데 그치지 않고 선한 사람 대열에 들게 되는 행위로써 다른 이들과 구별되는 데 있습니다. **5.** 고자들이 혼인하지 않는다고 해서 그들을 동정의 관점에서 칭송할 사람은 아무도 없을 것입니다.[19] 여러분도 마찬가지입니다. 그들의 동정은 본성에 따른 속박이고 여러분의 동정은 타락한 양심의 편견입니다. 그리고 신체적 절단이 고자들에게 금욕의 영광을 박탈하는 것처럼 악마는, 여러분의 본성이 손상되지 않고 남아 있긴 하지만, 여러분의 건강한 생각을 절단하고, 여러분을 이처럼 독신에 구속시킴으로써 그 고통을 강요하면서도 그 영광은 여러분에게 거절하는 것입니다. 그대가 혼인하지 않겠다고요? 그렇다면 혼인하지 않는 데 대해 어떠한 보상도 없고 다만 고통과 징벌만 있을 것입니다.

제9장 동정을 찬양한다고 해서 혼인을 금하는 것은 아니다

1. "그럼 당신은 혼인을 금하지 않는다는 말입니까?"라고 사람들은 묻습니다.' 내가 당신의 어리석음에 함께하는 일은 제발 없기를 바랍니다! '그렇다면 왜 우리에게 독신을 권하는 겁니까?' 동정이 혼인보다 훨씬 가치 있다고 믿기 때문입니다. 그렇다고 내가 혼인을 나쁜 일이라고 하는 것은 아닙니다. 오히려 나는 혼인을 격찬합니다. 혼인 제도를

---

[19] 바실리데스와 영지주의자들은 혼인을 포기하게 하기 위해 "하늘 나라 때문에 스스로 고자가 된 이들도 있다"(마태 19,12)라는 그리스도의 말씀을 특히 근거로 삼았다(클레멘스 『양탄자』 3,1-3); 오리게네스는 유혹에 굴복하지 않으려고 스스로 거세를 했다. 요한 크리소스토무스가 여기서 일컫는 고자는 자신의 뜻과 상관없이 거세된 고자를 가리킨다: "모태에서부터 고자로 태어난 이들도 있고, 사람들 손에 고자가 된 이들도 있다."

잘 이용하고자 하는 이들에게 혼인은 정결의 안식처이며, 본성의 야수성을 억제합니다. 혼인은 우리 앞에 합법적 결합을 방파제처럼 세워 주기 때문에, 정욕의 칼날들이 그 벽에 부딪쳐 부서지고, 우리에게 평온함을 안겨 주고 안전하게 해 줍니다.[20] 그러나 이런 보호가 전혀 필요하지 않은 이들도 있습니다. 그들은 자신의 신분에 따라 단식이나 밤샘기도, 고행과 그 밖에 여러 형태의 절제로 무절제한 본성을 다스립니다. 저는 이들에게 혼인하지 말 것을 권하지만 혼인을 금하지는 않습니다.
2. 이 둘 사이는 의무와 선택만큼이나 먼 거리가 있습니다. 사실 권고한다는 것은 그것을 듣는 이가 권고 내용의 이행에 대하여 결정권을 지니도록 놔두는 것입니다. 반면에 금한다는 것은 이 같은 자유를 빼앗는 것입니다. 더군다나 나는 권고할 때 혼인을 비난하지 않으며, 내 말을 듣지 않는 것을 범죄로 생각하지도 않습니다. 그러나 당신은 혼인을 비방하고 깔보며, 권고자가 아니라 입법자의 역할을 자처하기에 당신 말을 듣고 싶어 하지 않는 이들을 증오하는 것이 당연합니다. 저는 그렇지 않습니다. 저는 이 싸움에 투신하는 이들을 찬양하지만 그렇다고 경기 밖에 남아 있는 이들을 비난하지는 않습니다.[21] **3.** 나쁜 길로 접어든 이들에 대한 비난이 합당한 것은 말할 것도 없지만 두 가지 선善 중 차선을 취하는 것은 비록 최선에 따르는 찬양과 찬탄을 빼앗긴다고 하더

---

20 혼인의 이미지에 관해서는 참조: 메토디우스『열 처녀의 잔치』4,2,96. 혼인의 존재 이유는 정욕에 재갈을 물리기 위해서다.『동정』34장에서 저자는 정욕에 대해서는 혼인이 동정보다 더 확실한 피난처라고까지 주장한다. 동정의 경우 박탈 때문에 욕망이 더 불타오르지만 부부는 자신들의 욕망을 합법적으로 잠재울 수 있기 때문이다. 그래서 동정을 지키는 이의 공덕이 더 클 수밖에 없다.

21 요한 크리소스토무스는 여기서 방어적으로 보인다. 마치 동정에 대해 지나치게 엄격하다는 비난과, 혼인과 출산을 배척하는 극단적인 금욕주의적 경향의 견해를 지지한다는 비난을 피하고자 하는 듯하다. 이 장 내내 그는 혼인의 '가치'를 분명하게 옹호한다.

라도 비난받을 일은 아닙니다. 내가 혼인하는 사람들을 비난하지 않는 터에 어떻게 혼인을 금할 수 있겠습니까? 나는 간통과 간음은 금하지만 혼인은 결코 금하지 않습니다. 나는 이 악들을 범한 자들을 벌하고 교회라는 몸에서 추방합니다. 그러나 혼인한 이들이 정결을 지킨다면[22] 나는 그들을 찬양할 수밖에 없습니다. 여기서 두 가지 좋은 점이 나옵니다. 우선 우리는 하느님의 일을 비방하지 않게 되고, 다음으로 동정의 품위를 파괴하긴커녕 훨씬 더 존중하게 됩니다.

제10장 혼인을 비방하는 이는 동정에도 해를 끼친다

1. 혼인을 비방하는 것은 동시에 동정의 영광을 흐리게 하는 것입니다. 반면에 혼인을 찬양하는 것은 동정이 받아 마땅한 찬탄을 드높이고 동정의 광채를 더 빛나게 하는 것입니다. 왜냐하면 악과의 비교를 통해서만 선으로 나타나는 것은 참된 선일 수 없으며, 이론의 여지가 없는 선보다 더 나은 것이야말로 선 중의 선이기 때문입니다. 이것이 우리가 동정을 바라보는 관점입니다. 그러므로 혼인을 비방하는 것이 동정이 받아 마땅한 찬양을 훼손하는 것처럼, 혼인에 대한 비방을 멈추는 것은 혼인뿐 아니라 동정에 대한 찬양도 되는 것입니다. 사람 몸의 경우 우리가 아름답다고 말하는 것은 어떤 몸입니까? 불구인 몸에 비해 나은 몸이 아니라 잘생기고 흠 없는 몸 중에서도 월등한 몸에 대해서가 아닙니까? 2. 혼인은 선입니까? 그렇다면 동정은 선보다 우월하므로 찬양받을 만합니다. 선장이 선원보다 우월하고 장군이 군졸보다 우월한 것

---

22 부부는 최대한 정결σωφροσύνη을 지켜야 한다. 다시 말해 자신들의 성적인 욕망을 억제할 줄 알아야 한다. 그렇지 않으면 테르툴리아누스가 말했듯이(『마르키온 반박』 4,23) 혼인은 위장된 간통에 지나지 않기 때문이다.

처럼 동정은 선 그 이상입니다. 그러나 뱃사공들을 배에서 없애면 배를 가라앉게 만드는 것이듯이, 또 전쟁터에서 군졸들을 철수시키면 장군의 손발을 묶어 적에게 넘기는 것과 마찬가지듯이, 혼인을 영예로운 위치에서 내쫓는 것은 동정의 영광을 빼앗고 큰 위험에 빠뜨리는 것입니다.[23]

3. 동정은 선이라고요? 저도 그렇게 생각합니다. 그런데 혼인보다 우월하다고요? 여기에 대해서도 당신의 의견에 동의합니다. 당신이 허락한다면, 이 우월성에 대한 제 생각을 말해 보겠습니다. 이는 땅에 대한 하늘의 우월성, 인간에 대한 천사들의 우월성 같은 것입니다. 그리고 더 대담하게 표현하자면 동정은 이보다 더욱 위대합니다. 사실 천사들이 혼인하지 않는 것은 분명하나(참조: 마태 22,30; 루카 20,36),[24] 그들은 살과 피로 되어 있지 않고 지상의 삶을 살아가지 않으며 수많은 격정을 견딜 필요도 없고, 목마르거나 배고픔을 느끼지 않으며 부드러운 음악에 마음이 녹아내리지도 않고 아름다운 얼굴에 깊은 인상을 받지도 않고, 이런 종류의 어떤 것에도 흔들리지 않습니다. 구름 한 점 없는 정오에 깨끗한 하늘을 볼 수 있듯이 천사들의 본성은 한 점의 격정도 없이 필연적으로 투명하고 맑습니다.

---

23 현실에서 빌려온 이미지를 사용하는 것은 소피스트 논법이다.
24 동정과 혼인 각각의 장점에 대한 평가에 관해서는 참조: 1코린 7,38: "이와 같이 자기 약혼녀와 혼인하는 사람도 잘하는 것이지만, 혼인하지 않는 사람은 더 잘하는 것입니다"; 또한 요한 크리소스토무스 『동정』 36,3, 78,6. 스토아학파도 어떤 의미로 현자를 하느님보다 더 높게 여긴다. 하느님은 본성상 악의 바깥에 있지만 현자는 나약하면서도 악을 뛰어넘었기 때문이다(참조: 세네카 『루킬리우스에게 보내는 도덕 편지』 53,11-12).

제11장 동정은 그것을 진지하게 받아들이는 모든 이를 천사로 변모시킨다

1. 그러나 이 복된 영들보다 본성상 열등한 인간은 그들과 같은 수준에 오르기 위해 자신의 능력을 애써 자제하며 가능한 한 온갖 열의를 발휘합니다. 어떻게 그렇게 합니까? 천사들은 혼인하지 않습니다(마태 22,30 참조).[25] 동정녀도 그렇습니다. 천사들은 끊임없이 하느님 앞에 머물며 시중듭니다. 동정녀도 그렇습니다. 바로 이 때문에 바오로 사도도 동정녀들이 세상의 모든 근심에서 떠나 '(주님 곁에서) 다른 생각 없이 머물게 하고자'(1코린 7,35 참조) 했습니다. 동정녀들은 그들을 붙잡고 있는 육 때문에 아직 천사들처럼 하늘에 오르지는 못하지만, 몸과 영으로 깨끗한 동안 적어도 그들은 사람이 되신 하늘의 주인을 이미 이승에서부터[26] 받아 모신다는 커다란 위로를 누립니다.

2. 당신은 동정의 드높은 가치를 이해합니까? 어떻게 동정이 지상에 사는 이들에게 천상 거주자들과 똑같은 존재 조건을 주는지 봅니까? 동정은 몸을 입은 이들이 영적 세력자들에 비해 열등하기를 원치 않습니다. 동정은 인간일 뿐인 이들을 천사들의 경쟁자가 되게 만듭니다. 그러나 그토록 아름다운 것을 격하하고 주님을 악한 자라고 부르면서 비방하는 당신에게 이 모든 것은 의미가 없습니다. 그렇습니다. 악한 종에 대한 징벌이 당신을 기다리고 있습니다(마태 18,32 참조). 교회의 동정녀들에게는 놀라운 선이 무수히 베풀어질 것입니다. 사람들이 귀

---

25 동정은 하느님과의 결합이다. 오리게네스 『민수기 강해』 24,2. 오리게네스는 정결을 지키며 사는 사람은 자신의 몸을 하느님께 바치는 것으로 본다. 참조: 암브로시우스 『동정녀』 3,3,24; 아우구스티누스 『거룩한 동정』 8.

26 참조: 에메사의 에우세비우스 『설교』 7,5: "동정은 동정녀들로 하여금 본성을 뛰어넘어 하늘에 오르게 하고 이승에서부터 이미 천사들과 함께 살아가게 한다."

로 들은 적도, 눈으로 본 적도, 이해할 수도 없는 놀라운 선입니다. 그러므로 이단자들을 이쯤에서 놓아 줍시다. 우리는 그것에 대해 이미 충분히 그들에게 이야기했으니까요. 이제는 교회의 자녀들을 향해 이야기해야겠습니다.

제12장 바오로 사도가 "그 밖의 사람들에게는 주님이 아니라 내가 말합니다"(1코린 7,12)라는 말로 시작한 조언은 사람에게서 오는 조언이 아니다

 1. 우리 이야기를 어디서부터 시작하는 것이 좋을까요? 복된 바오로의 입을 통해 주님께서 하신 말씀에서 시작하는 것이 좋다고 봅니다. 사도의 권고는 주님의 권고임을 믿읍시다. 바오로 사도가 "혼인한 이들에게 분부합니다. 내가 아니라 주님께서 분부하시는 것입니다"라고 하고 "그 밖의 사람들에게는 주님이 아니라 내가 말합니다"(1코린 7,10.12)[27]라고 할 때, 그는 자신의 말과 주님의 말이 다른 의미를 지녔다고 하는 것이 아닙니다. 마음속에 말씀하시는 그리스도를 모시고 있으며, 그리스도께서 자신 안에 사시기만 한다면 삶이든 죽음이든 상관치 않고, 왕권도 생명도 천사들도 권세도, 그 밖의 모든 피조물도, 다시 말해 그 모든 것도 주님께 대한 사랑 다음이라고 말하는 바오로 사도인데 어떻게 그리스도께서 원치 않으시는 것을 발설하거나 생각할 수 있겠습니까? 특히 그것이 주님의 분부인데 말입니다. 2. 그렇다면 "내가", 그리고 "내가 아니라 주님께서"라는 표현은 무슨 뜻일까요? 그리스도

---

27 1코린 7장 10절은 금욕을 지킬 수 없어서 혼인한 그리스도인을 가리킨다. 12절의 '토이스 로이포이스'τοῖς λοιποῖς는 혼인한 후 그리스도인이 되었으나 배우자는 비그리스도인으로 남아 있는 이들을 가리키는 듯하다.

께서는 모든 율법과 가르침들을 당신 홀로 세우시지 않고 때로는 당신 스스로 주시고, 때로는 사도들을 통하여 주십니다. 실제로 그분은 "내가 너희에게 할 말이 아직도 많지만 너희가 지금은 그것을 감당하지 못한다"(요한 16,12)라고 말씀하십니다. "아내는 남편과 헤어져서는 안 된다"라는 율법은 주님이 이미 지상에서 육신을 지닌 인간으로 계실 때 당신 몸소 공포하신 것입니다(마태 5,32 참조). 그래서 바오로 사도도 "혼인한 이들에게 분부합니다. 내가 아니라 주님께서 분부하시는 것입니다"라고 말합니다. 그러나 주님은 비신자들에 대해서는 당신 입으로 아무 말씀도 하시지 않고, 그런 방향으로 바오로 사도의 영혼에 영감을 주심으로써 다음과 같은 말씀을 통하여 규범을 정하셨습니다. "어떤 형제에게 신자 아닌 아내가 있는데 그 아내가 계속 남편과 함께 살기를 원하면, 그 아내를 버려서는 안 됩니다. 또 어떤 부인에게 신자 아닌 남편이 있는데 그가 계속 아내와 함께 살기를 원하면, 그 남편을 버려서는 안 됩니다"(1코린 7,12-13). **3.** 그 때문에 바오로 사도도 "주님이 아니라 내가"라고 말한 것입니다. 물론 자기 말이 인간적 기원을 지닌다는 뜻은 아니었습니다. 이 규범을 주님께서 당신 제자들과 함께 계실 때 주시지 않았고 지금 바로 자신의 입을 통해 주신다는 뜻이었습니다. 이처럼 "내가 아니라 주님께서"란 말이 그리스도의 명령에 대한 대립 상태를 의미하지 않듯이 "주님이 아니라 내가"란 말도 하느님 뜻과 모순되는 개인적 의견의 표현이 아니라 단지 그 규범이 지금 그분의 중개자를 통해 주어진다는 것을 보여 주는 것입니다.

4. 사실 사도가 과부에 대해 말할 때 그는 "내 의견으로는 과부도 그대로 지내는 것이 더 행복합니다"(1코린 7,40)라고 말한 다음 "내 의견으로는"이란 표현이 인간에게서 나온 반응으로 여겨질까 하는 염려에

동정

서 그런 가정을 단번에 꺾기 위해 "나 역시 하느님의 영을 모시고 있다고 생각합니다"라고 덧붙입니다. 이처럼 바오로 사도는 자신이 성령의 이름으로 발설한 것을 자기 의견이라 말하지만 그런데도 우리는 그것이 인간에게서 온다고 주장할 수 없습니다. 마찬가지로 바오로 사도가 "주님이 아니라 내가 말합니다"라고 할 때도 그것이 바오로 사도의 말이라고 추론해선 안 됩니다. 왜냐하면 그는 마음속에 말씀하시는 그리스도를 모시고 있고, 주님의 영감 아래 이 규범을 우리에게 주는 게 아니라면 결코 그 같은 가르침을 감히 발설하지 못했을 것이기 때문입니다. 5. 우리는 사도에게 이렇게 반문할 수 있을 겁니다. "신자인 나는 비신자인 여자와 사는 것을 참을 수 없습니다. 순수한 나는 불순한 여자와 살 수 없습니다. 당신 스스로도, 그렇게[28] 말하는 이는 당신이지 주님이 아니라고 말했습니다. 내가 당신의 말에서 어떤 보장을 얻을 수 있겠습니까? 어떤 확신을 얻을 수 있을까요?" 바오로 사도는 이렇게 답했을 것입니다. "두려워하지 마십시오. 내가 내 마음속에서 그리스도께서 말씀하신다고 하고, 나 역시 하느님의 영을 모시고 있다고 생각한다고 한 것은 당신이 나의 말이 그 어떤 인간적인 것이 아닌가 의심하지 않게 하려는 것입니다. 그렇지 않다면 나 스스로의 생각에 그 같은 권위를 부여하지 않았을 것입니다. '죽어야 할 인간의 생각은 보잘것없고 저희의 속마음은 변덕스럽습니다'(지혜 9,14)." 게다가 보편교회 역시 이 법의 힘을 보여 줍니다. 교회는 엄격하게 그 법을 지키니까요. 교회가 그 말이 그리스도의 명령이라고 확신하지 않았더라면 그렇게 하지

---

28 다시 말해 비신자인 여인과 함께 살라는 것(1코린 7,12). 여기서 가상 대화자는 바오로의 말이 그리스도인에게 이상하게 보이는데도 그 말을 맹목적으로 믿어야 하는지, 그리고 그 계명이 인간의 것인지 하느님의 것인지 알고 싶어 한다.

않았을 것입니다. **6.** 그렇다면 주님께 영감을 받은 바오로 사도가 뭐라고 선포합니까? "이제 여러분이 써 보낸 것들에 관하여 말하겠습니다. '남자는 여자와 관계를 맺지 않는 것이 좋다'"(1코린 7,1). 우리는 여기서 코린토 신자들을 축하할 만합니다. 그들은 스승으로부터 동정에 대해 아무런 가르침을 받지 않았는데도 그들 스스로 스승에게 질문함으로써 스승을 앞지르고, 그럼으로써 그들 안에 은총을 통해 이뤄진 진보를 보여 주니까요. 왜냐하면 구약에서는 혼인에 대해 어떤 의문 제기도 없었기 때문입니다. 온 백성뿐 아니라 레위인, 사제, 대사제마저 혼인을 중요하게 여겼습니다.

제13장 왜 코린토 신자들은 바오로에게 동정에 대하여 묻는 편지를 보냈으며, 바오로는 왜 그전에 그들에게 동정을 권고하지 않았는가

1. 코린토 신자들은 어쩌다 그런 질문을 하게 되었을까요? 더 큰 은총을 받은 그들인 만큼 그들은 자신들이 좀 더 높은 단계의 덕에 도달해야 함을 정확하고 명석하게 이해하고 있었기 때문입니다. 그러므로 바오로 사도가 왜 여태까지 그들에게 그런 권고를 한 번도 하지 않았는지 자문해 보는 것도 나쁘지 않습니다. 그들이 이미 그 같은 권고를 들은 적이 있었다면 그 주제에 대해 또다시 질문하기 위해 사도에게 새로 편지를 쓰지는 않았을 것입니다. 참으로 여기서도 우리는 바오로의 깊은 지혜를 알아볼 수 있습니다. 그가 그처럼 아름다운 신분을 아직 권하지 않은 것은 별다른 이유 없이 우연히 그런 것이 아닙니다. 그는 그들이 먼저 그 열망을 갖기를, 그 문제에 대한 생각들을 갖기를 기다렸습니다. 그의 청중이 동정이라는 개념에 친숙해진다면 사도는 그 주제

에 대한 자기 말의 씨앗을 그들 안에 때맞추어 뿌릴 수 있을 테니까요. 그 문제에 대한 청중의 흔쾌한 마음 자세 덕분에 그의 권고가 잘 받아들여질 확률이 훨씬 높기 때문이지요. 무엇보다 사도는 그 일의 위대함과 존엄함을 보여 주고 싶어 합니다.

2. 반대의 경우였다면 [다시 말해 동정이라는 개념에 이미 친숙한 청중 앞이었다면], 사도는 그들의 고결한 움직임을 기다리지 않고, 비록 명령이나 규범의 형태는 아니더라도 적어도 권고와 조언의 형태로라도 먼저 말을 꺼냈을 것입니다. 사도는 [동정에 대한] 이야기를 먼저 꺼내지 않으면서도, 동정에는 수많은 힘든 노력과 힘겨운 싸움이 요구됨을 우리에게 분명히 보여 주었습니다. 이같이 행동함으로써 여기서도 사도는 모든 이의 스승이신 분을 본받습니다. 주님께서도 제자들이 질문하자 비로소 동정에 대해 말씀하셨기 때문입니다. 3. 제자들이 "아내에 대한 남편의 처지가 그러하다면 혼인하지 않는 것이 좋겠습니다" 하고 말하자, 주님은 "하늘 나라 때문에 스스로 고자가 된 이들도 있다"(마태 19,10.12)고 답하십니다. 덕스러운 아름다운 행위의 경우 ─ 그런 까닭에 규범이라는 강제적 성격을 지니지 않습니다 ─ 그 행위를 이행할 이들의 흔쾌한 마음 자세를 기다려야 하고, 다른 길을 통하여[29] 그들이 자기도 모르는 사이에 정신과 마음으로 그것을 원하도록 준비시켜야 합니다. 그리스도는 바로 그렇게 행동하셨습니다. 그분이 제자들에게 동정에 대한 사랑을 불러일으키시는 것은 말을 통해서가 아닙니다. 그분은 혼인에 대해서만 이야기하고 혼인생활의 어려움을 보여 줄 뿐 더 이상 길게 이야기하지 않으십니다. 이는 너무나 지혜로운 방법이

---

29 다시 말해 그것을 규범으로 삼지 않은 채.

기에, 제자들은 혼인의 포기에 대해 아무것도 듣지 못한 채 그들 스스로 '혼인하지 않는 것이 좋겠습니다'라고 대답합니다. 4. 바로 그 때문에 바오로 사도도 그리스도를 본받아 "여러분이 써 보낸 것들에 관하여"(1코린 7,1)라고 말했습니다. 이는 코린토 신자들의 눈에 사도 자신을 정당화하는 동시에 그들에게, '저로서는 여러분을 이 높다란 덕의 꼭대기로 감히 부를 수 없었습니다. 거기에 도달하기는 어려우니까요. 하지만 여러분이 먼저 편지에서 그것에 대해 말했으므로 망설임 없이 여러분에게 이 조언을 드립니다. 남자는 여자와 혼인하지 않는 것이 더 낫습니다'라고 말하는 셈입니다. 사실 코린토 신자들이 사도에게 수많은 주제에 대해 편지를 써 보낸 터에 왜 사도는 다른 곳에서는 이런 말[30]을 덧붙이지 않았을까요? 이것도 단순히 제가 방금 말한 이유 때문입니다. 사도는 자신의 권고가 잘못 받아들여지지 않도록, 코린토 신자들이 그에게 써 보낸 편지들을 단순히 상기시킵니다. 그리고 그렇게 할 때에도 그의 권고에는 어떤 격렬함도 없습니다. 사도는 강하게 권고할 좋은 기회를 눈앞에 두고 있는데도 말입니다. 오히려 사도는 이 점에서도 그리스도를 본받으면서 매우 신중하게 접근합니다. 구원자께서도 동정에 관한 말씀을 하신 다음, "받아들일 수 있는 사람은 받아들여라"(마태 19,12)라고 하시기 때문입니다. 그럼 바오로 사도는 무엇이라고 말합니까? "여러분이 써 보낸 것들에 관하여 말하겠습니다. '남자는 여자와 관계를 맺지 않는 것이 좋다'"(1코린 7,1).

---

30 "여러분이 써 보낸 것들에 관하여"란 표현을 가리킴.

제14장 동정을 거부하는 이들의 반박과 그에 대한 답변

1. '아마도 여러분은, ′여자와 관계를 맺지 않는 것이 좋다면서 삶에 왜 혼인이 생겨났는가′ 하고 반문할 것입니다.' 혼인이나 자녀 출산을 위해 여성이 필요 없다면 여성의 역할은 어떤 것이 될까요? 날마다 죽음이 인류를 먹잇감과 희생양으로 삼고 있고, 위와 같은 견해에 따르면 사라져 가는 인구를 대체할 도리가 없는데 무엇으로 인류의 멸종을 막겠습니까? 사실 우리 모두가 이 덕의 실천에 열성을 기울이고 여인과 관계를 맺지 않는다고 가정한다면, 도시도 집도, 밭과 직업도, 살아 있는 존재들도, 식물도 모두 사라질 것입니다. 장군이 살해되면 그 부하들은 지리멸렬하게 마련입니다. 마찬가지로 지상 만물의 우두머리인 인간(창세 1,26 참조)이 혼인의 철폐로 사라진다면, 남아 있는 피조물 중 그 어느 것도 똑같은 안전과 질서를 보존할 수 없기 때문에[31] 이 아름다운 권고는 세상을 끝없는 재앙으로 가득 채울 것입니다.

2. 저로 말하면, 만일 우리 적수나 비신자들이 이렇게 말했더라면 별로 개의치 않았을 것입니다. 하지만 신자라고 여겨지는 사람들 중 많은 이가 이와 비슷한 말을 합니다. 의지가 나약한 그들은 동정에 요구되는 노력을 거부할 뿐 아니라, 동정을 비방하고 쓸데없는 것이라 선언합니다. 그럼으로써 자신들의 태만을 숨기고자 하고, 자신들이 그 투쟁을 피한 것은 비겁함 때문이 아니라 이성적인 정확한 평가에 따라서인 듯한 인상을 주려 합니다. 그러므로 우리는 적들의 일에는 더 이상 상관

---

31 이 추론에 대하여 요한과 동시대인인 암브로시우스가 『동정』 7,37에서 피력한 견해를 참조할 수 있다: "한 나라 인구와 동정 실천 사이에는 상호관계가 없다. 동정녀가 가장 많은 나라들은 출산율이 가장 높은 나라들이다. 이는 그리스도교 규범(동정도 이 규범에 포함됨)이 존중되는 나라에서는 사회적 의무(혼인이 여기에 포함됨)도 철저히 지켜진다는 것을 뜻한다."

하지 않고 — "현세적 인간은 하느님의 영에게서 오는 것을 받아들이지 않습니다. 그러한 사람에게는 그것이 어리석음이기 때문입니다"(1코린 2,14)[32] — 우리 편이라 주장하는 이들에게 두 가지를 가르치려 합니다. 우선 동정은 불필요하긴커녕 매우 유익하고 필요하다는 점입니다. 그다음으로 동정에 대한 그 같은 비난은 벌 받지 않고 넘어갈 수 없다는 점입니다. 동정은 그 실천자에게 보상과 찬양을 얻어 주는 반면, 그런 비난은 중상자에게 위험을 안겨 줄 것입니다. 3. 사실 우주 전체가 만들어지고 모든 것이 우리의 휴식과 일에 도움이 되도록 마련된 후에 하느님은 인간을 만드셨습니다(창세 1,3-25 참조). 하느님에 의해 지어진 아담은 낙원에서 살았고 그때는 혼인이란 문제는 제기되지도 않았습니다. 아담에게 협조자가 필요하자 하와가 그에게 주어졌습니다. 그때에도 혼인은 필요한 것 같지 않았습니다. 사실 우리는 그들에게서 혼인의 흔적을 보지 못합니다. 그들 둘은 혼인 없이 지냈고 하늘 나라에서처럼 하느님과 친밀함을 누리며 낙원의 삶을 살았습니다. 육체적 결합에 대한 욕망, 잉태, 고통, 해산, 모든 형태의 부패는 그들의 영혼에 없었습니다. 맑은 수원에서 흐르는 투명한 시냇물처럼 그들의 삶은 동정이라는 장식으로 치장된 채 그곳에서 흘러갔습니다. 4. 당시 온 땅에는 아무도 살지 않았습니다. 바로 이것이, 오늘날 세상에 대한 염려로 가득하고 언제나 타인의 일로 불안해할 채비가 되어 있으나 자기들 일에 대해서는 단 한 가지 생각도 하지 못하는 이들이 두려워하는 것입니다.

---

32 '영적인 인간'πνευματικός과 비교하자면, 현세적 인간은 오직 생명의 숨ψυχή에 의해서만 움직이는 사람이고, 자연 이성만 믿는 사람이다. 그는 하느님의 영이 베푸는 지식을 모른다. 요한 크리소스토무스는 비신자ἄπιστος와 이단적 가르침을 추종하는 그리스도인(τοὺς προσποιουμένους εἶναι μεθ' ἡμῶν)을 대비하며 논한다.

그들은 어느 날엔가 인류 전체가 사라질 것을 두려워하지만 자기들 영혼은 이방인 취급하고 홀대합니다. 그 영혼에 대해서는 심지어 아주 작은 죄 때문에도 엄중한 책임을 져야 하는 반면, 인류의 종식에 대해서는 아무 책임이 없는데도 그러합니다.

5. 그때에는 도시도, 직업도 주택도 없었습니다. 여러분에게는 이것도 작지 않은 걱정입니다. 네, 이 모든 것은 그 당시 존재하지 않았습니다. 그런데도 이 복되고 우리보다 훨씬 우월한 실존을 구속하거나 상처 입히는 것은 아무것도 없었습니다. 그러나 그들이 하느님께 순종치 않아 먼지와 재가 되자(창세 18,27 참조) 그 복된 실존뿐 아니라 동정의 아름다움도 잃었습니다. 동정도 하느님과 함께 그들을 저버리고 떠나간 것이지요. 그들이 악마의 유혹에 관심을 보이지 않고 그들의 주인을 경배했을 때는 동정도 그들과 함께했습니다. 그들에게 동정은, 왕을 꾸며 주는 왕관과 금실로 짠 옷보다 더한 장식이 되어 주었습니다(욥 29,14 참조). 그러나 노예 상태로 전락한 그들이 그 왕과 같은 옷이 벗겨지고 천상의 장식을 잃었을 때, 죽음의 부패와 저주와 고통과 삶의 힘듦에 종속되었을 때, 이 수행원들과 더불어 죽음을 면치 못하는 비천한 옷처럼 비로소 혼인이 등장했습니다.[33] **6.** 왜냐하면 바오로가 말했듯이 "혼인한 남자는 세상일을 걱정"(1코린 7,33)하기 때문입니다. 혼인의 기원이

---

[33] 이처럼 태초의 아담과 하와는 정욕을 몰랐고 그들 사이에 육체적 결합은 존재하지 않았다. 참조: 요한 크리소스토무스 『창세기 강해』 2,15,4; 4,18,4. 요한은 아담의 말을 이와 같이 우의적으로 해석한다. "그들은 둘이 한 몸이 된다"라는 구절을 보통은 하느님에 의한 혼인 제정으로 보는 반면, 요한은 타락 후에 등장한 혼인에 대한 예시로만 본다. 혼인이 타락 후에 등장했다는 견해에 대해서는 참조: 『창세기 강해』 4,18,4; 4,20,1; 『간음 때문에 아내를』 1,3. 이는 아우구스티누스의 견해와 반대된다 할 수 있다. 아우구스티누스는 아담과 하와가 지상의 낙원에서 육체적 욕구를 따랐다고 가르쳤다. 참조: 아우구스티누스 『(발레리우스에게 보낸) 혼인과 정욕』 1,9,24; 『창세기 문자적 해설』 9,6; 9,8; 9,14; 9,16; 9,18.

무엇이었는지 아시겠습니까? 왜 그것이 필요한 것으로 보였는지 아시겠습니까? 혼인은 불순종, 저주, 죽음의 결과입니다. 죽음이 있는 곳에 혼인도 있습니다. 둘 중 하나를 없애면 다른 것도 사라집니다. 그러나 동정은 이런 수행원이 없습니다. 동정은 언제나 유용하고 아름다우며, 죽음이 들어오기 이전이든 이후든, 혼인이 등장하기 이전이든 이후든 언제나 복됩니다. 아담이 어떤 혼인에서 탄생했단 말입니까? 하와가 어떤 해산의 고통을 통해 태어났단 말입니까? 당신은 이 질문에 답할 수 없을 것입니다. 혼인의 사라짐이 인간 종족의 종말을 가져오지 않을까 하는 두려움, 그 근거 없는 불안을 왜 갖습니까? 수백만 천사들이 하느님을 섬기고, 수천 대천사들이 그분 곁에 있지만 그들 중 아무도 생식이나 분만이나 고통이나 임신을 통해 생겨나지 않았습니다. 하느님께는 인간을 혼인 외의 방법으로 만드시는 것이 훨씬 더 쉽지 않았겠습니까? 전 인류의 뿌리인 우리의 첫 조상들을 만드신 분이니 말입니다.

제15장 인류의 수를 늘어나게 한 것은 혼인이 아니다

1. 오늘날에도 인간 종족의 증가는 혼인 덕분이 아니라 태초에 주님께서 "자식을 많이 낳고 번성하여 땅을 가득 채우라"(창세 1,28)고 말씀하신 덕분입니다. 혼인이라는 제도가 도대체 아브라함이 자식을 얻는 데 어떤 도움이 되었는지 말해 보십시오. 그는 혼인한 지 여러 해가 지났을 때 결국 불평을 쏟아 놓았습니다. "주 하느님, 저에게 무엇을 주시렵니까? 저는 자식 없이 살아가는 몸"(창세 15,2). 하느님께서는 [아브라함의] 늙은 몸이 수많은 인류의 원동력이요 근원이 되게 하신 것과 마찬가지로, 태초에 아담과 하와가 당신 명령에 불복종하여 금지된 나무에 다가가려는 욕망을 품지 않았더라도 그분은 인간 종족을 번식시키

기 위해 얼마든지 방법을 찾으실 수 있었을 것입니다.[34] 하느님의 뜻이 없다면 혼인은 세상에 사람들의 수가 늘어나게 할 수 없었을 것이니까요. 이는 동정도, 하느님께서 사람들의 수를 늘리길 원하시면, 사람들 숫자에 아무 영향을 미칠 수 없는 것과 마찬가지입니다. 그러나 하느님께서 인간이 혼인을 통해 번식되길 원하신 것은 우리 자신과 우리의 불순종 때문이라고 성경은 말합니다(창세 3,14-17 참조). **2.** 사실 혼인이 왜 타락 이전에 등장하지 않았을까요? 왜 낙원에서는 성관계가 없었을까요? 낙원 추방 이전에는 왜 해산의 고통이 없었을까요? 왜냐하면 그런 것들 ─ 또한 그와 더불어 도시, 직업, 옷, 그리고 우리가 필요로 하는 무수한 것들 ─ 이 그때는 불필요한 것이었는데 우리의 나약함 때문에 나중에야 필수적인 것이 되었기 때문입니다. 죽음은 자기 뒤에 그 모든 행렬을 이끌고 이 세상에 등장했습니다. 그러므로 제발 부탁하건대, 그대의 나약함과의 타협일 뿐인 것을 동정보다 낫다고 여기지 마십시오. 아니, 그것을 동정과 대등하게 여기지도 마십시오! 그런 추론을 따른다면[35] 그대는 아내 한 명으로 만족하기보다 아내 두 명을 갖는 것이

---

[34] 여기서도 하느님 말씀에 대한 우의적 해석이 엿보인다. 저자 요한에 따르면 하느님은 사람에게 수많은 후손을 약속하신 반면, 혼인이 그 같은 일에 유효하다고는 생각하지 않으신다. 아담과 하와의 협조는 불필요하기 때문이다. 늙은 아브라함에게 자식이 없었지만 하느님의 뜻만으로 자식을 얻은 것이 이를 입증한다. 요한은 "생식은 혼인의 결과라기보다, '자식을 많이 낳고 번성하여 땅을 가득 채워라'고 하신 하느님 말씀의 결과다. 혼인했지만 아버지가 되지 못한 무수한 사람이 그 증인들이다"(『간음 때문에 아내를』 1,3)라고 말한다. 요한은 『동정』 14장에서 천사들도 예로 든다.
　이처럼 정욕이 생겨나게 하고 그 제어를 위해 혼인이 생겨나게 한 타락이 아니었더라도, 하느님은 인간 종족을 존속시키기 위한 다른 방법, 곧 지속적인 창조라는 방법을 찾아내셨을 것이다. "자식을 많이 낳고 번성하여라"는 말씀은 명령이 아니라 예언이다. 불사하는 아담과 하와는 후손이 필요 없기 때문이다. 더구나 요한은 『시편 해설』 13,5에서 이 말씀을 타락 후에 하신 말씀으로 여긴다.

[35] 다시 말해 혼인이 인간 종족의 번성에 필수적이라고 추론한다면.

낫다고 주장할 것입니다. 왜냐하면 모세 율법에 그것이 허락되어 있으니까요. 그리고 그 경우 자발적 가난보다 부유함을, 금욕생활보다 쾌락을, 모욕 앞의 고결한 인내보다 복수를 선호할 것입니다.

제16장 혼인은 [하느님의] 친절에서 나온 것이다

1. ˝'이제 이 모든 것을 비방하는 것은 당신이오'라고 말하는 사람들은 내 말을 반박할 것입니다.' 저는 혼인을 전혀 비방하지 않습니다. 그것은 하느님께서 허락하신 것이고 모든 것이 각기 제때에 알맞은 유용성을 지닙니다. 그러나 저는 그것이 대수롭지 않은 것이고 어른의 덕이라기보다 어린아이에 어울리는 덕이라고 말하겠습니다. 그래서 그리스도께서도 "우리에게 완전함을 돌려주기를"[36] 바라시어 그것을 어린아이의 옷이 듯 벗어 버리도록 명하신 것입니다. 그 옷은 완전한 사람에게 입힐 수도 없고, 그리스도의 충만한 경지에 다다르는(에페 4,13 참조) 젊은이에게도 맞지 않습니다. 그리스도께서는 그것보다 더 잘 맞고 더 완전한 옷을 입으라고 명하셨습니다. 그런데도 그리스도께서는 당신 자신과 모순되지 않고 오히려 완벽하게 일치되어 계셨습니다. 2. 이 새 규정들이 옛 규정들보다 나은 반면, 적어도 그 규정들을 제정하신 분의 목적은 변하지 않았기 때문입니다. 그 목적은 무엇입니까? 우리 영혼에서 죄를 끊어 내고 영혼을 완덕으로 이끄는 것입니다. 그러므로 만일 그분이 이전보다 우월한 의무들을 우리에게 부과하는 게 아니라 인간을 그의 보잘것없음에서 풀어 주지 않은 채 영원히 같은 상태에 두려 하셨다면 그분은 자기 자신과 전적으로 모순되었을 것입니다. 사실

---

36 "우리를 완전한 존재로 창조하기를"이다. 마치 복음의 메시지가 제2의 인간 창조를 가져다주었다고 말하려는 듯하다.

인류가 아직 어린아이이던 태초에 하느님께서 이같이 엄격한 삶의 방식을 규칙으로 정하셨다면 우리는 결코 이 같은 적절한 방편에 도달하지 못했을 것이고, 우리의 구원은 그러한 지나침으로 말미암아 훼손되었을 것입니다.[37] 마찬가지로 옛 율법의 긴 수련 시기 이후 때가 이르러 우리가 이 천상적 철학에 부름을 받았을 때 만일 하느님께서 우리가 땅에 매여 있게 내버려 두셨다면 우리는 그분의 친절에서 아무런 이익을 끌어내지 못했을 것입니다. 왜냐하면 그분의 친절이 목표로 삼은 완덕의 삶은 결코 우리 차지가 되지 못했을 테니까요.

제17장 하느님의 친절

1. 오늘날 우리는 어린 새들 같습니다. 어미 새는 새끼 새들을 기른 후엔 그들을 둥지 가장자리로 내몹니다. 새끼 새들이 아직 둥지 안에 머물 필요가 있을 만큼 약하고 뒤뚱거리면 어미 새는 며칠 더 놔두지만 그것은 언제까지나 둥지에 살게 하기 위해서가 아니라 새끼들의 날개가 충분히 튼튼해지고 힘을 얻어 그들 혼자서도 안전하게 날 수 있게 하기 위해서입니다. 마찬가지로 우리의 신적인 스승께서도 우리가 그 같은 비상을 아직 할 수 없으리란 것을 너무나도 잘 아시면서도 우리의 타락이 당신의 뜻 때문이 아니라 우리의 약함 때문이었음을 보여

---

[37] 이 구절들에서 저자는 하느님의 구원 계획을 정당화한다. 아담과 하와의 타락 이후 하느님은 인간에 대한 사랑에서 그들을 다시 완덕으로 일으키고 낙원으로 다시 들어오게 하고자 하셨다. 그들은 "어린아이들"이었으므로 그들에게 동정을 강요하는 것은 더 타락하게 만들었을 것이다. 그들의 나약함이 그 덕을 지킬 수 없게 했을 것이기 때문이다. 그리고 사람은 결코 "어른"에 도달하지 못했을 것이다. 그래서 하느님은 사람에게 혼인생활을 통하여 구약성경의 긴 수련 과정을 거치게 하셨다. 그리스도의 육화 이후인 오늘날 그분은 우리를 천사와 같게 하는 동정을 통해 하늘에 이르는 길을 열어 주시면서 당신의 계획을 계속해서 실현하고 계신다.

주기 위하여 처음부터 우리를 하늘로 이끄셨고 그곳에 이르는 길을 보여 주셨습니다. 그리고 이런 교훈을 주신 후 인류가 이 저속한 세상과 혼인이라는 둥지 안에서 오랫동안 자라게 하셨습니다. 2. 그 오랜 시간이 흐른 끝에 우리 덕의 날개가 돋아났을 때, 그분은 우리에게 이 지상의 거처를 벗어나 더 높게 나는 법을 조금씩 서서히 가르쳐 주셨습니다. 아마도 좀 태평하거나 무거운 잠에 빠져 있는 사람들은 아직 이 세상 것에 집착하며 둥지 안에 머물기를 좋아합니다. 그러나 참으로 용맹한 이들, 빛을 사랑하는 이들은 완전히 자유롭게 둥지를 떠나 높은 곳을 향하여 날아오르고 하늘에 닿습니다. 이승의 모든 것, 혼인, 재산, 근심, 우리를 땅으로 이끄는 모든 것을 포기하고서 말이지요.

3. 하지만 태초에 인정된 혼인에 대한 이 허락이 그 후 의무가 되어 혼인 포기를 막는다고 생각하지는 맙시다. 왜냐하면 그분은 우리가 그것을 포기하기를 바라시니까요. 이 말에 귀를 기울여 보십시오. "받아들일 수 있는 사람은 받아들여라"(마태 19,12). 그분이 처음부터 이 명령을 하시지 않은 것은 놀랄 일이 아닙니다. 예를 들면 의사는 환자에게 모든 처방을 한꺼번에 내리거나 같은 때에 내리지 않습니다. 환자가 열이 있을 때 의사는 단단한 음식을 금합니다. 하지만 열이 가시고 허약한 몸이 조금 나아지면 의사는 맛없는 음식을 치우고 보통 때의 식단을 다시 줍니다. 몸 내부에서 서로 충돌하는 요소들이 과잉이나 부족으로 병을 일으키는 것과[38] 마찬가지로 영혼 안의 무절제한 열정들은 영

---

[38] 고대 의술은 네 요소(불, 공기, 물, 흙)에 상응하는 네 가지 기본 성질(따듯함, 차가움, 습함, 건조함) 이론과, 네 가지 물질 또는 기질(다혈질, 점액질, 담즙질, 흑담즙질) 이론을 알고 있었다. 두 이론 모두 원리는 같았다. 곧, 건강은 여러 요소나 기질 간의 조화에 달려 있다는 점이다. "이 요소들이 세력에서나 분량에서나 적정한 관계에 있고 완벽하게 혼합될 때 건강하게 된다. 이 요소들 중 하나가 부족하거나 과잉될 때, 또는 몸 안에서 고립되고 나머지와 결합되지 못할 때 병

혼의 건강을 해칩니다. 그러므로 우리는 문제가 된 열정에 적합한 처방을 알맞은 때에 내려야 합니다. 이 두 가지 조건이 결여되면, 약이 약효만으로 상처를 치유할 수 없듯이, 율법 자체만으로는 영혼의 무질서함을 고칠 수 없을 것입니다. 약이 상처에 대해 지닌 관계는 율법이 죄에 대해 지닌 관계와 같습니다. 4. 그런데 당신은 무엇을 하고 있습니까? 의사는 흔히 똑같은 상처에 어떤 때는 수술칼을 쓰고 어떤 때는 불을 쓰고, 때로는 둘 다 쓰지 않는데 그렇다고 해서 무례한 질문들로 의사를 괴롭히는 사람은 없습니다. 게다가 의사의 처방이 효력이 없는 때가 얼마나 많습니까! 하지만 당신은 인간에 지나지 않는 주제에 결코 오류가 없는 하느님, 모든 일을 당신의 지혜에 걸맞은 방식으로 이끄시는 그분 일에 끼어들고, 그분 명령의 이유를 묻습니까? 그분의 무한한 지혜에 순종하는 대신에? 그것이야말로 가장 미친 짓 아닙니까? 그분은 "자식을 많이 낳고 번성하여라"(창세 1,28)고 말씀하셨습니다. 시절이 그것을 요구했으니까요. 인간 본성이 미쳐서 격렬한 열정을 절제할 수 없었고, 그 폭풍 가운데서 피신할 다른 항구가 없었기 때문이지요!

　5. 그렇다면 그분이 사람들에게 무엇이라고 명령해야 했을까요? 금욕과 동정을 지키며 살라고요? 하지만 그랬다면 더 심한 타락과 더 격렬한 욕망의 불꽃만 일으켰을 것입니다. 양식으로 젖만을 필요로 하는 아기들을 보십시오. 그들에게 젖을 주는 대신에 어른이 먹는 음식을 강제로 먹여 보십시오. 그 음식은 아무 소용도 없이 그들은 금세 죽고 말 것입니다. 이처럼 때에 맞지 않게 행동하는 것은 나쁩니다. 이런 이유 때문에 동정이 처음부터 인간에게 주어지지 않은 것입니다. 아니, 정확

―――――――
이 생긴다"[히포크라테스『(자연으로서) 인간의 본질』4].

히 말하면, 동정은 처음부터, 다시 말해 혼인 이전부터 있었습니다만, 혼인이 도입되고 필수적인 것으로 여겨진 것은 위에서 말한 이유 때문입니다.[39] 사실 아담이 순종했더라면 그에게 혼인은 필요 없었을 텐데 말이지요. '하지만 당신은, ʹ그렇다면 어떻게 그 수많은 사람들이 생겨날 수 있었겠느냐ʹ고 저에게 반박합니다.' 저로서는 이러한 두려움이 당신을 계속해서 너무도 크게 뒤흔들어 놓으므로 저의 질문을 되풀이합니다. 아담과 하와는 혼인이 없던 시절이었는데 어떻게 생겨났습니까? '뭐라고요? 모든 인류는 그런 방법으로 태어나야 하지 않았을까요?' 그런 방법, 또 다른 방법에 대해서 저는 아무것도 모릅니다. 현재 우리가 관심을 갖는 것은 하느님께서 지상에 인류가 늘어나게 하는 데는 혼인이 필요하지 않았다는 점입니다.

제18장 인류가 줄어들게 하는 것은 동정이 아니라 죄다

인류의 소멸을 가져올 수 있는 것은 동정이 아니라 죄요, 자연적인 것에 어긋난 결합입니다. 노아 시대에 인간과 짐승, 다시 말해 땅 위에서 숨 쉬는 모든 생물의 멸절이 이를 보여 줍니다(창세 6,7 참조).[40] 만일 당시 하느님의 아들들이 이 왜곡된 욕망에 저항하고 동정을 존중했더라면, 그리고 인간의 딸들에게 죄스러운 눈길을 던지지 않았더라면(창세 6,2 참조) 그 같은 참화를 입지는 않았을 것입니다. 저는 그들의 멸종의 책임이 혼인에 있다고 주장하려는 것이 아닙니다. 인간 종족의 붕괴

---

39 사람은 동정 상태로 창조되었으나 원조의 타락 이후 동정은 그에게 주어지지 않게 되었고 그는 정욕의 지배 아래 놓이게 되었다. 따라서 혼인이 정상적 상태인 것으로 보이게 되었다.

40 요한 크리소스토무스는 이미 『수도생활을 반대하는 이들 반박』 3,9에서 이러한 반론에 대해 답하였다.

와 파멸의 원인은 동정이 아니라 죄에 있다는 점을 말하는 것입니다.

제19장 예전에는 혼인의 이유가 두 가지였으나 지금은 한 가지다

　1. 이처럼 혼인은 분명 생식을 위해 생겨났지만 그보다 훨씬 더 큰 이유는 우리 본성에 깃든 욕망의 불을 가라앉히기 위해서입니다. 바오로 사도도 이를 증언합니다. 그는 "불륜의 위험이 있으니 모든 남자는 아내를 두고"(1코린 7,2)라고 말하지, 아이를 갖기 위해서 아내를 두라고 하지 않습니다. 그리고 (남편과 아내에게) 다시 합치는 생활을 하라고 권할 때도 그들이 많은 자식을 갖게 하기 위해서가 아니라 "사탄이 여러분을 유혹할 수 있기 때문"(1코린 7,5)이라고 합니다. 그리고 조금 뒤에서는 "아이를 갖고 싶으면"이 아니라 "자제할 수 없으면 혼인하십시오"(1코린 7,9)라고 합니다. 내가 앞에서 말했듯이, 사실 처음에 혼인의 동기는 이 두 가지였으나, 땅과 바다와 온 세상이 생물로 가득하게 된 나중에는 방탕과 방종에 대한 억제라는 단 한 가지 동기[41]만 남았습니다. 2. 왜냐하면 지금까지도 이런 정열 속에 빠져서 돼지 같은 삶과 사창가에서의 타락을 추구하는 사람에게 혼인이 갖는 효용이 상당히 크기 때문입니다. 곧, 혼인은 그를 이 불결함과 횡포에서 구해 내어 정결함과 성덕의 보호를 받도록 보장하는 것입니다. 그러나 이제 지긋지긋합니다.

---

[41] 바오로 사도에게서 끌어내고 요한 크리소스토무스가 거듭 전개한 이 동기는 사실 요한이 보기에 현재의 혼인 제도의 중심 동기다. 요한은 바오로 사도가 처음엔 두 가지 이유를 내세웠다가 첫째 동기는 버려두고 무절제에 대한 치료제만을 보았다고 말한다. 참조: 『간음 때문에 아내를』1,3. 고대에는 혼인에서 생식을 사회적 도덕적 정치적 종교적 필요로 보았다. 다음과 같은 농담이 이를 암시한다. "우리는 쾌락을 위해서 유녀를, 일상에 필요한 일을 위해서 정부를, 합법적 자녀를 위해서 아내를 갖는다"(데모스테네스 『네아이라 반박』55). 교부들 역시 혼인에서 생식의 중요성을 주장했다. 참조: 암브로시우스 『동정』6,34; 아우구스티누스 『혼인의 유익』5.

도대체 언제까지 그림자들을 거슬러 투쟁해야 한단 말입니까? 이렇게 이의를 제기하는 여러분도 나와 마찬가지로 동정의 탁월함을 잘 알며, 여러분이 말한 모든 것은 무절제함을 감추기 위한 구실이요 핑계에 지나지 않기 때문입니다.

제20장 아무런 위험이 없다 하더라도 동정을 멸시하는 태도는 위험하다

  비록 그런 식으로 말해도 아무런 위험이 없다 하더라도 여러분은 오늘 그런 비방에 마침표를 찍어야 할 것입니다. 아름다운 것 앞에서 혹평을 하는 사람은, 무엇보다도 그릇되고 근거 없는 판단의 말을 내뱉음으로써 공공연하게 자신의 악의를 증언하는 것이기 때문입니다. 그러므로 비록 다른 동기가 없다 해도 여러분은 그같이 고약한 평판을 받는데 대한 두려움 하나만으로도 말을 조심하여야 할 것입니다. 생각해 보십시오. 위대한 승리자들에게 박수를 보내는 관객은 비록 자신도 똑같은 승리를 거둘 수 없다 해도 대부분 사람에게서 너그럽게 받아들여질 수 있습니다. 그러나 자신은 참가하지도 않으면서 수많은 화관을 받기에 합당한 업적을 비방하는 이는 공덕의 원수요 적으로 모든 이의 지탄을 받는 대상이 될 것이고, 미친 사람보다 더 가련한 사람이 될 것입니다. 미친 사람은 자신이 하는 일을 모르며, 미친 상태를 자신의 운명으로 선택한 것이 아니기 때문입니다. 그래서 그가 당대의 권력자들을 모욕한다 해도 그를 벌하기는커녕 그 피해자조차도 그를 가엾이 여깁니다. 하지만 사정을 잘 알면서도 무식해서 무언가를 저지른 사람은 모든 이에게서 인간 본성의 원수로 단죄받아 마땅할 것입니다.

제21장 동정을 멸시하는 사람들은 큰 위험을 겪을 수 있다

1. 따라서 앞에서 내가 말했듯이, 그러한 비방에 아무런 위험이 없다 해도, 적어도 지금까지 열거한 이유들 때문에라도 우리는 그런 비난을 자제해야 할 것입니다. 그러나 사실 그런 일은 심각한 위험을 안고 있습니다. "앉아서 형제를 거슬러 말하고 자기 어머니의 아들에게 모욕을 주는 사람"(시편 50,20; 참조: 마태 5,22)만 벌을 받는 것이 아니라, 하느님의 눈에 아름다운 것들을 비방하는 사람도 그러할 것입니다. 바로 이 문제를 다루는 다른 예언자의 말을 들어 보아도 좋을 것입니다. "불행하여라, 좋은 것을 나쁘다 하고 나쁜 것을 좋다 하는 자들! 어둠을 빛으로 만들고 빛을 어둠으로 만드는 자들! 쓴 것을 단 것으로 만들고 단 것을 쓴 것으로 만드는 자들!"(이사 5,20). 동정보다 더 뜻에 맞고 아름다우며 빛나는 것이 어디 있습니까? 사실 동정은 태양 빛보다 더 찬란한 광채를 내뿜고, 지상의 만물에서 우리를 돌아서게 하며, 우리로 하여금 눈도 깜박이지 않고서 순수한 눈으로 "의로움의 태양"(말라 3,20)을 바라보게 합니다. 이사야는 썩은 생각을 하는 이들에게 위와 같이 선포하였습니다. **2.** 남에게 역병과 같은 부도덕한 말을 내뱉는 이들을 향하여 또 다른 예언자가 하는 말을 들어 보십시오. "불행하여라, 이웃들에게 화를 퍼부으며 술을 먹이는 자!"(하바 2,15 참조). "불행하여라"라는 단어는 단순한 표현법에 불과한 것이 아니라, 말할 수 없이 준엄한 형벌을 우리에게 선포하는 위협입니다. 성경에서 이러한 표현은 임박한 형벌을 더 이상 피할 수 없게 된 이들에 대해 쓰이기 때문입니다.

3. 유대인들을 비난하며 이렇게 말한 예언자도 있습니다. "너희는 나지르인들에게 술을 먹였다"(아모 2,12). 나지르인에게 술을 먹이는 것이 그 같은 벌을 불러온다면, 순진한 이들의 영혼에 독을 뿌리는 이들은

대체 어떤 벌을 받게 될까요? 만일 율법을 일부 못 지켰다고 가혹한 벌을 받는다면, 거룩함 자체를 몽땅 깨뜨린 사람은 도대체 어떤 형벌에 처해질까요? "나를 믿는 이 작은 이들 가운데 하나라도 죄짓게 하는 자는, 연자매를 목에 달고 바다 깊은 곳에 빠지는 편이 낫다"(마태 18,6)고 성경은 말합니다. 그러므로 위와 같은 말로 작은 이들 가운데 하나뿐 아니라 수많은 사람을 죄짓게 하는 사람들에 대해서는 뭐라고 말해야 할까요? 자기 형제를 멍청이 취급하는 자가 지옥 불에 던져진다면, 천사의 삶과 같은 이 삶의 규칙을 헐뜯는 사람은 자기 머리 위에 얼마나 큰 진노를 불러들이는 것이겠습니까?

4. 어느 날 미르얌은 모세를 거슬러 말했습니다(민수 12,1 참조). 그것도 현재 여러분이 동정에 대해 비방하는 것보다 훨씬 덜 험하고 온건한 말로 그렇게 했습니다. 미르얌은 모세를 조롱하거나 그 복된 이의 덕을 비웃기는커녕, 모세를 깊이 존경하고 있었습니다. 그녀는 다만 자신도 모세와 같은 권한이 있다고 말했을 뿐입니다(민수 12,2 참조). 그런데도 하느님의 진노를 사서, 모세의 열렬한 기도조차 그녀에게 아무런 호의를 얻어 주지 못했고, 그녀는 모세가 생각한 것보다 훨씬 큰 벌을 받았습니다.

제22장 엘리사 시대에 아이들이 벌 받아 죽은 일은 유익한 교훈이었다

1. 미르얌뿐이겠습니까? 베들레헴의 문에서 놀던 어린아이들도 하느님의 진노를 샀습니다. 그들이 엘리사에게 "대머리야, 올라가라!"(2열왕 2,23)고 말했다고 해서 하느님은 그들이 놀려 대던 바로 그 순간에 그들에게 — 그들은 마흔두 명이었습니다 — 암곰들을 보내어 마지

막 한 아이까지 모조리 찢어 죽이게 하셨습니다(2열왕 2,23 참조). 그들의 어린 나이도, 많은 숫자도, 단순히 놀이였다는 사실도 그들을 지켜 주지 못했는데 그것은 마땅한 처벌이었습니다. 그토록 큰일을 맡은 사람들도 어린아이들과 사람들의 대상이 되어야 했다면, 그들보다 강인함이 훨씬 덜한 사람들 중에서 웃음거리와 놀림감이 되는 일을 도맡겠다고 나설 사람은 아무도 없을 터이니까요. 평범한 그리스도인들 중에 누가 이처럼 놀림감이 되는 걸 보면서도 덕을 닦는 데 열성을 기울이겠습니까? 2. 사실 오늘날 동정을 실천하는 사람들뿐 아니라 그런 상태에서 떨어져 나온 이들까지도 모두 동정을 찬양하는데도 많은 사람이 동정에 요구되는 힘든 노력에 대한 생각에 망설이고 뒤로 물러나고 있습니다. 그런데도 동정이 찬양의 대상이 되기는커녕 모든 이의 비방의 대상이 된다면 누가 동정을 택하겠다고 선뜻 나서겠습니까? 이미 천상의 삶을 살고 있는 강한 사람들은 많은 이의 격려가 필요 없고, 하느님의 칭찬이면 충분한 격려가 됩니다. 그러나 이제 막 그런 삶의 상태에 들어온 좀 더 약한 사람들은 대중의 평가에서 강력한 도움을 얻습니다. 그러다가 완전한 가르침 덕분에 차츰차츰 이런 도움 없이도 지낼 수 있게 됩니다. 3. 그러므로 앞에서 말한 그런 사건들이 일어난 것은 이런 나약한 이들뿐 아니라 동정을 멸시하는 이들의 구원을 위해서이기도 합니다. 이들은 자신들의 과거 잘못이 처벌받지 않았음에 방심하며 악의 길에 더 깊이 나아갈 수도 있기 때문입니다.

그러나 내가 이 말을 하는 순간 엘리야의 이야기가 떠오릅니다. 엘리사 때에 암곰이 어린아이들을 찢어 죽인 것처럼 그의 스승 엘리야 때에 하늘의 불이 두 무리의 오십인 대장과 그 부하 각기 쉰 명을 태워 버렸습니다. 이들은 오만방자한 태도로 엘리야를 만나러 와서 그를 '하느님의 사람'이라고 부르며 아래로 내려오라는 [임금의] 명령을 전했습니다. 그러자 야수들이 어린아이들을 삼켜 버린 것처럼, 하늘에서 불이 내려와 그들 모두를 삼켜 버렸습니다(2열왕 1,9-12 참조).

4. 동정의 원수인 여러분 모두는 이에 대해 생각하고, 여러분의 입에 문과 창살을 세우십시오. 심판 날 여러분은, 동정을 살아 저 위 하늘에서 눈부시게 빛나는 이들을 바라보면서, "저자는 우리가 한때 웃음거리로, 놀림감으로 삼던 자가 아닌가? 우리는 어리석기도 하였구나! 우리는 그의 삶을 미친 짓이라고, 그의 죽음을 수치스러운 것이라고 생각하였지. 그런데 어떻게 하여 저자가 하느님의 아들 가운데 들고 거룩한 이들과 함께 제 몫을 차지하게 되었는가? 그렇다면 우리가 진리의 길을 벗어났고 정의의 빛이 우리를 비추지 않았구나"(지혜 5,4-6)라고 말하게 될지 모르니까요. 그러나 뉘우침이 아무 소용도 없게 되는 그때 이런 말이 무슨 도움이 되겠습니까?

제23장 똑같은 잘못에 똑같은 벌이 내리지 않는 이유

그러나 여러분 중 누군가는 이렇게 말할지도 모릅니다. '그렇다면 그 시대 이후에는 거룩한 이들을 모욕한 사람이 아무도 없었습니까?' 많은 이들이 그런 짓을 했고 여러 곳에서 그렇게 했습니다. '그러면 왜 그들은 똑같은 벌을 받지 않았습니까?' 그들은 벌을 받았고 우리는 그런 사례를 상당수 알고 있습니다. 만일 어떤 이들이 벌을 피했다 해도 언제까지나 그럴 수는 없을 것입니다. 복된 바오로 사도도 사실 그렇게 말합니다. "어떤 사람들의 죄는 명백하여 재판 전에 드러나고, 어떤 이들의 죄는 재판 때에야 드러납니다"(1티모 5,24). 입법자들이 범죄인에게 내리는 형벌을 기록으로 남겼듯이, 우리 주 예수 그리스도께서도 한두 죄인을 벌하시면서 말하자면 청동 비碑[42]에 그들에게 내리는 형벌을 글씨로 새기고, 그들의 본보기를 통하여 모든 이에게 경고하십니다. 비록 지금 죄인들이 똑같은 잘못을 저지르고 다른 이들이 받은 형벌을 피한다 해도, 장차는 더 가혹한 벌을 받을 것이라고 말씀하십니다.

제24장 죄인들은 비록 벌 받지 않고 넘어갔다 해도 안심할 것이 아니라 오히려 두려워해야 한다

1. 그러므로 극히 위중한 죄를 범했는데도 우리가 아무런 해를 입지 않을 때 안심하기보다는 두려워할 이유를 찾읍시다. 왜냐하면 이승에서는 우리가 하느님의 심판을 받지 않는다 해도 하늘 나라에서 이 세상과 함께 단죄받을 테니까요. 이런 단언을 하는 것은 여기서도 내가 아니라, 바오로 사도의 입을 통하여 말씀하시는 그리스도이십니다. 분별 없이 주님의 몸을 먹고 마시는 자들을 향해 바오로 사도는 말합니다. "그래서 여러분 가운데에 몸이 약한 사람과 병든 사람이 많고, 또 이미 죽은 이들도 적지 않은 것입니다. 우리가 자신을 잘 분별하면 심판을 받지 않을 것입니다. 그러나 주님께서 우리를 심판하셔도, 그것은 우리가 이 세상과 함께 단죄받지 않도록 우리를 교육하시는 것입니다"(1코린 11,30-32). 죄가 과하지 않기에, 또 벌을 받고 나서는 자기가 토해 놓은 것으로 되돌아가는 개처럼(2베드 2,22 참조) 다시 같은 잘못에 떨어지는 일이 없기에, 이승에서 벌 받는 것으로 충분한 사람들이 있습니다. 그런가 하면 악의가 도를 넘어서 이승과 저세상 양쪽에서 모두 벌을 받는 사람들도 있습니다. 또 다른 사람들은 저세상에서만 벌을 받습니다. 왜

---

42 고대에 비석들 위에 법을 기록한 것에 대한 암시다.

냐하면 그들은 가장 위중한 잘못을 범한 까닭에 인간들과 함께 처벌을 받아도 된다고 생각할 수조차 없기 때문입니다. "[그들은] 다른 사람들처럼 고통을 당하지도 않네"(시편 73,5)라고 예언자는 말합니다. 그들은 마귀들이 받는 형벌을 함께하게 되어 있으니까요. "나에게서 떠나 악마와 그 부하들을 위하여 준비된 바깥 어둠 속으로 들어가라"(참조: 마태 8,12; 25,41).

2. 많은 사람이 어느 누구에게서도 비난을 받지 않고, 또 마술사 시몬이 베드로의 입에서 들은 말들을(사도 8,20 참조) 듣지 않고서도 돈을 주고 사제직을 샀습니다. 그러나 그들이 벌을 면한 것은 아닙니다. 오히려 그들은 이 세상에서 겪어야 했을 벌보다 훨씬 엄한 벌을 받을 것입니다. 왜냐하면 본보기를 보고도 아무런 깨달음을 얻지 못했기 때문입니다. 많은 이가 코라와 같이 방약무인했으나(민수 16,1 참조) 코라의 운명을 맞지 않았습니다. 그러나 그들은 나중에 그 운명을 겪을 것이고 그들의 고통은 훨씬 더 심할 것입니다. 많은 이가 파라오의 불경함을 따랐으나 그처럼 물속에 처넣어지지 않았습니다(탈출 14,28 참조). 그러나 게헨나의 바다가 그들을 기다립니다. 자기 형제를 미친 사람 취급하는 자들 역시 아직 벌을 받지 않았습니다. 저세상에서 그들에게 벌이 기다리고 있습니다. **3.** 그러므로 하느님의 판결이 그저 말뿐이라고 생각지 마십시오. 그것을 보여 주려고 하느님은 몇몇 판결을 집행하신 것입니다. 예를 들어 사피라와 그의 남편, 카르미의 아들과 아론 그리고 수많은 다른 이들의 경우입니다. 혹시 사람들이 하느님의 말씀을 믿으려 들지 않더라도 일어난 사건들을 보고 질겁하여 다시는 착각하거나 벌을 받지 않으리라는 생각을 하지 못하게 하려는 것입니다. 또한 하느님의 선하심은 죄인들에게 시간을 주는 데 있지, 잘못을 고집하는데도 아무

런 처벌을 하지 않는 데 있는 게 아님을 배우게 하려는 것입니다.

4. 물론 우리는 동정의 아름다움을 멸시하는 이들에게 어떤 불이 준비되어 있는지 더 길게 보여 줄 수도 있습니다. 그러나 분별 있는 사람들에게는 이제까지의 이야기로 충분하다고 생각합니다. 더 길게 말한다 해도 치유 불능인 사람이나 무분별한 자들을 그들의 잘못에서 돌아서게 하지는 못할 것입니다. 그래서 우리 논고의 이 부분을 여기서 마치고, "이제 여러분이 써 보낸 것들에 관하여 말하겠습니다. '남자는 여자와 관계를 맺지 않는 것이 좋다'"(1코린 7,1)라는 복된 바오로 사도의 말을 다시 한 번 되풀이 하면서 이제부터는 분별 있는 이들에게만 이야기하려 합니다. 이제 혼인을 헐뜯는 이들과 지나치게 찬양하는 이들 모두 부끄러움으로 얼굴을 붉히게 되길 바랍니다. 왜냐하면 이 두 부류 모두에게 복된 바오로는 위의 구절과 이어지는 구절들을 통해 침묵을 명하기 때문입니다.

제25장 혼인은 나약한 이들에게 필요한 것

혼인이 아름다운 것은 사람이 정결을 간직하게 해 주고 간음의 심연으로 떨어져 멸망하는 것을 막아 주기 때문입니다. 따라서 혼인에 대해 나쁘게 말해서는 안 됩니다. 혼인은 매우 유익합니다. 그리스도의 지체들이 탕녀의 지체(1코린 6,15)들이 되지 않게 해 주고, 거룩한 성전(1코린 3,17; 6,19; 에페 2,21 등)이 속되게 더럽혀지는 것을 허락지 않기 때문입니다. 혼인은 무너지기 일보 직전인 인간을 지탱하고 다시 일으켜 주므로 아름답습니다. 하지만 혼인의 도움 없이도 잘 서 있는 사람에게 혼인이 무슨 소용이 있습니까? 이 경우 사실 혼인은 더 이상 유익하고 필요한 것이 아닙니다. 오히려 그가 덕을 쌓는 데에 장애가 됩니다. 혼인은 덕에 대해 무수한 장애물을 일으킬 뿐 아니라 덕이 받아 마땅한 찬양의 대부분을 가려 버리기 때문입니다.

제26장 동정을 지킬 수 있는데도 혼인하는 사람은 가장 큰 잘못을 저지르는 것이다

맨몸으로 싸워서 이길 수 있는 자를 갑옷으로 무장시키는 것은 그에게 유용하지 않을 뿐 아니라, 그에게서 찬탄과 그가 받아 마땅한 빛나는 화관을 빼앗음으로써 오히려 가장 심각한 손해를 끼치는 것입니다. 왜냐하면 그의 활기가 온전히 드러나는 것을 허락하지 않고 그의 전리품이 아름다운 광휘를 잃기 때문입니다. 혼인하는 경우에 손해는 더 극심합니다. 혼인은 많은 이의 찬양뿐 아니라 동정인이 받도록 되어 있는 보상도 빼앗기 때문입니다. 그래서 "남자는 여자와 관계를 맺지 않는 것이 좋다"(1코린 7,1)라는 말이 나온 것입니다. '그렇다면 남자에게 왜 그것을 허락하는 것입니까?' "하지만, 불륜/간음의 위험이 있으니 모든 남자는 아내를 두십시오"(1코린 7,2). '사도는, ′나는 너를 동정이라는 높이까지 감히 올리지 못한다. 네가 간음의 심연에 떨어질까 두렵기 때문이다. 너의 날개는 내가 너를 그 꼭대기까지 높일 만큼 아직 충분히 가볍지 못하다'라고 말합니다. 그런데도 그들은 경쟁의 위험을 선택하였고 동정의 아름다움을 향해 돌진했습니다. 그렇다면 복된 바오로 사도여, 당신의 두려움과 떨림은 무슨 까닭입니까?' 사도는 틀림없이 이렇게 답했을 것입니다. 이 같은 열성에 불타는 이 사람들은 동정이 무엇인지 모르는 반면에 저는 그런 싸움에 대한 경험과 실제 지식이 있기에 동정을 다른 이들에게 권하는 데 좀 더 조심스러워졌기 때문입니다.

제27장 동정은 커다란 선이며 그런 선들의 분배자다

1. 저는 이 일의 어려움을 압니다. 이런 투쟁의 가혹함과 그 같은 싸움의 무거운 짐을 압니다. 이런 싸움에는 투쟁적이고 열정적인 사람, 절망에 이를 만큼 격정에 대항하여 싸우는 사람이 필요합니다. (불타는) 석탄 위를 걸으면서도 몸을 태우지 말아야 하고 칼 위로 돌진하면서도 베이지 않아야 하기 때문입니다. 정욕의 힘은 사실 불과 강철의 힘과 같습니다. 영혼이 정욕의 고문에 무관심할 만큼 단련되지 않았다면 머지않아 파멸할 것입니다. 따라서 우리에게는 금강석과 같은 심장과 언제나 열려 있는 눈, 모든 시련에 대한 인내, 튼튼한 성채, 외부 벽과 빗장, 노련하고 용감한 파수꾼, 그리고 이 모든 것에 앞서 '하느님'의 개입이 필요합니다. "주님께서 성읍을 지켜 주지 않으시면 그 지키는 이의 파수가 헛되"(시편 127,1)기 때문입니다.

2. 우리는 어떻게 이 개입을 얻어 낼 수 있습니까? 우리에게 달린 모든 것을 갖다 바칠 때 가능합니다. 곧 건강한 생각, 흔들림 없이 꾸준한 단식과 밤샘기도, 철저한 율법 준수, 규정에 대한 존중, 그리고 무엇보다 중요한 기틀이 되는 것으로서 우리 자신에 대한 경계심입니다. 어쩌다가 우리가 위대한 일을 이뤘다 해도 우리는 끊임없이 스스로에게 "주님께서 집을 지어 주지 않으시면 그 짓는 이들의 수고가 헛되리라"(시편 127,1)고 되뇌야 합니다. 왜냐하면 "우리의 전투 상대는 인간이 아니라, 권세와 권력들과 이 어두운 세계의 지배자들과 하늘에 있는 악령들이기"(에페 6,12) 때문입니다. 우리는 이 파렴치한 정욕들이 질겁하도록, 생각으로 밤낮없이 전투태세를 갖추어야 합니다. 생각에 조금이라도 긴장이 풀리면 곧바로 악마가 손에 불을 들고 하느님의 성전을 태워 버릴 채비를 갖추고 나타납니다. 우리는 모든 면에서 강해져야 합니다.

왜냐하면 우리는 본성과 싸우고 있고, 천사들의 삶이 우리 열성의 목표이며, 우리는 영적 권세들 곁에서 경기장을 달리고 있고, "먼지와 재"(창세 18,27; 욥 30,19)인 우리는 하늘에 살고 있는 존재들과 같아지길 꿈꾸는데, 부패는 썩지 않는 것에 싸움을 걸어오기 때문입니다.

3. 그런데도 감히 혼인의 즐거움을 그와 같은 상태와 비교하겠는지 말해 보십시오. 그건 어리석음의 극치가 아니겠습니까? 바오로가 "모든 남자는 아내를 두십시오"(1코린 7,2)라고 말했을 때 그는 이 모든 것을 의식하고 있었습니다. 그래서 그는 슬쩍 빠져나간 것이고, 곧바로 동정에 대한 이야기를 감히 하지 못한 것입니다. 그는 사람들을 혼인이라는 주제에서 차츰 돌려세우려는 의도로, 얼마 동안은 혼인에 대하여 이야기하다가 그 이야기 속에 금욕에 관한 말을 몇 마디 끼워 넣습니다. 자기의 엄격한 권고로 청중을 놀라게 하고 싶지 않았기 때문입니다. 처음부터 끝까지 준엄한 생각만 나열하는 연설가는 청중에게 반감을 품게 하고 흔히는 연설가의 말의 무게를 짊어지지 못하고 반항하게 만듭니다. 그러나 다양한 요소를 가미하고, 쉬운 것이 불쾌한 것보다 더 많게끔 연설할 줄 아는 사람은 청중에게 말의 무게를 면하게 하여 그들의 마음을 풀어 줌으로써 그들을 설득하고 좀 더 쉽게 그들의 지지를 끌어낼 줄 압니다. 바로 이것이 복된 바오로 사도가 한 일입니다. **4.** 그는 우선 "남자는 여자와 관계를 맺지 않는 것이 좋다"(1코린 7,1)라고 말하고 나서 곧바로 혼인 문제로 넘어갑니다. "모든 남자는 아내를 두십시오"라고 말하니까요. 복된 동정에 대해서는 "남자는 여자와 관계를 맺지 않는 것이 좋다"라고 말하는 데 그칩니다. 그러나 혼인에 대하여 조언하고 권장하면서 그는 "불륜/간음의 위험이 있으니"라는 동기를 이야기합니다. 이처럼 그는 혼인에 대한 허락을 정당화하는 것처럼 보입

니다. 그러나 사실 그가 혼인에 대해 내세운 이유들은 은연중에 금욕을 높이 사게 합니다. 그는 금욕을 드러내 놓고 찬양하지 않고 청중이 양심에 따라 판단하도록 맡깁니다. 왜냐하면 혼인을 권고받은 사람이 혼인이 덕의 극치이기 때문이 아니라 바오로가 비난하는 육욕 — 바오로에 따르면 혼인만이 없애 줄 수 있는 — 이 자기에게 있기 때문임을 알아채고서 얼굴을 붉히고 당황하여 재빨리 동정을 받아들이려 힘씀으로써 자신에게서 그 같은 평판을 멀리하려 할 것이기 때문입니다.

제28장 바오로가 혼인에 대해 한 말은 동정에 대한 장려다

1. 그런 다음 바오로는 뭐라고 합니까? "남편은 아내에게 의무를 이행하고, 마찬가지로 아내는 남편에게 의무를 이행해야 합니다"(1코린 7,3). 그리고 나서 그는 이어지는 구절에서 자기 생각을 더 분명하게 표현합니다. "아내의 몸은 아내가 아니라 남편의 것이고, 마찬가지로 남편의 몸은 남편이 아니라 아내의 것입니다"(1코린 7,4). 이 모든 것은 혼인에 호의적인 말 같지만 사실은 미끼 아래 감추어진 낚싯바늘처럼 바오로는 혼인에 대한 말을 통해 제자들을 혼인에서 돌아서게 하려는 의도로 제자들의 귀에 자신의 말이 파고들게 하는 것입니다. 혼인 후에는 더 이상 자기가 자신의 주인이 아니라 아내의 처분에 맡겨지게 되리란 것을 알게 된 이들은 이 씁쓸한 노예 상태에서 재빨리 해방되려고 하거나 또는 차라리 멍에 아래 놓이지 않으려 애쓸 것입니다. 왜냐하면 일단 혼인한 사람은 아내의 마음에 들 때까지 노예가 되어야 하기 때문입니다. **2.** 내가 하는 말은 바오로의 생각에 대한 단순한 짐작이 아닙니다. [예수님의] 제자들을 보면 이것을 쉽게 알 수 있습니다. 우선 제자들도 스승이, 바오로가 코린토 신자들에게 부과한 것과 똑같은 의무

를 그들에게 부과하는 것을 듣게 되던 날까지는 혼인을 성가신 짐으로 여기지 않았습니다. 왜냐하면 "불륜을 저지른 경우를 제외하고 아내를 버리는 자는 누구나 그 여자가 간통하게 만드는 것이다"(마태 5,32)와 "남편의 몸은 남편이 아니라 아내의 것입니다"라는 말은 표현은 서로 다르지만 같은 생각을 담고 있기 때문입니다. **3.** 그리고 더 자세히 들여다보면, 바오로의 말은 혼인의 횡포를 더욱 강조하고 그 속박을 더욱 견디기 힘든 무거운 것으로 보여 줍니다. 주님께서는 남편이 아내를 집에서 내쫓는 것을 허락지 않으신 반면, 바오로는 남편이 자신의 몸마저 마음대로 하지 못하게 하면서 아내에게 남편에 대한 권위를 온전히 지니게 하여, 남편을 노예보다 낮은 사람으로 만들기 때문입니다. 노예는 언젠가 자기 몸값을 주인에게 지불할 만큼 부유해지면 온전한 자유를 얻는 경우도 종종 있습니다. 그러나 남편은 가장 포악한 아내를 두었다 하더라도 그에게 굴종하는 상태를 견딜 수밖에 없고 거기서 벗어날 아무런 방법도, 그가 견디고 있는 지배를 면할 어떤 방법도 없기 때문입니다.

제29장 "서로 상대방의 요구를 물리치지 마십시오"라는 규범은 동정에 대한 권고다

1. 바오로는 "아내의 몸은 아내가 아니라 남편의 것"이라고 말한 후 이어서 "서로 상대방의 요구를 물리치지 마십시오. 다만 기도에 전념하려고 얼마 동안 합의한 경우는 예외입니다. 그 뒤에 다시 합치십시오"(1코린 7,5)라고 말합니다. 여기서 저는, 동정을 받아들인 많은 이가 바오로의 큰 관용에 불편해하며 얼굴을 붉히리라고 생각합니다. 그러나 두려워하지 말고 어떤 어리석음도 범하지 마십시오! 언뜻 보면 이

말은 혼인한 이들에게 부여된 호의가 분명한 것 같지만 자세히 살펴보면 이는 바로 앞의 말들과 똑같은 영감에서 나온 말입니다. 문맥을 고려하지 않고 이 말들만 따로 떼어 읽는다면 그것은 사도보다는 혼인을 중매하는 이에게 더 잘 어울리는 말처럼 보일 것입니다. 그러나 이 구절 전체의 의미를 충분히 밝히길 원한다면 이 권고 자체가 사도의 품위에 걸맞다는 것을 깨달을 것입니다.

왜 바오로는 이 주제를 이렇게 길게 다룰까요? 앞에서 한 말들을 통해 자기 생각을 훨씬 더 품위 있게 시사하는 것으로, 그리고 권고를 그 정도에서 그치는 것으로 충분하지 않았을까요? "서로 상대방의 요구를 물리치지 마십시오"(1코린 7,5)라는 말이 "남편은 아내에게 의무를 이행해야 합니다"(1코린 7,3)라든가 "남편의 몸은 남편이 아니라 아내의 것입니다"(1코린 7,4)라는 말에다가 무엇을 더 보태는 것입니까? 아무것도 더 보태는 것이 없을 것입니다. 그러나 앞에서 간략하고 은근하게 말한 것을 사도는 여기서 더 발전시키고 분명히 합니다. **2.** 바오로는 그렇게 함으로써 하느님의 거룩한 사람 사무엘을 흉내 냅니다(1사무 10,25 참조). 사무엘은 백성 앞에서 임금의 권한이 어떠한지 정확하고 세세하게 밝힙니다. 그것은 그들이 왕정을 받아들이게 하기 위해서가 아니라 거부하게 하기 위해서였습니다. 겉보기에는 설명인 것 같지만 실은 백성을 그들의 부적절한 욕망에서 돌아서게 하기 위한 수단이었습니다. 마찬가지로 바오로는 청중이 자기의 말을 통하여 혼인을 면할 수 있게 하기 위해 매우 특별한 끈기와 명료함으로 혼인의 횡포에 대하여 귀에 못이 박히도록 거듭 말합니다. 그는 "아내의 몸은 아내의 것이 아닙니다"라고 말하면서 "서로 상대방의 요구를 물리치지 마십시오. 다만 기도에 전념하려고 얼마 동안 합의한 경우는 예외입니다"라고 덧붙입니다. 바오로가 혼인생활을 하고 있는 사람들을 불편하게 하지 않으면서도 그들도 모르게 금욕 실천으로 이끄는 것을 아시겠지요? 그는 우선 "남자는 여자와 관계를 맺지 않는 것이 좋다"라고 시작함으로써 동정을 단순히 찬미했는데 여기서 그는 "서로 상대방의 요구를 물리치지 마십시오. 다만 기도에 전념하려고 얼마 동안 합의한 경우는 예외입니다"[43]라는 권고를 덧붙입니다. 3. 왜 그는 자신이 확립하고자 한 바를 명령이 아니라 권고의 형태로 했을까요? 그는 "기도에 전념하기 위해 합의하에 서로의 요구를 물리치십시오"라고 하지 않고 "서로 상대방의 요구를 물리치지 마십시오. 다만 기도에 전념하려고 얼마 동안 합의한 경우는 예외입니다"라고 말하니까요. 이런 표현 방식이 덜 강압적이고 스승의 생각을 잘 드러내기 때문입니다. 곧, 그런 조언을 받아들이려면 매우 관대한 정신이 요구되는 만큼 그런 행동을 엄격하게 요구하는 것은 스승의 생각이 아니기 때문입니다. 그가 청중을 격려하는 것은 이런 방식만이 아닙니다. 그는 엄격한 주제들은 짤막하게 다루고 청중이 반감을 갖기 전에 좀 더 유쾌한 주제로 돌아와 그런 주제를 길게 다루는 방식으로 청중을 격려하기도 합니다.

제30장 혼인이 존중받을 만한 것이라면 사도는 왜 단식 기간에 있는 이들에게 금욕을 권하는가

1. 또한 다음과 같은 점을 검토하는 것도 좋습니다. 혼인이 존중받을 만한 것이고 부부의 잠자리가 더럽혀진 것이 아니라면(히브 13,4 참조) 왜 바오로는 단식과 기도 기간에는 잠자리를 허락하지 않을까요? 왜냐하

---

[43] 이 구절에서 바오로는 부부가 합의하에 상대방의 요구를 물리치고 기도에 전념하도록 초대한다는 것이 요한 크리소스토무스의 해석인 것 같다.

면 유대인들 — 온갖 육체적 욕구들이 깊이 몸에 배고, 심지어 두 명의 아내를 거느릴 수 있으며 그들을 내쫓거나 바꿀 수 있는 — 도 금욕을 지키려고 너무나 마음을 쓴 나머지 하느님의 말씀을 들을 때는 합법적 부부관계를 하루 이틀이 아니라 여러 날 동안 자제하는데(탈출 19,15 참조), 하느님의 은총을 충만히 받고 성령을 받았으며 그리스도와 함께 죽고 묻힌 우리(로마 6,8 참조), 하느님 자녀가 되기에 합당하다고 여겨진 우리, 그 같은 지위에까지 올려져 그토록 많은 호의를 받은 우리가 어린 아이 같은 유대인들만큼도 열성을 지니지 못한다는 것은 말이 안 되기 때문입니다!

2. 그리고 만일 누군가가, 그렇다면 모세는 왜 유대인들을 육체관계에서 돌아서게 했는지를 알고자 하여 이 문제를 파고든다면 나는 이렇게 답하겠습니다. 혼인이 존중받을 만하다 해도 거기엔 사람을 물들일 수 있는 더러움을 피한다는 효용 외에 다른 것이 없고, 성인들을 만드는 것은 혼인이 아니라 동정에 달려 있기 때문이라고 말입니다. 그리고 모세는 바오로와 함께 이런 가르침을 설파한 유일한 사람이 아닙니다. 요엘 예언자의 말을 들어 보십시오. "단식을 선포하고 치유를 설교하여라. 집회를 소집하고 원로들을 불러 모아라"(요엘 2,15 참조). 요엘이 어디서 여인들을 가까이하지 말라고 명했느냐고요? 요엘은 "신랑은 신방에서 나오고 신부도 그 방에서 나오게 하여라"(요엘 2,16)고 말합니다. 이는 모세의 명령보다 한 걸음 더 나아간 말입니다. 만일 육체적 정열에 불타고 젊음의 활기로 가득 차 있으며 저항할 수 없는 사랑의 열망을 지닌 신랑과 신부가 단식과 기도를 위해 일정 기간 육체관계를 갖지 말아야 한다면, 육체적 결합의 압박을 그만큼 받지 않는 다른 모든 이는 얼마나 더 그러해야 하겠습니까? 제대로 기도하고 단식하기 원하는 사

람은 모든 지상적 욕망과 근심, 모든 산만함의 원인을 떨쳐 버리고 모든 것에서 물러나 자신 안에 완전히 침잠하여 하느님 앞에 나서야 합니다. 바로 그 때문에 단식이 아름다운 것입니다. 단식은 영혼의 근심을 잘라 내고 우리 정신이 빠져들어 있는 무감각 상태를 흔들어 우리 생각을 온전히 자기 영혼에 집중시킵니다. 이것이 바오로가 매우 적합한 표현을 써서 육체관계에서 주의를 다른 데로 돌리면서 이해시키고자 하는 바입니다. 그는 사실 "여러분이 더럽혀지지 않기 위하여"라고 말하는 게 아니라, 마치 여인과의 관계가 더럽힘의 원인이 아니고 시간 낭비의 원인이라는 듯이 "여러분이 단식과 기도에 전념하기 위하여"라고 말합니다.

제31장 바오로는 기도에 시간을 바치기 원하는 이들을 육체관계에서 돌아서게 해야 했다

우리가 누리는 온전한 안전에도 불구하고 사실 오늘날 악마가 기도 시간을 방해하려 호시탐탐 노린다면, 여인에 대한 정열로 산만하고 물러진 영혼에게 악마는 정신의 눈을 이러저러한 감각 속에 흩뜨리면서 무슨 일인들 못 하겠습니까? 그래서 그런 일이 우리에게 일어나지 않도록, 그리고 우리가 하느님의 자비를 입으려 애쓰는 바로 그 순간 산만한 기도로 하느님을 분노케 하는 일이 없도록 바오로는 기도를 위해 육체관계를 삼가라고 권하는 것입니다.

제32장 부주의한 기도로 우리는 하느님의 자비를 입기에 부적당한 사람이 될 뿐 아니라 그분을 진노케 한다

1. 왕들 앞에 나아가는 사람들, 아니 왕은커녕 가장 낮은 관리들 앞

동정

에 나서는 사람들, 주인에게 무언가 청을 하러 오는 종들은 그들이 잘못을 해서건, 호의를 바라서건, 자기들이 일으킨 분노를 가라앉히기 위해서건 간에 간청을 아뢰기 전에 먼저 자신들의 눈길과 생각을 주인에게 둡니다. 만일 그들이 조금만 소홀하더라도 그들이 청하는 것을 얻긴커녕 그 자리에서 쫓겨나고 뭔가 더 큰 손해를 입기도 합니다. 인간들의 분노를 잠재우길 원할 때도 그토록 큰 정성을 기울여야 한다면 비천한 피조물인 우리가 만물의 주인이신 하느님 앞에 그렇게 무사태평한 태도로 나선다면 어떻게 되겠으며 우리가 훨씬 더 끔찍한 분노의 대상일 경우엔 또 어떠하겠습니까! 왜냐하면 그 어떤 종도 주인을, 그 어떤 신하도 주군을, 우리가 매일 하느님을 진노케 하는 것만큼 분노케 할 수는 없을 것이기 때문입니다.

2. 그리스도께서 이웃에게 진 빚을 백 데나리온이라 하고 하느님께 진 빚을 만 탈렌트라고 하셨을 때(마태 18,24 참조) 바로 이것을 이해시키려 하신 것입니다. 그러므로 우리가 그 같은 진노를 누그러뜨리고 우리가 날마다 도발하는 분과 화해하기 위해 기도 안에서 하느님께 말씀드릴 때 바오로 사도가 우리를 이런 쾌락들에서 돌려세우는 것은 마땅합니다. '바오로는 어떤 의미로 ′내 사랑하는 자녀들이여, 우리 영혼이 문제입니다. 우리는 극도의 위험을 무릅쓰는 것입니다. 우리는 떨어야 하고 두려움과 공포에 사로잡혀야 합니다. 우리는 자주 우리가 거역한 두려운 주인, 우리의 크나큰 잘못에 대해 심히 우리를 나무랄 주인께 호소하는 것이니까요. 그 순간은 애무나 쾌락의 때가 아니라, 눈물과 쓰라린 탄식, 세심한 고백, 열렬한 애원, 끈기 있는 기도[44]의 때입니다′라

44　공적으로 속죄를 행하는 이들이 하던 행위들이다.

고 말하는 것입니다.' 우리가 그 같은 열성으로 그분 앞에 나섬으로써 그런 진노를 누그러뜨릴 수 있다면 스스로를 복된 자로 여깁시다. 우리의 주인이 잔인하고 까다로운 분이어서가 아니라 ― 사실 그분은 온화함과 자비 자체이십니다 ― 우리의 잘못이 하도 엄청나서 그토록 선하고 온유하고 자비로우신 분도 선뜻 용서하시기가 어렵기 때문입니다. **3.** 그래서 사도는 "여러분이 단식과 기도에 전념할 수 있게 하기 위해서"라고 말한 것입니다. 이 같은 노예 상태보다 더 가혹한 것이 정말 어디 있겠습니까? '사도는 그들에게, '너는 기도와 끊임없는 단식으로 네 영혼의 더러움을 없애려 노력하면서 덕의 길을 나아가고자 하고 하늘을 향해 날아오르길 원하는가? 그러나 네 아내가 네 계획에 동의하지 않는다면? 너는 아내의 육욕의 노예가 될 수밖에 없다'라고 말합니다.' 그 때문에 사도는 처음부터 "남자는 여자와 관계를 맺지 않는 것이 좋다"(1코린 7,1)고 말한 것입니다. 또 제자들도 그 때문에 주님께 "아내에 대한 남편의 처지가 그러하다면 혼인하지 않는 것이 좋겠습니다"(마태 19,10)라고 말합니다. 그들은 각각의 경우의 불리한 점들을 곰곰이 생각하였고 그런 성찰을 통해 도달한 결론 앞에서 결국 위와 같이 외치게 된 것입니다.

제33장 바오로가 같은 주제를 거듭 이야기하는 것은 그리스도를 따라 한 것이다

바오로가 "모든 남자는 아내를 두고 … 남편은 아내에게 의무를 이행하고, … 아내의 몸은 아내가 아니라 남편의 것이고, … 서로 상대방의 요구를 물리치지 마십시오, … 그 뒤에 다시 합치십시오"(1코린 7,2-5)라면서 이 점으로 계속 되돌아오는 것은 코린토 신자들이 바로 이러한 숙고를 하게 하기 위해서입니다. 왜냐하면 당시의 복된 청중은 바오로의 목소리를 처음 듣자마자 마음이 움직인 것이 아니라 두 번째로 듣고서야 비로소 그 가르침의 절대적 특징을 의식했기 때문입니다. 그리스도께서는 산 위에 앉아 가르치실 때 사실 이 주제를 다루셨는데 여러 가지 다른 것들을 가르치신 후 다시 이 주제로 돌아오셨습니다. 그분은 그렇게 하여 청중을 절제에 대한 사랑으로 이끄셨는데(마태 5,28 참조) 그만큼 계속해서 반복된 말들은 더욱 효과적이라는 것이 사실입니다. 우리가 다루는 구절에서도 사도는 스승을 본받아서 똑같은 주제를 계속 다룹니다. 그리고 그 어디에도 그가 단순히 혼인을 허락한 곳은 없고, "불륜/간음의 위험이 있으니", "절제하지 못하는 틈을 타 사탄이 유혹할 수 있으니" 등 늘 이유를 붙여서 허락합니다. 이처럼 혼인에 대해 말하면서 우리에게 드러내지 않고 동정을 찬양합니다.

제34장 동정은 찬미할 만한 것이고 수많은 화관을 받을 자격이 있다

1. 혼인생활을 하는 이들에게 사탄이 틈을 타서 다가갈까 봐 그들이 오랫동안 떨어져 있는 것을 바오로가 꺼려 했다면, 처음부터 그런 격려를 필요로 하지 않고 끝까지 꺾이지 않고 남아 있는 여인들은 얼마나 많은 화관을 받을 자격이 있을까요? 그런데 사탄은 위의 두 그룹 각각에 대해 서로 다른 작전을 씁니다. 첫째 그룹인 혼인한 이들을 사탄은 집요하게 공격하지 않습니다. 그들이 가까이에 피난처를 갖고 있고, 그들이 너무 심한 공격을 받는다 싶으면 곧바로 항구로 피신할 수 있기 때문이겠지요. 그래서 복된 바오로는 그들이 너무 멀리 나아가게 놔두지 않고 그들이 피곤을 느끼면 곧바로 함께 사는 생활로 돌아가도록

초대하면서 되돌아갈 것을 권합니다. 그러나 동정녀는 언제나 바다 위에 있으면서 항구라고는 없는 대양을 헤쳐 나갈 수밖에 없습니다. 가장 거센 폭풍이 일 때도 그는 닻을 내리거나 휴식을 취할 수가 없습니다.

2. 사탄은 마치 바다의 해적들과 같습니다. 도시나 정박지나 항구가 있는 곳에서는 해적들이 배를 공격하지 않습니다. 쓸데없는 위험을 무릅쓰는 것이니까요. 그러나 그들이 먼바다에서 배를 가로챈다면 어떤 도움도 구할 수 없는 상황이 그들에게 더욱 방약무인한 마음을 먹게 하고 모든 것을 약탈하며, 선원들을 침몰시키거나 그들 자신이 침몰하거나 하기 전까지는 멈추지 않습니다. 마찬가지로 이 무서운 해적은 동정녀를 거슬러 엄청난 폭풍과 끔찍한 태풍, 넘을 수 없이 높은 산 같은 파도를 일으키고 모든 것을 뒤죽박죽으로 만들어 맹렬함과 난폭함으로 배를 전복시키려 합니다. 왜냐하면 그는 동정녀가 "다시 함께하는 생활을 하십시오"라는 수단을 갖고 있지 못할뿐더러 그녀의 힘은 참된 평화의 항구에 닿을 수 있을 때까지 악한 영들에 맞서 끊임없이 싸우는 데 있다는 것을 알기 때문입니다. 3. 동정녀는 성벽 밖에 남겨진 용감한 군인과 같습니다. 바오로는 비록 동정녀가 맹렬히 달려드는 적과 맞서 있고, 그녀에게는 싸움을 잠시 쉴 곳이 하나도 없다는 사실 때문에 적이 더더욱 악착같이 달려든다 해도 그녀에게 성문을 열어 주는 것을 반대합니다. 그리고 혼인하지 않은 이들에게 더 큰 괴로움을 주는 것은 악마뿐 아니라 욕망의 침입니다. 그건 자명한 이치입니다. 우리가 충족시킬 수 있는 쾌락은 우리를 욕망의 노예로 만들지 않습니다. 언제든 소유할 수 있다는 안전감이 영혼을 태평하게 만드니까요. 이에 대해서 잘 알려진 격언이 있는데, 매우 정확합니다. "우리 능력 안에 있는 것은 큰 욕망을 일으키지 않는다."[45]▶ 그러나 우리가 오래전부터 갖

고 있던 것을 누군가 우리에게서 빼앗는다면 그와 반대 현상이 벌어집니다. 그리고 우리가 마음대로 사용할 수 있기에 소홀히 하던 것은 우리가 그것을 누리지 못하게 되면 우리 안에 더 큰 욕망을 불러일으킵니다. 4. 이것이 혼인한 사람들이 더 큰 평온함을 누리는 첫째 이유입니다. 둘째 이유는 이러합니다. 때로 욕망의 불꽃이 매우 높이 타오른다 해도 육체적 결합이 그런 불꽃을 쉽사리 잠재울 것이기 때문입니다. 반면에 동정녀는 그 불을 끌 방법이 없기에 불이 계속 타오르고 높아지는 것을 지켜볼 뿐이며 그녀의 유일한 자원은 불에 그을리지 않으면서 불과 싸우는 것입니다. 자신 안에 그 거대한 화로를 지닌 채 그것에 타지 않는 것보다 더 놀라운 것이 있을까요? 자기 영혼 깊은 곳에 불꽃을 유지한 채 생각을 온전히 보존하는 것보다 더 놀라운 것이 있을까요? 왜냐하면 아무도 동정녀가 이 뜨거운 석탄을 던져 버리는 것을 허락하지 않으며, 잠언의 저자가 육신이 견딜 수 없는 것이라고 선언한 것을 동정녀는 도덕적으로 견뎌야 하기 때문입니다. 잠언 저자는 무어라고 말합니까? "누가 숯불 위를 걸어가는데 발을 데지 않을 수 있겠느냐?"(잠언 6,28). 그런데 보십시오. 동정녀는 불 위를 걸으며 이 시련을 견디고 있습니다! "누가 불을 품에 안고 다니는데 옷을 태우지 않을 수 있겠느냐?"(잠언 6,27). 동정녀는 옷이 아니라 자기 내면에 이글거리며 타오르는 불을 안고 다니지만 그 불꽃을 견디면서 품습니다. 5. 이럴진대 이제 누가 감히 혼인을 동정에 비하려 합니까? 또는 단순히 그것을 정면으로 바라보겠습니까?[46] 아닙니다. 복된 바오로는 그것을 허락지 않습니

◀45　이름이 알려지지 않은 저자의 글.

46　ἀντιβλέψαι(정면으로 바라보다)에 대한 보어가 없다. 문맥에 따르면, 앞에서(『동정』 16) 동정과 동등하게 볼 수 없다고 이야기한 혼인을 정면으로 바라본다고 이해하는 것이 좀 더 타당하

다. 그는 혼인과 동정 사이에 큰 거리가 있음을 강조합니다. "남편이 없는 여자와 처녀는 주님의 일을 걱정합니다. 그러나 혼인한 여자는 세상일을 걱정합니다"(1코린 7,32-43 참조). 또한 바오로가 혼인한 이들을 일단 "다시 합치도록" 하여 그들에 대한 배려를 보인 후에 또다시 그들을 얼마나 꾸짖는지 들어 보십시오. "그 뒤에 다시 합치십시오. 사탄이 여러분을 유혹할 수 있기 때문입니다"(1코린 7,5). 그리고 문제가 전적으로 사탄의 유혹에만 있지 않고 다분히 우리의 나약함에 있음을 보여 주기 위해 그는 "여러분이 절제하지 못하는 틈을 타"(1코린 7,5)라는 말로 주된 이유를 설명합니다.

6. 이 말을 들으면서 누가 얼굴을 붉히지 않겠습니까? 절제하지 못한다는 비난을 피하기 위해 할 수 있는 모든 것을 하지 않을 사람이 어디 있겠습니까? "여러분이 쾌락의 노예라면, 또 나약하여 언제나 육신의 쾌락에 끌려들어 다른 생각을 하지 못한다면 아내와 다시 합치십시오"라는 바오로의 권고는 모든 사람을 향한 것이 아니라 온통 세상의 것에만 쏠리는 이들에게 한 것이기 때문입니다. 여러분도 보다시피 바오로의 허락은 찬성이나 찬양과는 거리가 멀고, 오히려 빈정거림과 나무람의 느낌을 줍니다. 만일 그에게 향락주의자들의 영혼을 비난할 확고한 의도가 없었다면 그는 무절제라는, 엄중한 비난을 내포하는 의미심장한 단어를 사용하지 않았을 것입니다. 그는 사실 "여러분의 나약함 때문에"라고 말할 수 있었는데도 왜 그렇게 하지 않았을까요? 왜냐하면 그 단어는 차라리 관용의 단어이지만 무절제라는 단어는 도덕적 해이의 극치를 나타내기 때문입니다. 이처럼 언제나 아내와 부부관

다. 따라서 혼인에 종교적 가치를 주어서는 안 된다는 것이다. "동정을 정면으로 바라보겠습니까(동정은 견딜 수 없이 눈부신 광휘로 빛나므로)"라는 번역은 설득력이 떨어진다.

계의 쾌락에 의지하여서만 간음을 피할 수 있다는 것은 무절제에 해당합니다. 7. 동정은 쓸데없는 것이라고 내세우는 이들은 이제 무슨 말로 대답할 수 있겠습니까? 왜냐하면 동정에 전념할수록 동정은 그만큼 더 찬미에 합당하게 되지만, 물려 버릴 정도로 혼인을 이용하는 것은 혼인에서 모든 찬양을 제거할 가장 확실한 방법이기 때문입니다. 바오로는 "그러나 그렇게 합의하여도 괜찮다는 뜻이지 명령하는 것은 아닙니다"(1코린 7,6)라고 말합니다.[47] 그런데 '그렇게 해도 괜찮다'라는 허가로 이뤄지는 것에는 찬미의 여지가 없습니다. 그렇습니다. 그러나 바오로는 또 동정녀들에 대해 이야기하며 이렇게 말합니다. "미혼자들에 관해서는 내가 주님의 명령을 받은 바가 없습니다. 그러나 주님의 자비를 입어 믿을 만한 사람이 된 자로서 의견을 내놓습니다"(1코린 7,25). 그렇다면 모든 것에 이의를 제기하는 것이 아닐까요?[48] 전혀 그렇지 않습니다. 동정으로 머무는 데 대해서 바오로는 의견을 내놓고, [일시적으로 금욕하기로] 합의하는 데에 대해서는 허가를 하니까요. 그리고 그는 동정도 [일시적 금욕에 대한] 합의도 명령하지 않는데 서로 다른 이유로 그렇게 합니다. 동정의 경우에는, 무절제를 뛰어넘어 높이 오르기를 원하는 사람이 동정을 지켜야 한다는 명령에 얽매임으로써 그런 열망을 방해받는 일이 없게 하기 위해서입니다. 반면 합의의 경우에는, 동정에까지 높이 오를 수 없는 사람이 명령을 어긴 것으로 단죄받지 않게 하기 위해서입니다. '바오로는, '나는 동정으로 남아 있으라고 명하

---

47   요한 크리소스토무스는 일정 기간 금욕을 지킬 가능성이 있다는 이점을 누리는 형태의 혼인마저도 '그렇게 해도 괜찮다'라는 허가일 뿐임을 상기시킨다. 이처럼 그는 세 가지 상태, 곧 동정, '절제'가 동반된 혼인, 그리고 그가 거의 위장된 간음의 형태로 보는 나약한 이들의 피난처인 혼인을 고찰한다.

48   '동정 상태를 거부하는 것이 아닐까요?'로 해석할 수도 있다.

지 않습니다. 그런 상태를 유지하기가 어려운 것을 걱정하기 때문입니다. 아내와 계속 관계를 맺을 것을 명령하지도 않습니다. 나는 무절제를 법으로 제정하는 사람이고 싶지 않습니다'라고 말합니다.' 나는 높이 오르려는 여러분의 열성을 막기 위해서가 아니라 여러분이 더 저속하게 떨어지는 것을 막기 위해서 "다시 합치십시오"라고 말한 것입니다. 8. 그러므로 늘 자기 아내와 관계하는 것은 바오로의 깊은 뜻에 순종하는 것이 아닙니다. 나약한 이들의 무절제만이 그렇게 하는 것을 방침으로 삼았습니다. 바오로의 뜻이 무언지 알고 싶습니까? "나는 모든 사람이 (금욕 속에 삶으로써) 나와 같아지기를 바랍니다"(1코린 7,7)라는 그의 말을 들어 보십시오. '그렇다면 당신은 아무도 혼인하지 않기를 바라겠군요. 모든 이가 금욕 속에 살기를 원하니까요.' 전혀 그렇지 않습니다. 나는 원하는 이들에게 혼인을 금하지 않으며 그들을 조금도 비난하지 않습니다. 나는 다만 소망할 뿐입니다. 나는 모든 이가 나와 같아지기를 바랍니다. 그러나 간음의 위험이 있기에 나는 나와 다른 상태를 허락합니다. 이러한 이유로 나는 서두에 "남자는 여자와 관계를 맺지 않는 것이 좋다"(1코린 7,1)고 말한 것입니다.

제35장 바오로는 자신을 절제의 본보기로 내세우지 않을 수가 없었다

1. 왜 바오로는 이 구절에서 "모든 사람이 나와 같아지기를 바랍니다"(1코린 7,7)라면서 자기 자신에 대해 언급할까요? 설령 그가 "사람은 저마다 하느님에게서 고유한 은사를 받습니다"(1코린 7,7)라는 말을 덧붙이지 않았더라도 그가 거드름을 피운다고는 말할 수 없을 것입니다. 그렇다면 그는 왜 "나와 같아지기를"이라고 말했을까요? 자신을 돋보

이려 해서가 아닙니다. 그는 설교도 다른 사도들보다 훨씬 더 많이 했음에도 스스로를 사도라는 이름에 적합지 않은 사람으로 생각했으니까요! 그는 "나는 사도들 가운데 가장 보잘것없는 자"라고 말한 뒤 마치 주제넘은 말을 한 듯이 곧바로 다시 "사도라고 불릴 자격조차 없는 몸입니다"(1코린 15,9)라고 덧붙입니다. 그렇다면 우리가 살펴보고 있는 구절에서 왜 그는 자기를 본보기로 제시하는 권고를 했을까요? 이는 아무런 의도가 없거나 우연히 그런 것이 아닙니다. 그는 제자들에게 선에 대한 최고의 자극을 주는 것은 스승의 본보기임을 잘 알고 있었습니다. 실천 없이 말로만 철학을 하는 데 만족하는 사람은 청중에게 큰 감동을 주지 못합니다. 그러나 자기가 하는 조언을 스스로 먼저 실행하는 사람은 그럼으로써 청중을 움직일 수 있는 최고의 기회를 얻게 되는 것입니다. 더욱이 바오로는 시기심과 교만을 벗어난 모습을 보여 줍니다. 그는 그런 특전을 자기 제자들과 함께 나누길 바라고, 그들보다 더 많이 갖고자 하는 게 아니라 모든 일에서 제자들이 자신과 같아지기를 바랍니다.

2. 저는 세 번째 이유도 들 수 있습니다. 이 동정이란 덕은 따분해 보이고 보통 사람들의 마음에 조금도 탐탁지 않기 때문입니다. 그래서 바오로는 동정이 매우 쉬움을 보여 주고자 그것을 실천한 사람을 본보기로 제시하여 사람들이 동정을 너무 험난한 것으로 보지 않게 하고, 제자들이 길잡이를 바라봄으로써 자기들도 그와 같은 길에 믿음을 갖고 투신하게 합니다. 바오로는 또 다른 상황에서도 이와 같이 행동합니다. 수많은 율법 규칙을 지키는 옛 관습으로 이끌려 가던 갈라티아 신자들을 율법에 대한 두려움에서 해방시키기 위해 바오로가 뭐라고 합니까? "내가 여러분과 같이 되었으니 여러분도 나와 같이 되십시오"(갈라 4,12).

이는 이런 의미입니다. "여러분은 '당신은 이교인이었기에 율법 위반이 주는 두려움을 모르는 채 오늘 개종했습니다. 그래서 우리 앞에 이런 가르침을 내놓는 데 아무런 위험도 느끼지 않습니다'라고 하면서 나를 반대할 수 없습니다." 바오로는 말합니다. "나 역시 여러분처럼 예전에 그러한 노예로 살았습니다. 나는 율법 규정을 세심하게 지켰지만 하느님의 은총이 나에게 계시되자마자 나는 옛 율법에서 새로운 법으로 완전히 옮겨 갔습니다. ― '우리는 다른 사람의 신하들이 되었으므로'[49] 이제는 아무것도 위반이 아니기 때문입니다. ― 그래서 아무도 내가 실제 행동과 다른 조언을 한다거나, 나 자신의 안전은 확보하면서 여러분은 위험에 노출시킨다고 주장할 수는 없을 것입니다. 사실 거기에 위험이 있었다면 내 개인적 구원을 위태롭게 하면서 스스로 그런 위험을 무릅쓰지는 않았을 것입니다." 이 서간에서도 여기서와 마찬가지로 바오로는 청중을 두려움에서 해방시키고 그들 정신의 불안을 물리치기 위해 자신을 본보기로 제시합니다.

제36장 사도가 동정을 (하느님의) 은사라고 말한 것은 겸손한 마음에서 나온 표현이다

1. "이 사람은 이런 은사, 저 사람은 저런 은사, 저마다 하느님에게서 고유한 은사를 받습니다"(1코린 7,7). 보십시오. 사도적 겸손의 특징이 지워지긴커녕 어디서나 생생하게 빛납니다. 그는 자신의 덕스러운 행실을 하느님의 은사라고 부르고, 그가 떠안은 수고로움의 열매는 모두 스승님 덕분으로 돌립니다. 그는 무수한 시련과 지속적인 고뇌, 말할 수

---

[49] 예레 3,1을 연상시킨다. 요한 크리소스토무스의 말은 야훼께 대한 순종에 이어 새로운 법에서는 그리스도께 대한 순종이 이어지므로 법에 대한 위반은 없다는 뜻이다.

없는 고통과 매일같이 겪는 죽음의 위험 속에서 행한 복음 선포에 대해 말할 때도 이런 식으로 했는데 금욕의 경우에 그런 태도를 취했다고 해서 놀라워해야 할까요? 복음 선포에 대해 그는 실제로 어떻게 말합니까? "나는 그들 가운데 누구보다도 애를 많이 썼습니다. 그러나 그것은 내가 아니라 나와 함께 있는 하느님의 은총이 한 것입니다"(1코린 15,10). '그는 '이것은 내가 한 일, 저것은 하느님이 하신 일'이라고 말하지 않습니다.' 모든 것이 하느님이 하신 일이라고 합니다. 착한 종의 특징은 아무것도 자신의 것으로 여기지 않고 모든 것을 주인의 것으로 여기는 것, 그 어떤 것도 자신의 것이라 생각지 않고 주님의 것으로 생각하는 것입니다.

2. 바오로는 또 다른 대목에서도 이같이 행동합니다. 그는 "우리는 저마다 하느님께서 베푸신 은총에 따라 서로 다른 은사를 가지고 있습니다"(로마 12,6)라고 말한 후에 계속해서 이 은사의 예로서 봉사와 자선, 나눔 등을 듭니다. 그러나 그것들이 은사라기보다는 덕스러운 행위들임은 분명합니다. 내가 이 점을 떠올려 주는 것은 "저마다 하느님에게서 고유한 은사를 받습니다"라는 바오로의 말을 들으면서 여러분이 '바오로는 하느님의 은사에 대해 얘기했으니 여기서 나의 개인적 노력은 아무 소용이 없다'고 생각하고 낙담하는 일이 없게 하기 위해서입니다. 사실 바오로가 그렇게 표현한 것은 겸손에서이지, 금욕을 (하느님의) 은사 반열에 두고자 해서가 아닙니다. 왜냐하면 그는 자기 자신이나 그리스도와 모순되는 일은 하지 않았을 것이기 때문입니다. 그리스도는 "하늘 나라 때문에 스스로 고자가 된 이들도 있다"라고 하시면서 "받아들일 수 있는 사람은 받아들여라"(마태 19,12)라고 덧붙이시고, 바오로도, 과부 생활을 택하였다가 그 결심을 끝까지 지키려 하지 않

는 여자들을 단죄하기 때문입니다. 만일 그것이 은사라면 그 여자들에게 "처음의 서약을 깨뜨린 것이 되어 심판을 받게 됩니다"(1티모 5,12)라면서 위협할 필요가 어디 있겠습니까? 사실 그리스도께서도 하느님의 은사를 받지 않은 이들을 벌하신 게 아니고 정직한 삶의 태도를 보이지 않는 이들을 벌하셨습니다. 그분은 무엇보다도 완전한 생활 태도와 흠잡을 데 없는 행동을 요구하셨습니다. 은사의 분배는 은사를 받는 사람의 의도가 아니라 은사를 베푸는 사람의 결정에 달려 있습니다. 그런 까닭에 성경에서 그리스도께서는 기적을 행하는 이들을 칭찬하신 적이 없고, 제자들이 기적들로 영광을 취하려 할 때 "영들이 너희에게 복종하는 것을 기뻐하지 말라"(루카 10,20)는 말씀으로 그들이 그런 기쁨에서 돌아서게 하셨습니다. 언제나 복된 사람에 속하는 이들은 자비로운 이들, 겸손한 이들, 온유한 이들, 마음이 깨끗한 이들, 평화를 이루는 이들, 이 모든 덕과 비슷한 것들을 보여 주는 이들입니다.

3. 나아가 바오로는 자신의 덕행들을 열거할 때에 금욕도 빠뜨리지 않습니다. 그는 "많이 견디어 내고, 환난과 재난과 역경을 겪으면서도, 매질과 옥살이와 폭동을 겪으면서도 그렇게 합니다. 또 수고와 밤샘과 단식으로"(2코린 6,4-5)라고 말한 뒤 "순수와"(2코린 6,6)라고 덧붙입니다. 만일 순수가 하느님의 은사라면 그는 이렇게 덧붙이지 않았을 것입니다. 또 다른 예로 그는 이 덕을 지니지 못한 이들을 비웃으며 '무절제한 사람들'이라고 부릅니다. 그리고 한 걸음 더 나아가 그는 왜 "자기 약혼녀와 혼인하지 않는 사람은 더 잘하는 것"(1코린 7,38)이라고 말할까요? 왜 과부가 재혼하지 않고 그대로 지내는 것이 주님 안에서 더 행복하겠습니까? 왜냐하면 앞에서도 내가 말했듯이, 우리에게 천국의 행복을 얻어 주는 것은 기적이 아니라 행위이기 때문입니다. 우리에게 내

리는 징벌도 마찬가지입니다. 이런 것들이 우리에게 달려 있지 않다면, 그리고 하느님의 개입ροπή[50] 이후에는 우리의 개인적 노력이 더 이상 필요하지 않다면 이런 권고를 되풀이할 필요가 뭐가 있겠습니까? 바오로는 금욕에서 "모든 사람이 나와 같아지기를 바랍니다"라고 말한 뒤 "혼자 사는 이들과 과부들에게 말합니다. 그들은 나처럼 그냥 지내는 것이 좋습니다"(1코린 7,7-8)라고 덧붙입니다. 여기서도 그는 똑같은 이유에서 자신을 본보기로 제시합니다. 청중이 자신들과 가깝고 관련이 깊은 이 본보기를 통해 동정의 시련에 좀 더 용감하게 맞설 수 있으리라고 바오로는 생각했기 때문입니다. 그리고 그가 조금 앞에서는 "나는 모든 사람이 나와 같아지기를 바랍니다"라고 말하고, 여기서는 "그들은 나처럼 그냥 지내는 것이 좋습니다"라고 말하며 그 이유에 대해 어디서도 밝히지 않는다 해서 놀라서는 안 됩니다. 그는 전혀 허풍을 떠는 것이 아니고, 자신을 그 덕행 실천으로 이끈 개인적 확신이야말로 충분한 동기가 된다고 판단한 것입니다.

제37장 재혼은 수많은 곤란을 일으키는 원인이다

1. 그런데도 여러분이 그 이유들[51]도 알고 싶다면 우선 대중의 의견을 들어 보고, 그다음으로 경험이 가르치는 바를 알아보십시오. 틀림없

---

50 앞에 나온 예들은 선택의 필요성을 보여 주며, 우리가 하느님께 직접 받는 은사χάρισμα에 비해 의지와 열성σπουδή이 중요함을 부각한다. ροπή는 '저울의 진동'을 뜻한다. 이 하느님의 진동은 인간의 행위에 선행한다. 요한 크리소스토무스는 인간 의지의 역할을 강조하지만 펠라기우스주의를 드러내는 요소는 전혀 없다.

51 위에서 내세운 동기(바오로 개인의 행동)가 불충분하다고 생각할지 모를 사람들을 위해 요한 크리소스토무스는 무절제에 대해 자신이 지적한 내용들이 타당함을 입증하고자 한다.

이 입법자들은 그러한 혼인[52]을 단죄하지 않을 뿐 아니라 허락하고 허용합니다. 그러나 사람들의 입에서 사적으로나 공적으로 흘러나오는, 재혼이 불러일으키는 불쾌한 지적들, 놀림, 비난, 지탄은 헤아릴 수 없이 많습니다. 모든 사람이 마치 배반자를 대하듯이 재혼한 사람들에게 그야말로 등을 돌리고, 아무도 감히 그들과 친구가 되려 하거나 함께 사업을 하거나 신뢰를 주려 하지 않습니다. 함께 살던 추억과 서로 간의 애정, 가정의 내밀한 생활을 그들이 그토록 쉽게 마음에서 지워 버리는 것을 볼 때면 여러분은 그런 생각에 거의 마비를 일으킬 지경이 되고 한마음으로 그들에게 다가갈 수가 없습니다. 왜냐하면 여러분이 보기에 그들은 절개 없음과 변덕의 표상일 뿐이기 때문입니다. 그리고 사람들이 그들을 싫어하는 것은 그런 이유 때문만이 아니라 재혼의 실제적 결과가 매우 불쾌하기 때문입니다.

2. 깊디깊은 슬픔과 신음, 눈물과 헝클어진 머리카락, 어두운 옷차림

---

[52] 재혼의 경우는 앞에서 언급되었다. "혼자 사는 이들과 과부들에게 말합니다." 이 문제는 1코린 7,39; 1티모 1,6; 5,15; 로마 7,1에서 표현된 바오로의 가르침, 곧 과부 생활은 바람직하고 권장되며 재혼은 죄가 아니며 어떤 경우에는 바람직할 수도 있다는 가르침에서 영감을 받은 수많은 논문의 주제였다. 교부들은 이 주제에 대해 서로 다른 견해를 보인다. 어떤 교부들은 재혼을 다소 공식적으로 단죄한다(재혼을 "위장된 간통"으로 본 테르툴리아누스, 히에로니무스, 암브로시우스). 어떤 교부들은 재혼을 단죄하지는 않으나 개탄한다(대 바실리우스, 나지안주스의 그레고리우스). 또 다른 교부들은 유보 조건하에 재혼을 합법적인 것으로 인정한다(알렉산드리아의 클레멘스, 오리게네스, 아우구스티누스).

요한 크리소스토무스는 이 문제에 대해 두 개의 논고를 남겼다. 하나는 5년의 혼인생활 후 과부가 된 테라시우스의 아내에게 헌정된 『젊은 과부에게』이고, 다른 하나는 『재혼하지 말아야 한다』로서 여기서는 이 문제가 훨씬 폭넓게 다뤄졌다. 그리고 설교 『과부는 … 선발된다』는 1티모 5,9에 대한 주석이다. 요한의 견해는 바오로의 생각과 같다. 그는 『동정』에서 그 견해를 개진하는데 훨씬 더 엄격한 태도를 보여 주며, 본문에 나오는 권유는 그의 엄격한 태도를 잘 드러낸다. 그는 재혼을 도덕적 나약함의 증거로 본다. 그의 생각은 다음 문장에 잘 드러난다. "혼인을 한 번도 하지 않는 것이 낫다면 여러 번 혼인하는 것보다 한 번 혼인하는 것이 더 나음은 분명하다"(『티모테오 2서 강해』 3).

에 뒤이어 갑자기 박수갈채와 신혼 방의 준비와 이전과 정반대되는 소란이 이어지는 광경보다 더 충격적인 것이 어디 있겠습니까? 그들은 무대 위에서 때로는 이 인물, 때로는 저 인물이 되어 연기하는 연극배우들이라고 말하지 않겠습니까? 배우들은 극장에서 어떤 때는 왕, 어떤 때는 가장 비천한 거지를 연기합니다. 그와 마찬가지로 조금 전까지만 해도 자기 아내의 무덤 앞에서 나뒹굴던 이가 갑자기 약혼자가 됩니다. 자기 머리칼을 잡아 뜯던 이가 지금은 머리에 관을 쓰고 있습니다. 위로하는 친구들 앞에서 줄곧 눈물을 글썽이며 죽은 아내에 대한 칭송이 마르지 않던 낙심하고 어둡던 그 남자, 남은 삶을 견딜 수 없다고 공언하며 그의 슬픔을 잊게 하려는 이들에게 화까지 내던 그 남자가 한창 상중喪中에 한껏 모양을 내고 멋을 부리는 경우도 드물지 않습니다. 조금 전까지 눈물로 부어 있던 눈은 자기 친구들을 보기 위해 미소 짓고, 얼마 전까지만 해도 그 모든 것에 대해 맹렬한 비난을 퍼붓던 그의 입은 친구들에게 환영과 애정의 말을 건넵니다.

3. 그러나 무엇보다 볼썽사나운 것은 그의 자식들에게 일으키는 싸움, 자기 딸들 곁에 데려다 놓은 암사자입니다. 왜냐하면 계모란 본디 그런 존재이니까요.[53] 이 결합에서 이런 불화와 일상적 갈등, 그 누구에게도 아무 해도 끼치지 않는 이 여자[54]에 대한 이상하고 기괴한 적개심이 생겨납니다. 살아 있는 이들은 서로에 대한 질투로 서로를 뒤쫓지만 죽은 이들과는 그들의 원수마저도 평화롭게 지냅니다. 그러나 여기서

---

53 계모에 관한 이야기는 매우 비슷한 어휘를 사용하여 요한 크리소스토무스 『과부는 … 선발된다』 5에도 나온다. 『재혼하지 말아야 한다』 역시 재혼과 관련된 이 특별한 문제를 다루며 추론을 보충한다. 계모에 대한 언급에서 에우리피데스와 아이스킬로스의 작품들(『아가멤논』)을 떠올릴 수 있다.

54 죽은 부인.

는 그렇지 않습니다. 시기심이 먼지와 재(창세 18,27 참조)에 덤벼들고, 무덤에 누운 가련한 여인에 대한 말로 다 할 수 없는 증오, 먼지로 돌아간 여자에 대한 모욕과 빈정거림과 비방, 자기에게 아무 짓도 하지 않은 이 여자에 대한 집요한 적대감이 자리 잡습니다. 이런 광기와 잔인함보다 더 나쁜 게 어디 있겠습니까? 사라진 여자에게 비난할 것이 아무것도 없는 여자! 비난이라니! 오히려 그녀는 죽은 여자의 노고의 결과를 수확하고 그녀의 재산 덕을 보는데도 … 죽은 부인의 그림자와 끊임없이 싸웁니다! 그리고 자기에게 아무 짓도 하지 않았고 자기가 한 번도 본 적이 없는 그 불행한 여자에게 그녀는 매일 수천 가지 비방을 해 대고, 전 부인의 자식들을 통해 그녀에게 복수하며, 흔히 자기 힘으로 안 될 때는 남편을 전 부인의 자식들과 적대하게 만듭니다. 그런데도 남자들은 단순히 정욕이라는 폭군을 견디지 않아도 된다는 이유로 이 모든 것이 매우 견디기 쉬운 것이라고 생각합니다!

4. 동정녀는 정욕과의 투쟁 앞에서 아무 현기증도 느끼지 않았고, 보통 사람들에게 너무나 견디기 힘들어 보이는 충격을 회피하지 않았습니다. 그녀는 용감하게 견뎠고 본성이 걸어오는 싸움을 받아들였습니다. 그녀에게 합당한 찬미를 어떻게 하면 바칠 수 있겠습니까? 다른 사람들은 쇠약해지지 않기 위해 두 번째 혼인이 필요하지만 동정녀는 한 번의 혼인도 경험하지 않고도 계속해서 거룩하고 온전한 상태에 머무릅니다. 이와 같은 이유로, 그리고 더 나아가 하늘 나라에서 과부 생활에 약속된 보상 때문에, 말씀하시는 그리스도를 마음속에 모신 이는 "혼자 사는 이들과 과부들에게 말합니다. 그들은 나처럼 그냥 지내는 것이 좋습니다"(1코린 7,8)라고 말합니다. 당신은 가장 높은 꼭대기까지 오를 힘이 없었습니까? 적어도 그다음 높은 꼭대기에서 떨어지지 마십

시오. 동정녀가 당신에 비해 단 한 가지 유리함만을 지니기를. 곧, 정욕은 동정녀를 단 한 번도 넘어뜨리지 못했습니다. 하지만, 당신의 경우 정욕은 우선은 당신을 이겼지만 당신을 언제나 잡아 둘 만한 힘은 없었습니다. 당신은 한 번 실패한 후 승리를 거두었지만 동정녀의 승리는 어떤 실패도 겪지 않은 순수한 승리입니다. 동정녀는 당신과 동시에 목표에 닿았기에 그녀는 출발선에서만 당신보다 우월합니다.

제38장 바오로는 왜 혼인한 이들은 매우 조심스럽게 대하고, 동정녀들의 시련은 멈추게 하지 않을까?

1. 아니, 뭐라고요? 바오로는 혼인한 사람들을 매우 조심스럽게 대합니다. 상호 동의 없는 금욕을 하지 말며, 서로 동의하여 금욕을 하더라도 그 기간을 연장하지 말라고 합니다. 또한 "욕정에 불타는 것보다 혼인하는 편이 나으니"(1코린 7,9) 그들이 원한다면 재혼도 허락합니다. 그러나 동정녀들에 대해서는 그런 종류의 어떤 배려도 보이지 않습니다. 부부들에게는 잠깐의 금욕 후 다시금 전적인 자유를 누리도록 해 주지만 동정녀에게는 숨 돌릴 여유도 주지 않고 싸움터에서 계속해서 욕망의 화살을 맞으며 서 있게 하고, 잠시의 휴전도 허락하지 않습니다. 왜 바오로는 자제할 수 없으면 혼인하라는 말을 동정녀에게는 하지 않습니까? 왜냐하면 운동선수가 옷을 벗고 몸에 기름을 바르고 경기장에 들어가 경기하느라 먼지투성이가 되었을 때, 그에게 '물러나라. 상대 선수 앞에서 도망쳐라'고 말할 수 없는 것과 마찬가지기 때문입니다. 이제 그 선수의 운명은 월계관을 쓰고 경기장을 떠나든가, 입안 가득 먼지를 머금고 수치스러운 퇴장을 하든가 둘 중 하나입니다. 아는 사람끼리 대결하고, 친구들을 상대 선수로 삼아 시합하는 체육관이나

운동장에서 선수는 수고를 하거나 하지 않거나 자유입니다. 그러나 선수의 이름이 등록되고 경기장에 사람들이 모이고 경기 주관자가 등장하고 관람객들이 자리에 앉고 상대 선수가 입장하여 그의 앞에 자리 잡고 나면 경기 규칙에 따라 선수에게는 더 이상 다른 선택이 없습니다.

2. 오 이런! 동정녀의 경우도 그가 혼인해야 하나 말아야 하나 하는 단계에 있는 한 혼인은 아무 위험도 되지 않습니다. 그러나 그녀가 선택을 하고 동정녀로 남기로 했을 때 이미 그녀는 경기장에 들어온 것입니다. 극장이 사람들로 북적이고 천사들이 하늘에서 내려다보며, 그리스도가 경기 주관자이고, 악마가 격노하여 이를 갈며 경기를 위해 싸울 만반의 태세를 갖추고 있을 때 누가 감히 앞으로 나서서 '적수 앞에서 도망쳐라, 시합을 포기하고 단념해라. 네 경쟁 상대를 넘어뜨리지 마라. 그에게 승리를 양보해라'고 외치겠습니까? **3.** 그렇다면 나는 동정녀들에게 무엇이라고 말해야겠습니까? 과부들에게도 그런 말은 감히 못 하고 오히려 다음과 같은 끔찍한 말을 할 것입니다. "정욕에 겨워 그리스도에게서 멀어지면 혼인하고 싶어 하기 때문입니다. 그러면 처음의 서약을 깨뜨린 것이 되어 심판을 받게 됩니다"(1티모 5,11-12). 그런데도 바오로 사도는 "혼자 사는 이들과 과부들에게 말합니다. 그들은 나처럼 그냥 지내는 것이 좋습니다. 그러나 자제할 수 없으면 혼인하십시오"(1코린 7,8-9)라고 합니다. 더 나아가 "남편이 죽으면 자기가 원하는 남자와 혼인할 자유가 있습니다. 다만 그 일은 주님 안에서 이루어져야 합니다"(1코린 7,39)라고 합니다.

제39장 바오로는 어떤 과부와 처녀에게 혼인을 허락하나?

1. '바오로가 자기 뜻대로 하도록 '자유롭게' 놔둔 여인인데 어떻게

그는 그녀를 징벌할 수 있고, 그가 '주님 안에서 이루어졌다'고 한 혼인을 불법이라고 단죄할 수 있습니까?' 걱정하지 마십시오. 그것은 같은 혼인을 말한 것이 아닙니다. 예를 들어 그가 "처녀가 혼인하더라도 죄를 짓는 것은 아닙니다"(1코린 7,28)라고 말할 때 그는 혼인을 포기한 처녀에 대해 말하는 것이 아닙니다. — 그런 처녀는 용납할 수 없는 죄를 범한 것이 맞습니다. — 그는 아직 혼인하지 않은 처녀, 혼인이나 동정을 아직 선택하지 않고 두 선택 사이에서 망설이는 처녀에 대해 말하는 것입니다. 과부에 대해서도 마찬가지입니다. 앞의 경우엔 단지 남편이 없는 여인, 곧 자기 삶의 방향에 대한 결정에 아직 매이지 않고 어떤 길이든 선택할 자유가 있는 여인에 대해 말했다면, 여기서는 더 이상 재혼할 수 없이 금욕의 시험에 투신한 과부에 대해 이야기하고 있습니다.

2. 사실 어떤 여성이 과부로 머물기로 아직 결정하지 않았을 때 그녀는 과부 신분의 자격 조건에 받아들여지지 않은 채 과부일 수 있습니다. 그래서 바오로도 말합니다. "과부 명단에 오를 수 있는 이는 예순 살 이상으로 한 남편의 충실한 아내였어야 합니다"(1티모 5,9). 바오로는 아무 결정을 하지 않은 과부에게는 그녀가 원한다면 재혼하도록 허락하지만, 주님께 영속적 과부 생활을 서약하고서도 재혼한 과부는 엄하게 단죄합니다. 그녀가 하느님과 맺은 계약을 발바닥의 때만도 못하게 여겼기 때문입니다.[55] 그러므로 바오로는 후자가 아니라 전자에게 "자제할 수 없으면 혼인하십시오. 욕정에 불타는 것보다 혼인하는 편이 낫습니다"(1코린 7,9)라고 한 것입니다. 아시겠습니까? 혼인은 결코 그 자

---

[55] 자신의 서약에 불충실한 과부의 죄는 "동정녀의 죄보다 더 중하다. 동정녀의 죄는 그녀의 무경험 때문에 어느 정도까지는 용서되기 때문이다"(요한 크리소스토무스『재혼하지 말아야 한다』3).

체로 칭송받지 않고, 간음과 유혹과 무절제 때문에만 칭송을 받습니다 (1코린 7,5 참조). 사실 바오로는 앞에서 이와 같은 표현들을 사용했습니다. 그러나 여기서는 동일한 대상을 '욕정에 불타오름'이라면서 더 간접적인 표현을 씁니다. **3.** 하기야 여기서도 그는 지나는 결에 코린토 신자들에게 일침을 가하기를 주저하지 않습니다. '그는 ′욕망이 그들에게 폭력을 휘두른다면, 그들이 휩쓸려 간다면, 그들이 어쩔 수 없다면′이라고 말하지 않았기 때문입니다.' 그런 것은 관용을 베풀 수 있는 희생자들의 경우입니다. 바오로가 뭐라고 합니까? "자제할 수 없으면"이라고 합니다. 이것은 나약하여 노력을 거부하는 성격과 관련됩니다. 그는 이를 통해, '그들은 성공에 필요한 것을 모두 갖고 있으면서도 노력하기를 원치 않아서 실패한다'고 말하고자 한 것입니다. 그러나 그러면서도 그들을 징벌하거나 처벌에 이르게 하지는 않고, 그들에게서 칭송을 거두고, 언어적으로 격렬한 비난을 하는 데 그칩니다. 혼인의 아름답고 고귀한 동기인 아이들의 출산에 대한 이야기는 어디에도 없고, 불타는 정욕, 무절제, 간음, 사탄의 유혹만이 문제시되며, 그가 혼인을 허용하는 것은 이러한 무질서를 피하기 위함입니다.

4. ″그것이 무슨 상관입니까′라고 할지도 모르겠습니다. 혼인이 우리에게 괴로움을 면케 해 주는 한, 우리가 감각의 쾌락을 따를 수 있고 우리 욕망을 매번 만족시킬 수 있으므로 우리는 기꺼이 모든 단죄와 비난을 견디겠습니다!' 뭐요! 만일 이 쾌락들이 우리에게 금지된다고 해도 비난은 온전히 우리에게 유익이 되지 않겠습니까? '하지만 바오로가 ′자제할 수 없으면 혼인하십시오′라고 말하는 터에 그 쾌락들이 어떻게 금지될 수 있겠습니까?' **5.** 그렇습니다만 그다음 대목을 들어 보십시오. 당신은 정욕에 불타는 것보다 혼인하는 것이 낫다고 배웠고,

당신에게 기분 좋은 것에 동의했으며, 주어진 허락을 칭송했고 사도의 관대함을 찬미했습니까? 그렇다면 거기서 멈추지 말고 그다음에 따라오는 것도 받아들이십시오. 두 가지 규칙은 같은 스승에게서 나온 것입니다. 바오로가 무어라고 덧붙입니까? "혼인한 이들에게 분부합니다. 내가 아니라 주님께서 분부하시는 것입니다. 아내는 남편과 헤어져서는 안 됩니다. ─ 만일 헤어졌으면 혼자 지내든가 남편과 화해해야 합니다. ─ 그리고 남편은 아내를 버려서는 안 됩니다"(1코린 7,10-11).

제40장 혼인의 속박은 크고 불가피하다

1. '그런데 뭐라고요? 남편은 재주가 넘치는데 아내는 심술궂고 남을 헐뜯으며 수다스럽고 낭비벽이 심하고 ─ 모든 여성에게 공통적인 병 ─ 그 밖에 수많은 결점이 있다면 그 가련한 남자는 매일 이 심술궂은 성격과 오만함과 파렴치함을 견디기 위해 무엇을 할 수 있겠습니까? 그와 반대로 아내는 검소하고 상냥한데 남편이 난폭하고 거만하며 화를 잘 내고, 부나 권력으로 마음이 부풀어 올랐고, 자유인인 아내를 노예 취급하고 하녀 대하듯 한다면, 아내는 그 같은 속박과 폭력을 어떻게 견디겠습니까? 그렇습니다. 남편이 아내를 끊임없이 무시하고 그런 태도를 고치지 않는다면 어떻게 될까요?' 사도는 그러한 속박을 견디라고 말합니다. 남편이 죽어야 당신은 자유롭게 될 것입니다. 그러나 그가 살아 있는 한, 둘 중 하나입니다. 남편을 가르쳐 더 나은 사람으로 만드는 데 온 열성을 기울이든가, 그것이 불가능하다면 그 가차 없는 전쟁, 중단 없는 투쟁을 용감하게 견디든가 해야 합니다.

2. 그리고 조금 앞에서 바오로는 "서로 상대방의 요구를 물리치지 마십시오. 다만 기도에 전념하려고 얼마 동안 합의한 경우는 예외입니

다"(1코린 7,5)라고 말했는데, 남편과 헤어진 여인에 대한 부분인 여기서는 여자 본인이 원하지 않더라도 금욕생활을 하도록 초대합니다. "만일 헤어졌으면 혼자 지내든가 남편과 화해해야 합니다"(1코린 7,11). 진퇴양난인 여자가 보입니까? 그녀는 욕망의 폭력을 통제하든가, 그렇게 하길 거부할 경우 폭군인 남편에게 아첨하고, 그의 온갖 변덕에 자신을 내맡기든가 둘 중 하나입니다. 남편이 아내를 때리든, 욕을 퍼붓든, 하인들의 멸시를 받게 하든 아무튼 이런 종류의 변덕에 휘둘려야 합니다.

3. 남자들은 자기 아내를 벌하기 위한 무수한 방법들을 생각해 냈습니다! 아내는 만약 이런 상황을 견딜 수 없으면 불모의 금욕을 지켜야 합니다. 내가 '불모'라고 한 것은 그런 금욕에는 본질적인 원칙이 빠져 있기 때문입니다. 그런 금욕은 성덕에 대한 원의에서 받아들인 것이 아니라 남편에 대한 원한에서 받아들인 것이기 때문입니다. 사도는 "만일 헤어졌으면 혼자 지내든가 남편과 화해해야 합니다"라고 말합니다. 그렇습니다. 그러나 만일 남편이 모든 화해를 결단코 거부한다면 어떻게 합니까? 당신에게 남은 또 다른 해결책, 또 하나의 방책은 남편의 죽음을 기다리는 것입니다. **4.** 동정녀에게는 혼인이 결코 허락되지 않지만, 혼인한 여자들에게는 그들 남편이 죽으면 혼인이 허락됩니다.[56] 만일 첫 남편이 아직 살아 있는데 그를 떠나 다른 남자에게 가고, 두 번째 남자에게서 또다시 세 번째 남자에게로 가는 것이 허용된다면 남편들은 자기의 아내들을 무차별적으로 서로서로 빌리게 되니 전반적으로 혼잡한 이런 상황에서 혼인이 무슨 소용이 있겠습니까? 오늘은 이 남자,

---

[56] 어떤 필사본에는 "동정녀에게 혼인이 결코 허락되지 않는 것은 그들의 신랑(그리스도)이 언제나 살아 있고 죽지 않기 때문인 것처럼, 혼인한 여자는 남편이 죽어야 혼인할 권리가 있습니다"로 되어 있다.

동정

내일은 저 남자, 그리고 또 다른 남자가 같은 여자와 산다면 남편들에 대한 우리의 감정이 어찌 파괴되지 않을 수 있겠습니까? 그렇습니다. 주님이 이런 행위를 간통이라 부르신 것은 옳았습니다(마태 19,9 참조).

제41장 하느님은 왜 유대인들에게 아내를 버리는 것을 허락하셨을까?

1. 그런데 하느님은 유대인들에게 왜 이런 허락을 하셨을까요? 물론 그들 마음의 완고함(마태 19,8 참조) 때문이었습니다. 부모 중 한쪽의 피가 그들 집 안을 그득 채우는 것을 막기 위해서였습니다. 미움받는 아내가 집 밖으로 쫓겨나는 것과, 집 안에서 목이 졸려 죽는 것 중 어느 것이 낫습니까? 유대인들에게 아내를 내쫓을 권리가 없었다면 아내의 목을 졸랐을 것입니다. 그래서 "아내가 네 눈에 들지 않을 경우, 이혼 증서를 써서 손에 쥐여 주고 네 집에서 내보낼 수 있다"(신명 24,1)고 한 것입니다. 그러나 사도가 분노조차 금하는(에페 4,31 참조), 자제력이 뛰어난 사람들에게는 이렇게 말합니다. "만일 헤어졌으면 혼자 지내야 합니다"(1코린 7,11). 여러분, 부부간의 구속과 불가피한 속박과 서로를 묶는 굴레를 보십니까? 그렇습니다. 혼인은 정말 굴레입니다. 혼인 때문에 생기는 무수한 걱정과 매일의 골칫거리 때문만이 아니라, 혼인은 부부를 서로에게 복종하도록 강요하기 때문인데, 이런 복종은 온갖 길들임의 형태 중 가장 고통스럽습니다. **2.** "그[남자]는 너[여자]의 주인이 되리라"(창세 3,16)고 성경에서 말하지만 이 지배권의 이로운 점이 대체 어디 있습니까? 그 대신에 하느님께서는 남자를 그가 지배하는 여자의 노예로 만드시니 말입니다. 하느님께서는 얼마나 이상하고 기괴한 예속의 교환을 상상하셨는지요! 주인이 짧은 족쇄로 두 명씩 서로 발을 묶어

사슬로 한데 엮어서 그저 서로의 뒤를 따라갈 뿐 자유롭게 걸을 수 없게 한 도망친 노예들처럼 혼인한 사람들의 영혼은 그들 개인의 걱정에 더하여, 그들의 관계가 서로에게 강요하는 구속을 견뎌야 합니다. 이런 구속은 가장 잔인한 족쇄처럼 그들을 죄고 그들의 자유를 거둬 갑니다. 왜냐하면 그런 구속으로 둘 중 한 사람만 배타적으로 권위를 갖는 것이 아니라 자유로운 처분권을 두 사람이 나누어 갖기 때문입니다. 이러니 이제 쾌락이 주는 만족을 위해 이 모든 단죄를 견딜 준비가 된 사람들이 어디 있겠습니까?

3. 끝없이 되풀이되기 일쑤인 분노와 서로에 대한 미움으로 쾌락의 몫이 상당히 줄어들기 때문이기도 하고, 부부 중 하나가 어쩔 수 없이 상대방의 악의를 견디도록 강요하는 예속 상태는 모든 쾌락을 지워 버리기에 충분하니 말입니다. 그렇기 때문에 복된 바오로 사도도 앞에서는 "간음의 위험, 절제하지 못함, 욕정의 불" 같은 심한 표현들을 사용하여 육체적 쾌락을 억제하고자 했으나 이런 식의 단죄가 청중들에게 별로 영향을 주지 못한다는 것을 깨닫고서 훨씬 더 효과적인 논거로 청중을 설득하고자 합니다. 이러한 논거는 예수의 제자들에게도 "그러하다면 혼인하지 않는 것이 좋겠습니다"(마태 19,10)라고 말하게 한 것으로서, "아내의 몸은 아내가 아니라 남편의 것이고, 마찬가지로 남편의 몸은 남편이 아니라 아내의 것"(1코린 7,4)이라는 논거입니다. 바오로는 이런 생각을 권고나 조언의 형태가 아니라 명령과 절대적 규범의 형태로 제시합니다. 혼인하느냐 마느냐는 우리에게 달려 있습니다. 그러나 우리가 마지못해 견디는 예속에 대해서는 아무것도 우리 뜻대로 할 수 없습니다.

4. 왜 그렇습니까? 우리가 처음부터 사정을 잘 알고 권리와 규율을

정확히 알고 혼인을 선택한 이상 우리는 자진해서 그 족쇄 아래로 뛰어든 것이기 때문입니다. 그런 다음 바오로는 신자 아닌 배우자와 함께 사는 이들에 대해 말하고 혼인의 모든 법규를 상세하게 나열하고 종들에 대한 자기 생각을 잠깐 이야기합니다(1코린 7,21 참조). 그는 종들에게 그들의 종살이가 영적 고귀함을 줄어들게 하지는 않는다는 말로 그들을 적절히 위로해 줍니다. 그러고 나서 마침내 동정에 대한 이야기로 들어갑니다. 그는 오래전부터 이 이야기를 품어 왔고 씨를 뿌리길 애타게 기다렸는데 이제 그것을 꺼내는 것입니다. 물론 그는 혼인에 대해 다루면서도 동정에 대해 침묵하지는 못했습니다.[57] **5.** 그는 드물게 가벼운 문체로 [앞에서] 혼인에 대한 재미난 권고를 했습니다. 이는 청중의 귀를 열게 하고 그들 생각의 길을 넓히고 그가 꺼내려는 주제 안으로 완벽하게 이끌기 위한 뛰어난 방법입니다. "하느님께서 값을 치르고 여러분을 속량해 주셨습니다. 사람의 종이 되지 마십시오"(1코린 7,23)라는 종살이에 대한 권고 뒤에, 다시 말해 주님의 자비를 상기시키면서 모든 청중을 일으켜 하늘을 향하게 하고는 그는 마침내 다음과 같은 말로 동정 문제에 접근합니다. "미혼자들에 관해서는 내가 주님의 명령을 받은 바가 없습니다. 그러나 주님의 자비를 입어 믿을 만한 사람이 된 자로서 의견을 내놓습니다"(1코린 7,25). 그런데 신자와 비신자 간의 혼인에 대해서도 [바오로] 당신은 주님의 명령을 받은 바가 없지만 큰 권위를 지니고 이렇게 썼습니다. "그 밖의 사람들에게는 주님이 아니라 내가 말합니다. 어떤 형제에게 신자 아닌 아내가 있는데 그 아내가 계속 남편과 함께 살기를 원하면, 그 아내를 버려서는 안 됩니다"

---

57 참조: 요한 크리소스토무스 『동정』 28.

(1코린 7,12). **6.** 그렇다면 당신은 왜 동정녀에 대해서는 그처럼 분명하게 표현하지 않습니까? 왜냐하면 그리스도께서는 이것에 계명과 같은 의무적 성격을 주기를 거부함으로써 당신의 뜻을 분명하게 밝히셨기 때문입니다. "받아들일 수 있는 사람은 받아들여라"(마태 19,12)라는 말씀은 청중들의 선택의 자유를 인정하는 말입니다. 그래서 사도는 금욕에 대해 말할 때 "나는 모든 사람이 나와 같아지기를 바랍니다"(1코린 7,7)라거나 "혼자 사는 이들과 과부들에게 말합니다. 그들은 나처럼 그냥 지내는 것이 좋습니다"(1코린 7,8)라고 하지만, 동정을 다룰 때는 그 어디서도 자신을 본보기로 내세우지 않고 매우 신중하고 조심스럽게 표현합니다. 왜냐하면 그 자신도 언제나 그 덕을 지키지는 않았기 때문입니다.[58] 그는 "미혼자들에 관해서는 내가 주님의 명령을 받은 바가 없습니다"(1코린 7,25)라고만 말합니다.

7. 바오로는 먼저 청중에게 선택권을 주면서 그들의 호의를 얻은 후에 비로소 조언을 합니다. 사실 동정이란 단어는 입 밖에 내자마자 곧바로 험난한 시련을 떠올리게 하므로 바오로는 그것을 서둘러 권장하지 않습니다. 그는 제자 스스로 그의 말 속에서 명령을 알아볼 가능성을 주면서 제자의 비위를 맞추는 것으로 시작하며, 그렇게 하여 제자의 영혼을 유순하고 부드럽게 한 후에야 자신의 생각을 드러냅니다. '당신은 많은 수고와 땀을 예고하는 동정이란 단어를 들었습니다. 두려워하지 마십시오. 그것은 명령도, 계율도 아닙니다. 그런 것이 아니라, 기꺼

---

[58] 메토디우스 『열 처녀의 잔치』 3,12에는 바오로 사도가 홀아비로 살았을 가능성에 대한 암시가 있다. "그는 청중들을 자신과 같은 삶을 살도록 초대하기 위해 자신을 상징적 본보기로 내세운다. 그는 자신도 그렇게 하려고 애쓰듯이 한 여자와 혼인했던 사람은 아내와 사별 후 홀로 사는 것이 낫다고 그들을 가르친다"(3,12,83). 바오로의 홀아비 생활에 관해서는 참조: 카이사리아의 에우세비우스 『교회사』 3,30.

이 자유롭게 그 덕을 껴안은 이들은 분명 그 덕에 고유한 이익을 대가로 얻습니다. 그 덕은 그들의 이마에 빛나는 화관을 씌워 줍니다.' 그러나 동정을 껴안지 않고 거부하는 사람들을 바오로는 벌하지 않으며, 결코 억지로 껴안도록 강제하지 않습니다. **8.** 그런데 바오로가 자기 말이 거북하게 들리지 않도록 유쾌하게 만드는 방법은 그뿐이 아닙니다. 그는 동정에 따르는 은총을 주는 사람은 자기가 아니라 그리스도라고 표명할 때도 그렇게 합니다. 그는 사실 "미혼자들에 관해서 나는 아무 명령을 하지 않습니다"라고 하지 않고 "내가 주님의 명령을 받은 바가 없습니다"라고 말합니다. 다른 말로 하자면, '만일 내가 이 권고를 인간적 이유에 따라 하는 것이라면 내 말을 신뢰해선 안 됩니다. 그러나 그와 같은 것이 하느님의 뜻이므로 여러분은 자유롭게 선택할 수 있는 것입니다. 나는 여러분에게 그와 같은 명령을 내릴 권한이 없지만 여러분이 (그리스도를) 섬기는 여러분의 동료인 나의 말을 듣기를 원한다면, '주님의 자비를 입어 믿을 만한 사람이 된 자로서 의견을 내놓습니다'(1코린 7,25)'라는 것입니다.

9. 여기서 복된 사도의 대단한 능란함과 명민함을 찬탄하는 것이 좋겠습니다. 그가 상반되는 두 가지 필요 — 자기의 조언에 청중이 귀를 기울일 수 있도록 좋은 평판을 얻을 필요, 그리고 그가 과거에는 동정이란 덕과 무관하게 살았기에[59] 스스로를 자랑하지 말아야 할 필요 — 를 다 어떻게 재빨리 채우는지 보십시오. "주님의 자비를 입은 자로서"라는 말로 그는 어떤 점에서 자신의 가치를 높이면서도 더 이상의 과시를 하지 않음으로써 동시에 자신을 낮추어 겸손한 자세를 취합니다.

---

59   각주 58 참조.

제42장 바오로의 겸손

1. 그는 사실 "복음의 메시지가 맡겨진 자로서, 이민족들에 대한 복음 선포자의 자격이 인정된 자로서, 여러분을 지도할 책임을 맡은 자로서, 여러분의 교사요 안내자로서 여러분에게 의견을 내놓습니다"라고 말하지 않습니다. 그는 "주님의 자비를 입어 믿을 만한 사람이 된 자로서"(1코린 7,25)라고 좀 덜 중요한 이유를 댑니다. 단순히 '믿을 만한 사람'은 '신자들의 교사'보다 덜 중요하지요. 그는 또 다른 방식으로 자신을 낮출 생각마저 합니다. 어떤 방법입니까? 그는 "믿을 만한 자로서"라고 하지 않고 "주님의 자비를 입어 믿을 만한 사람이 된 자로서"라고 말합니다. '사도직과 설교와 가르침만이 하느님의 너그러우심의 결과라고 생각지 마십시오. 나의 신앙 자체도 주님의 자비로 주어졌습니다. 내가 신앙의 은총을 받은 것은 자격이 있어서가 아니라 그분의 자비 때문입니다. 그런데 자비는 은총의 딸이지 어떤 자격이 있다고 자비를 받는 것은 아닙니다. **2.** 이처럼 만일 하느님께서 자비로운 마음을 갖지 않으셨다면 나는 사도가 될 수 없었을 뿐 아니라 믿을 만한 자가 될 수도 없었을 것입니다.' 당신은 종의 정情과 마음의 겸손을 봅니까? 당신은 그가 다른 이들보다 더 많은 자격이 있다고 스스로 주장하는 것이 전혀 없음을 봅니까? 심지어 그가 자기 제자들과 공통으로 지닌 것, 곧 신앙도 자기의 업적이 아니라 하느님의 자비와 은총 덕분으로 여깁니다. 이런 말들을 통해 그는 다음과 같이 말한 셈입니다. '저에게서 조언을 받기를 마다하지 마십시오. 하느님마저도 저에게 당신의 자비 베풀기를 마다하지 않으셨기 때문입니다. 더군다나 여기서는 명령이 아니라 의견인 만큼 더더욱 그렇습니다. 저는 권고하지 규범을 세우지는 않습니다. 그런데 머릿속에 떠오르는 유용한 생각들을 알리고 제안하

동정

는 것은 어떤 법률도 금하지 않습니다. 특히 그것이, 바로 여러분의 경우처럼, 청중의 간청 때문이라면 더욱더 그렇습니다.' 바오로는 "지금 그대로 있는 것이 사람에게 좋다고 나는 생각합니다"(1코린 7,26)라고 말합니다. 여러분은 바오로의 말이 권위의 흔적이라곤 조금도 없이 매우 겸손함을 다시 한 번 확인할 수 있습니다. 그런데 그는 다음과 같이 표현할 수도 있었을 것입니다. '주님께서 동정을 명하시지 않았기에 저도 명하지 않습니다. 그러나 저는 여러분의 사도이므로 동정을 권고하며 그 실천에 열성을 다하라고 여러분에게 권합니다.' **3.** 실제로 그가 조금 뒤 대목에서 그들에게 "내가 다른 이들에게는 사도가 아니라 할지라도 여러분에게는 분명히 사도입니다"(1코린 9,2)라고 말하는 것처럼 말입니다. 그러나 여기서 그는 전혀 그런 식으로 표현하지 않으며, 그의 말은 매우 큰 조심성을 보입니다. '저는 권고합니다'라고 하는 대신 그는 "저의 의견을 내놓습니다"라고 하고, '교사로서'라고 하는 대신 "주님의 자비를 입어 믿을 만한 사람이 된 자로서"라고 말합니다. 그리고 마치 이런 단어들마저도 그의 말에 겸손을 더하기에 부족하다는 듯, 그는 조언의 첫마디부터 권위를 내려놓습니다. 곧바로 조언하지 않고 조언의 이유를 덧붙이니까요. "현재의 재난 때문에 지금 그대로 있는 것이 사람에게 좋다고 나는 생각합니다." 그런데 그가 금욕에 대하여 말할 때는 '나는 …라고 생각합니다'라고 하거나, 여기서처럼 이유를 설명하지도 않고 단순히 "그들은 나처럼 그냥 지내는 것이 좋습니다"(1코린 7,8)라고 말했는데 여기서는 "현재의 재난 때문에 지금 그대로 있는 것이 사람에게 좋다고 나는 생각합니다"라고 말합니다. 그가 이렇게 행동하는 것은 자신의 확신에 의심이 생겨서가 결코 아닙니다. 청중이 스스로 판단하여 결정하길 바라기 때문입니다. 이것이 조언자로서 그가 한 역할입니다. 그는 자신의 견해에 유리하도록 문제를 딱 잘라 해결하는 게 아니라 결정을 청중의 판단에 맡깁니다.

제43장 '현재의 재난'이란 표현의 의미

바오로가 여기서 말하는 "재난"[필요](1코린 7,26)은 무엇입니까? 육체적인 필요일까요? 결코 아닙니다. 첫째, 만일 그것이 육체적 필요를 가리킨다면 바오로의 이 언급은 그가 의도하는 바에 반대될 것입니다. 혼인하기를 원하는 이들은 그런 재난을 무시해 버리니까요.[60] 둘째, 만일 그것이 육체적 필요라면 바오로는 그것을 "현재의 재난"이라 부르지 않았을 것입니다. 그런 필요는 오늘날 생겨난 게 아니라 인류 안에 오래전에 심어진 것이며, 예전에는 더욱 거세고 통제할 수 없는 것이었다가 그리스도께서 오신 이후 덕의 진보와 더불어 그 필요는 좀 더 다루기 쉬운 것이 되었기 때문입니다. 따라서 바오로의 이 말은 육체적 필요가 아니라 수많은 형태와 얼굴을 지닌 또 다른 재난[필요]을 암시합니다. 무슨 재난[필요]이겠습니까? 이 세상사가 일으키는, 타락시키는 활동입니다. 혼인한 사람은 무질서와 근심의 폭정, 우리를 에워싸는 무수한 어려움들로 말미암아 자신이 원치 않아도 종종 죄와 오류를 범할 수밖에 없기 때문입니다.

제44장 하늘 나라는 혼인보다 동정을 통하여 더 쉽게 차지할 수 있다

1. 사실 예전에는 우리에게 그 정도의 덕은 제안되지 않았습니다. 그

---

60 혼인은 실제로 정욕의 불을 끄는 데 목적이 있다.

때는 모욕을 당하면 복수할 수 있었고, 욕설에 욕설로 대하고, 돈에 관심을 두며, 맹세로 약속을 하고 눈에는 눈으로 대하며 원수를 미워할 수 있었습니다. 쾌락을 좇는 삶을 살거나 화를 내거나 아내를 내쫓고 다른 여자를 아내로 삼는 것이 금지되지 않았습니다. 그것이 다가 아닙니다. 율법은 두 여자와 동시에 함께 사는 것을 허락했고, 다른 모든 점에 대해서처럼 이 점에 대해서도 매우 관대했습니다. 그러나 그리스도께서 오신 후 길은 훨씬 좁아졌습니다. 우선 내가 방금 말한 모든 영역에서 상당히 놀라운 이 같은 용인이 우리 선택의 자유에서 사라졌고, 또한 우리 의지와 상관없이 수많은 죄로 우리를 유인하고 죄짓게 만드는 여자와 언제나 함께 살든가, 그렇지 않고 내쫓는다면 그것은 간통죄가 된다고 확신하게 되었기 때문입니다.

2. 덕의 실천이 어려운 것은 이런 이유 때문만이 아닙니다. 비록 우리의 아내가 괜찮은 성격이라 해도 그녀나 우리 자녀들이 일으키는 무수한 걱정 때문에 우리는 짧은 순간일망정 하늘을 향해 눈길을 들어 올리기가 어렵기 때문입니다. 그것은 우리 영혼을 사로잡아 도처로 끌고 다니는 회오리바람과 같습니다. 예를 들어 남편은 소박한 개인의 평화롭고 은둔적인 삶을 살고자 한다 합시다. 그러나 자기 둘레에 아이들과, 늘 돈이 부족한 아내를 보면 비록 맘이 내키지 않더라도 공무公務라는 요동치는 물결 속으로 뛰어들어야만 합니다. 일단 그런 일에 말려들고 나면 종종 아첨하거나 증오하면서 분노와 폭력, 맹세와 욕설, 위선에 빠져듦으로써 그가 범하는 죄가 얼마나 많은지 일일이 셀 수도 없습니다. 그가 영광을 추구하는 그러한 폭풍 한가운데서 부대끼면서 어떻게 죄의 더러움에 심하게 오염되지 않을 수 있겠습니까? 그리고 우리가 그의 가정사를 가까이 들여다본다면 거기에도 그의 아내 때문에 똑

같은 정도이거나 어쩌면 더욱 큰 어려움이 서려 있음을 알게 될 것입니다. 자기 자신에게만 매여 있는 혼인하지 않은 사람이라면 겪지 않았을 수많은 문제에 따르는 시시콜콜한 갖가지 것들을 그는 염려해야 합니다. 그런데 이런 것도 아내가 검소하고 온순한 경우에 해당합니다! 만일 아내가 심술궂고 악랄하고 불쾌한 성격이라면 우리는 단지 "재난" [필요] 정도가 아니라 고문과 형벌이라고 하겠습니다! 그가 그 같은 곤경에 짓눌린다면, 그토록 많은 관계가 그의 발목을 쥔다면, 그가 그 같은 사슬, 다시 말해 배우자의 간교함으로 끊임없이 땅의 것으로 유인된다면 그런 처지에서 어떻게 천국의 길에 나아갈 수 있겠습니까? 천국의 길은 족쇄에서 해방된 가벼운 발걸음과 생기발랄하고 민첩한 영혼이 요구되는 길이니 말입니다.

제45장 쓸데없는 어려움을 짊어지는 자들은 거기서 아무런 보상도 기대할 수 없다

1. '우리가 방금 열거한 그 모든 곤란들에 대해 보통 사람의 현명한 대답은 무엇입니까? 그런데, 그 같은 어려움을 무릅쓰고라도 바른길을 따라가는 사람은 더 높은 보상을 받을 권리가 있지 않겠습니까?' 친구여, 어째서 그렇다는 것인지 설명해 보십시오. '혼인을 통해 그는 더욱 험한 시련을 짊어지기 때문이지요.' 그렇다면 누가 그에게 그 같은 짐을 떠맡으라 강요했습니까? 만일 그가 혼인함으로써 어떤 명령을 이행하는 것이라면, 그리고 혼인하지 않는 것이 율법을 위반하는 것이라면 당신의 논거는 타당성이 있습니다. 그러나 만일 혼인의 멍에를 메지 않을 자유가 있는 누군가가 그 어떤 강압도 없이 자발적으로 이 모든 어려움을 뒤집어씀으로써 덕을 위한 싸움을 더욱 무겁게 만든다면 그것

은 경기 주관자와 아무 상관이 없습니다. 경기 주관자가 제시한 규범이라고는 악에 승리할 때까지 악마와의 전쟁을 잘해 나가라는 것뿐입니다. 그러한 결과를 혼인 속에서, 쾌락과 더불어 온갖 걱정이 동반되는 삶 속에서 얻는가, 또는 반대로 금욕과 고행을 통해서, 그리고 다른 것들에 대한 염려가 없는 삶 속에서 얻는가는 경기 주관자에게 별로 중요치 않습니다. 승리를 얻는 방법, 전리품을 얻는 길은, 주님이 말씀하시듯, 모든 우발적 인간사에서 벗어난 길입니다. 2. 그런데 여러분은 아내와 아이들, 그리고 그들이 가져다주는 온갖 곤란 속에 있으면서 그 같은 속박이 전혀 없는 이들과 똑같은 결과를 얻을 수 있다고 생각하며 전쟁터에 뛰어들어 싸우겠다고 우기는 것입니까? 그리고 그런 까닭에 더욱 큰 찬탄의 대상이 되길 바랍니까? 우리가 여러분이 그들과 같은 정상頂上에 도달하는 것은 불가능하다고 말한다면, 오늘 여러분은 아마도 우리가 몹시 교만하다고 비난할 것입니다. 그러나 결국 보상의 날 여러분은 안전이 불모의 야망보다 훨씬 바람직한 것임을, 그리고 자신의 헛된 생각보다 그리스도께 복종하는 편이 낫다는 것을 깨달을 것입니다(집회 1,1 참조). 왜냐하면 우리가 자신을 미워하지 않고서는 우리의 모든 재산을 포기한다 해도 덕을 쌓기에는 충분치 않다고 그리스도께서 선언하셨기 때문입니다(루카 14,26 참조). 그런데 여러분은 이 모든 우발적 사건들에 파묻혀 있으면서 그것들을 극복할 수 있다고 주장합니까? 아, 앞에서도 말했듯이, 그날이 오면 여러분은 아내와 그녀가 일으키는 걱정거리들이 덕에 이르는 데 얼마나 큰 장애물인지 어렵지 않게 알게 될 것입니다!

제46장 완전한 삶에 도달하는 데 아내가 걸림돌이라는 게 사실이라면 성경은 왜 아내를 남편의 협력자라고 부르나

1. '그렇다면 어떻게 하느님께서는 장애물인 그 여자를 협력자라고 부르실 수 있습니까'라고 여러분은 말할지 모릅니다.' "주 하느님께서 말씀하셨다. '그에게 알맞은 협력자를 만들어 주겠다'"(창세 2,18). 그렇다면 나도 여러분에게 묻겠습니다. 남자가 누리던 커다란 안전을 잃어버리게 만들고, 그를 낙원의 멋진 거처에서 쫓아내어 이 세상의 야단법석 속으로 떨어뜨린 여자가 어떻게 협력자가 될 수 있습니까? 협력자의 일을 하긴커녕 그것은 신의 없는 조언자의 태도입니다. "죄는 여자에게서 시작되고 여자 때문에 우리 모두가 죽는다"(집회 25,24)라고 성경은 말합니다. 복된 바오로도 "아담이 속은 것이 아니라 여자가 속아 넘어가서 죄를 지었습니다"(1티모 2,14)라고 말합니다. **2.** 남자에게 죽음의 멍에를 지게 한 여자가 어떻게 협력자일 수 있습니까? 하느님의 자녀들, 아니 차라리 그 시대의 모든 사람이 짐승과 새와 그 밖의 모든 생물과 함께 물에 빠져 죽게 만든 그 여자가 어떻게 협력자일 수 있습니까?(창세 6,1 이하 참조). 욥도 만일 그가 진정으로 남자답게 행동하지 않았다면 아내 때문에 타락할 뻔하지 않았습니까?(욥 2,9 참조). 삼손도 여자 때문에 망하지 않았습니까? 히브리 백성 전체가 프오르의 바알을 예배하고 제 형제들의 손에 절멸되게 한 온갖 행동을 한 것도 그 여자가 아닙니까? 그리고 아합은 특히 누구에 의해 악마에게 넘겨졌습니까? 그리고 아합 이전에 솔로몬은 그의 높은 지혜와 명성에도 불구하고 누가 그를 악마에게 넘겼습니까? 그리고 오늘날에도 여자들은 남편들을 설득하여 종종 하느님을 거역하게 하지 않습니까? 그 때문에 그 위대한 현인도 "아내의 악행에 비하면 어떤 악행도 하잘것없다"(집회 25,19)고

동정

말한 것이 아닙니까?

3. '그렇다면 하느님은 어떻게 남자에게 '그에게 알맞은 협력자를 만들어 주겠다'(창세 2,18)고 말씀하실 수 있었습니까? 하느님은 거짓말을 하실 수 없을 텐데요.' 나 역시 하느님이 거짓말하실 수 있다고 주장하진 않겠습니다. 다만 '여자는 분명 그런 목적과 동기에서 창조되었으나 그녀는 자기 남편과 마찬가지로 본디 품위 속에 머물기를 원치 않았다'고 말하고 싶습니다. 하느님은 사실 그녀를 당신 모상대로 당신을 닮게 만드셨습니다. 하느님은 "그에게 알맞은 협력자를 만들어 주겠다"고 하신 것처럼 "우리와 비슷하게 우리 모습으로 사람을 만들자"(창세 1,26)고 하셨다고 되어 있습니다. 그러나 사람은 일단 창조되자 재빨리 그 두 가지 특권을 잃어버렸습니다. 그는 하느님과의 비슷함도, 그분의 모상도 유지하지 못했으니까요. '변질된 욕망에 빠지고 계략에 말려들고 쾌락을 통제하지 못하면서 어떻게 그가 그렇게 할 수 있었겠습니까?' 그리고 그는 자기 안에 있는 하느님의 모상을 본의 아니게 빼앗겼으니까요. **4.** 하느님은 사실 그에게서 당신 권능의 상당한 부분을 빼앗으셨습니다. 모든 피조물이 주인으로 두려워하던 이 존재를 하느님은 주인에게 반역한 배은망덕한 종에게 하시듯이 그가 다스리던 것들에게 멸시의 대상이 되게 하셨습니다. 태초에 그는 모든 동물에게마저 두려움을 불러일으켰습니다(창세 1,26.28 참조).[61] 하느님이 모든 짐승을 사람 앞으로 데리고 오셨을 때 그들은 사람 안에서 왕다운 모습이 빛나는 것을 보고서 그들 중 어떤 짐승도 감히 사람을 해치거나 공격하지 못했기 때문입니다. 그러나 사람이 잘못을 범하여 그런 특징들이 희미해졌을 때

---

61 창세기에 따르면 하느님은 사람에게 짐승들에 대한 지배권을 주셨고, 짐승들을 사람 앞으로 데리고 오시어 사람이 그들에게 이름을 붙이게 하셨다(창세 2,19 참조).

하느님은 그에게서 그런 권능도 박탈하셨습니다.

5. 그런데 사람이 땅에 사는 모든 존재를 더 이상 지배하지 못하고 심지어 그들 중 몇몇 존재를 두려워하기까지 하지만 그것이 "그가 바다의 물고기와 하늘의 새와 집짐승과 온갖 들짐승과 땅을 기어다니는 온갖 것을 다스리게 하자"(창세 1,26)라는 하느님의 말씀을 거짓으로 만들지는 않습니다. 왜냐하면 사람이 그 능력을 잃은 것은 그것을 준 이가 아니라 그것을 받은 이의 잘못이기 때문입니다. 이와 마찬가지로 여인들이 자기 남편에게 파 놓는 함정도 "그에게 알맞은 협력자를 만들어 주겠다"(창세 2,18)라는 말씀의 진실을 흔들지 못합니다. 사실 여자는 그런 목적으로 창조되었지만 거기에 충실하지 못했습니다. 또 한편으로 여자가 보여 주는 협력은 현재의 삶의 상태, 자녀 출산, 육체적 욕망과 관련된다는 말을 덧붙일 수 있습니다. 그러나 더 이상 이 세상 삶이나 출산이나 정욕이 문제 되지 않을 때 협력에 대해 말하는 것은 헛되지 않습니까? 가장 하찮은 일들에서는 협력할 수 있는 여자지만 큰일에 기여하도록 요구될 때는 남편에게 유용하긴커녕 남편을 걱정 속에 가둬 버립니다.

제47장 영적인 일에서 여자는 남자에게 어떻게 도움이 되는가?

1. '여러분은 이렇게 반문할 것입니다. 그렇다면 여자의 도움은 영적인 일들에 필요하기까지 하다는 것을 보여 주고, 또 ′아내 된 이여, 그대가 남편을 구원할 수 있을지 혹시 압니까?′(1코린 7,16)라고 하는 바오로에게는 우리가 뭐라고 대답하여야 합니까?' 저도 동의합니다. 영적인 일에 여자가 하는 모든 협력을 저는 결코 부인하지 않습니다. 천만의 말씀입니다! 다만 그녀가 그와 같은 협력을 제공하는 자가 되는 것은

혼인생활 안에서가 아니라, 신체적으로 여자이면서 그녀가 본성을 뛰어넘어 복된 남자들의 덕에까지 오를 때라고 말하겠습니다. 아내가 협력자로 인정받는 것은 꼼꼼한 몸단장이나 쾌락의 삶 속에서도 아니고, 남편에게 늘 더 많은 돈을 요구하거나 돈을 헤프게 낭비하면서도 아닙니다. 아내가 협력자가 되는 것은 모든 우연적인 사태를 초월함으로써, 자신 안에 사도들 삶의 자취를 새김으로써, 대단한 절제와 검소함, 돈에 대한 깊은 경멸과 커다란 체념을 입증함으로써입니다. 그녀가 "먹을 것과 입을 것이 있으면, 우리는 그것으로 만족합시다"(1티모 6,8)라고 말할 때, 육체의 죽음을 우습게 여기며 이런 철학을 행동으로 실천할 때, 지상의 실존을 허무인 것처럼 바라볼 때, 그녀가 예언자와 함께 이 세상의 모든 영광은 들의 풀과 같다고 믿을 때 그러할 것입니다.

2. 아내가 남편을 구원할 수 있는 것은 배우자로서 부부의 의무를 이행함으로써가 아니라 복음의 삶을 떳떳이 실천함으로써입니다. 그런데 이는 많은 여성이 혼인 관계 밖에서도 실현한 것입니다. 예를 들어 프리스킬라는 아폴로를 자기 집에 맞아들여 진리의 길로 안내했습니다(사도 18,26 참조). 이런 일이 현재 허락되지 않지만, 아내라는 신분으로서는 남편에게 그 같은 열성을 쏟는 것이 가능하고 열매도 똑같이 거둘 수 있습니다. 사실 내가 방금 말했듯이 남편에 대한 아내의 영향력은 그의 아내로서의 자질에서 오지 않습니다. 만일 부부의 공동생활이 참으로 그런 결과를 가져오는 것이었다면 신자 아내의 남편은 모두 회개했을 것이기 때문입니다. 그러나 실제로는 전혀 그렇지 않습니다. 아내가 숭고한 철학[62]을 지니고, 깊은 인내심을 보이며, 혼인생활의 곤란을

---

62 복음적 지혜를 말한다.

아랑곳하지 않고, 늘 이와 같은 태도를 목표로 할 때 동반자의 영혼 구원을 보장할 수 있는 것인데 만일 아내가 배우자로서 자기 권리를 계속해서 주장한다면 남편에게 유용하긴커녕 해만 끼칠 것입니다. 그리고 비록 훌륭한 태도를 지닌 아내의 경우라도 그녀가 남편에게 좋은 영향을 끼치는 것은 가장 어려운 일 중 하나입니다. 이는 바오로 사도의 말에서도 드러납니다. 그는 "아내 된 이여, 그대가 남편을 구원할 수 있을지 혹시 압니까?"(1코린 7,16)라고 말하는데, 우리는 가장 일어날 법하지 않은 일에 대해 말할 때 위와 같은 방식으로 묻곤 하지 않습니까?

3. 그런 다음 사도가 뭐라고 합니까? "그대는 아내에게 매여 있습니까? 갈라서려고 하지 마십시오. 그대는 아내와 갈라졌습니까? 아내를 얻으려고 하지 마십시오"(1코린 7,27). 여러분은 바오로가 한 가지 생각에서 정반대 생각으로 수시로 왔다 갔다 하며 두 가지 권고를 밀접하게 서로 엮는 것을 봅니다. 예를 들어[63] 혼인을 주제로 얘기할 때 청중을 자극할 의도로 금욕에 대한 의견들을 끼워 넣었다면, 여기서는 청중이 숨을 좀 돌릴 수 있도록 혼인에 대한 성찰들을 섞어 넣습니다. 여기서는 첫마디가 동정에 대한 것인데(1코린 7,25: "미혼자들에 관해서는") 그 주제에 대해 무언가를 말하기도 전에 그는 곧바로 혼인에 대한 이야기로 들어갑니다. "내가 주님의 명령을 받은 바가 없습니다"라는 말은 혼인을 허락하고 인정하는 사람의 말이니까요. 그러고 나서 동정이란 주제로 돌아와 "지금 그대로 있는 것이 사람에게 좋다고 나는 생각합니다"라고 말할 때 그는, 계속 반복된 동정이란 단어가 예민한 사람들의 귀

---

63   요한은 여기서 세 번째로(참조: 요한 크리소스토무스『동정』28; 41) 바오로 사도의 이러한 기법에 주의를 환기시킨다. 혼인에 관한 참조 구절은 1코린 7장 2절이고, 동정과 독신에 관한 참조 구절은 1코린 7장 25-28절이다.

에 상당히 당혹스럽게 들리는 것을 보고 동정이란 단어를 되풀이하지 않습니다. 그리고 "지금 그대로 있는 것이 사람에게 좋다고 생각합니다"라는 말로써 이미 동정의 시련을 감당하도록 부추길 한 가지 이유를 주긴 했지만 ― 현재의 재난 ―, 그는 "동정"이란 단어를 계속 사용하는 대신 "지금 그대로 있는 것이 사람에게 좋다고 나는 생각합니다"라고만 합니다. 그리고 더 이상 자기 생각을 전개하지 않고 그 생각이 성가시게 보이기 전에 갑자기 멈춘 다음 다시 혼인 이야기를 꺼냅니다. "그대는 아내에게 매여 있습니까? 갈라서려고 하지 마십시오." 물론 바오로는 동정에 대해 조언하고자 하고 있으니 혼인에 대해 논하는 것은, 그것이 그의 목적이 아닌데, 그리고 여기서 청중을 그런 방향으로 격려하고자 하는 것이 아니니, 쓸데없는 짓일 것입니다. 그러고 나서 바오로는 동정[이라는 주제]로 되돌아갑니다. 그러나 여기서도 동정 상태를 '동정'이란 말로 표현하지 않습니다. 그는 뭐라고 말합니까? "그대는 아내와 갈라졌습니까? 아내를 얻으려고 하지 마십시오."

4. 하지만 두려워하지 마십시오. 그는 자기 밑 마음을 드러내지 않고 규범을 세우지도 않습니다. 그는 혼인이란 주제로 금세 되돌아가며 "그대가 혼인하더라도 죄를 짓는 것은 아닙니다"라는 말로 우리의 두려움을 가시게 하기 때문입니다. 그러나 여기서도 결코 용기를 잃지 마십시오. 그는 그대를 다시 동정으로 돌아오게 하며, 혼인하는 사람들은 "현세의 고통을 겪을 것"이라는 말로 그가 향하는 것도 바로 동정입니다. 그는 환자들에게 주의 깊은 좋은 의사들처럼 행동합니다. 의사들은 쓴 약을 처방하거나 수술이나 불로 지지는 치료법 등을 써야 할 때, 필요한 것들을 한꺼번에 하지 않고 환자가 이따금씩 휴식을 취하고 한숨 돌리게 하면서 나머지 치료를 행합니다. 이처럼 복된 바오로는 동정에

대한 조언을 단숨에 일괄적으로 하지 않고, 혼인에 대한 성찰들을 조언 중간중간에 끼워 넣으며, 동정의 너무 벅찬 점을 감추면서 유쾌하고 쉬운 말투로 이야기합니다. 이런 까닭에 그의 이야기 주제가 번갈아 바뀌면서 모자이크를 만들어 낸 것입니다.

5. 하지만 이제[64] "그대는 아내에게 매여 있습니까? 갈라서려고 하지 마십시오"라는 표현 자체를 살펴보는 것도 좋을 것입니다. 이는 조언이라기보다, 부부 관계의 불가침하고 파기할 수 없는 성격에 대한 증언입니다. 부부의 결합을 매여 있음으로 표현하는 대신 "당신에게 아내가 있습니까? 그녀를 버리지 말고 함께 살며, 그녀와 헤어지지 마십시오"라고 말할 수도 있었을 텐데 왜 그렇게 하지 않았을까요? 그 조건의 구속적 성격을 강조하기 위해서입니다. 모든 사람이 마치 즐거운 파티에 가듯 혼인으로 달려가므로 바오로는 혼인한 사람들은 모든 면에서 사슬에 묶인 죄수들 같음을 보여 주고자 한 것입니다. 혼인에서도 죄수들처럼 한쪽이 사슬을 당기면 다른 쪽은 따라가야 하고, 그렇지 않고 머뭇거리면 그는 동료와 함께 멸망합니다. "하지만, 만일 내 남편이 지상 것으로 쏠리는 반면, 나는 금욕생활을 원한다면'이라고 당신은 반문할 수 있을 겁니다.' 당신은 그를 따라야 합니다! 그렇습니다! 당신이 원치 않더라도 혼인이 당신에게 강제하는 사슬은 당신을 끌어당겨 당신이 첫날부터 묶여 있던 곳으로 데려갑니다. 당신이 저항하면서 거기서 벗어나려 하면, 당신이 연결되어 있는 관계에서 해방되지 못할 뿐

---

64 『동정』 47,3에서 시작된, 바오로의 변증법과 이야기 방식에 대한 긴 여담이 끝난다. 거기서 요한 크리소스토무스는 사도의 이야기 방식을 주목하고 설명했다. 요한은 사도가 연설가로서 능수능란하며 영혼들에 대한 완벽한 지식을 지니고 있음을 보여 주었다. 이제 그는 자기 주제로 돌아온다. 곧, 혼인은 두 배우자를 마치 죄수처럼 서로 엮으며, 남편이 아내에게 장애이듯 아내는 남편에게 장애물이라는 것이다.

아니라 가장 엄격한 처벌의 위험에 맞닥뜨리게 됩니다.

제48장 남편의 뜻을 거슬러 금욕하는 아내는 바람피우는 남편보다 더 큰 벌을 받을 것이다

1. 남편의 뜻에 반하는 금욕생활을 하는 아내는 금욕에 대한 보상도 빼앗길 뿐 아니라 자기 남편의 간통 행위에 대해 책임이 있으며 남편보다 셈 바칠 것이 더 많을 것입니다. 왜 그렇습니까? 남편에게서 합법적인 결합을 빼앗음으로써 방종의 구렁텅이로 몰아넣은 것이 그녀이기 때문입니다. 만일 이런 행위가 남편의 동의 없이는 비록 짧은 순간이라도 허락되지 않는다면, 자기 배우자에게서 그런 위로를 계속해서 빼앗는 여자가 어떻게 용서받을 생각을 하겠습니까? "아! 이런 구속, 이런 유감스러운 일보다 더 힘든 것이 어디 있습니까!'라고 여러분은 말할 것입니다.' 제 의견도 같습니다. 이런 조건을 감수해야 하는데 왜 그 같은 구속을 받습니까? 이런 추론은 혼인 후가 아니라 혼인 전에 해야 합니다.

2. 그런 이유로, 바오로는 부부의 관계로 말미암은 두 번째 구속을 상기시킨 다음[65] 이제 그런 관계가 없는 상태를 다룹니다. "그대는 아내에게 매여 있습니까? 갈라서려고 하지 마십시오"라고 말한 다음 그는 "그대는 아내와 갈라졌습니까? 아내를 얻으려고 하지 마십시오"라고 합니다. 이처럼 그는 청중이 부부 인연의 질긴 힘에 대해 세심하게 주

---

65 이것은 경고다. 곧, 금욕생활에 머물고자 하는 여자는 혼인 후에는 남편의 동의를, 그것도 얻을 수 있을지 불확실한 동의를 얻지 못할 경우엔 금욕할 수 없음을 생각해야 한다는 것이다. 참조: 요한 크리소스토무스 『동정』 47,3의, 혼인에 대한 성찰과 동정에 대한 성찰을 뒤얽는 방식의 바오로의 전개 구도에 대한 고찰. 바오로는 우선 동정에 대해 이야기하고(1코린 7,25-26) 나서, 혼인의 관계를 이야기하며(1코린 7,27), 마침내 동정으로 돌아온다(1코린 7,28).

의를 기울이고 성찰하도록 하여 그들이 독신에 대한 자신의 말을 좀 더 호의적으로 받아들이게 만듭니다. "그러나 그대가 혼인하더라도 죄를 짓는 것은 아닙니다. 또 처녀가 혼인하더라도 죄를 짓는 것은 아닙니다." 혼인이라는 이 미덕이 기껏 이룩할 수 있는 것이 무언지 보십시오! 혼인은 혼인한 사람이 칭송을 받게 하는 것이 아니라, 비난을 면케 해 줄 뿐입니다! 칭송은 동정에만 해당하고, 혼인한 남자는 혼인이 죄가 아님을 아는 것으로 만족해야 합니다.[66] "'혼인하더라도 죄를 짓는 것이 아니라면 왜 아내를 얻으려 하지 말라고 권고하는 겁니까'라고 여러분은 반문할 것입니다.' 한번 사슬에 묶이면 헤어날 수 없기 때문이고, 혼인은 수많은 고난을 가져오기 때문입니다. '그렇다면 동정이 우리에게 얻어 주는 혜택은 이 세상 고난을 피하게 해 준다는 것뿐입니까? 그처럼 빈약한 보상을 위해 동정을 실천하려는 사람이 누가 있겠습니까? 그런 보상을 받기 위해 엄청난 땀을 흘려야 하는 투쟁에 뛰어들고자 하는 사람이 어디 있겠습니까?'

제49장 바오로는 우리를 동정으로 이끌기 위해 왜 세속 즐거움에서 돌아서도록 하는가

  1. [바오로] 당신은 내가 악마들에 대항하여 싸우도록 초대하고 ─ "우리의 전투 상대는 인간이 아닙니다"(에페 6,12) ─ 본성의 격렬한 열기 앞에서 꿋꿋이 버티도록 부추기며, 살과 피로 된 나에게 영적인 존재들의 덕을 실천하도록 권하면서도 오직 지상적인 선익들에 대해서만 이야기하고, 우리가 혼인이 주는 곤란들을 면하리라고만 약속하는

---

66   요한 크리소스토무스 『동정』 30,2에도 같은 견해가 나온다.

데 어째서 그렇습니까! 사도는 왜 '만일 처녀가 혼인하더라도 죄를 짓는 것은 아니지만 동정에 약속된, 말로 다 할 수 없는 눈부신 화관을 빼앗기리라'고 말하지 않을까요? 영원한 세상에서 그들을 기다리는 온갖 선익을 왜 알려 주지 않을까요? 신랑을 맞으러 가는 처녀들이 임금과 함께 신방에 들어가기 위해 어떻게 영광과 확신에 차서 등불을 드는지, 그들이 임금의 어좌와 궁궐 가장 가까이에서 어떻게 빛나는지 등에 대해 바오로는 아무 암시도 하지 않고, 처음부터 끝까지 인간적 비참을 벗어날 수 있다는 점에 대해서만 말합니다. 그는 "지금 그대로 있는 것이 사람에게 좋다고 나는 생각합니다"라면서 '다가올 선익 때문에'라고 덧붙이지 않고 오히려 "현재의 재난 때문에"(1코린 7,26)라고 합니다. 더 나아가, "처녀가 혼인하더라도 죄를 짓는 것은 아닙니다"라고 말하고 나서 그녀가 빼앗긴 천상 선물에 대해서는 말하지 않고 "그러나 그렇게 혼인하는 이들은 현세의 고통을 겪을 것입니다"(1코린 7,28)라고 합니다.

2. 그는 거기서 그치지 않고 끝까지 그런 방식으로 이야기합니다. 예를 들어 동정을 권고하면서도 미래의 보상을 고려하는 것이 아니라, 다시 한 번 이제까지와 같은 동기를 이야기합니다. "때가 얼마 남지 않았습니다"(1코린 7,29). 그는 '여러분이 하늘의 별처럼 빛나고, 혼인한 이들보다 더 찬란한 모습으로 나타나길 바랍니다'라고 하는 대신 다시 한 번 지상의 것들을 떠올리며 이렇게 말합니다. "나는 여러분이 걱정 없이 살기를 바랍니다"(1코린 7,32). 시련 중의 인내에 대해 말하는 또 다른 한 대목에서도 그는 비슷한 방식으로 권고합니다. "그대의 원수가 주리거든 먹을 것을 주고, 목말라하거든 마실 것을 주십시오"(로마 12,20)라고 말하면서 본성의 요구를 억누르고 그같이 참기 힘든 불을 끄기 위

해 싸우라고 명한 뒤에 그는 보상 문제에 가서는 천국이나 천상적 선익에 대해서는 한마디도 없고, 원수가 당하는 피해만을 이야기합니다. "그렇게 하는 것은 그대가 숯불을 그의 머리에 놓는 셈입니다"(로마 12,20).

3. 왜 이런 식의 격려만 하는 것일까요? 이것은 그의 오류도 아니고, 그가 청중의 호감을 얻고 설득하는 방법을 몰라서도 아닙니다. 그것은 바로 그가 어느 누구보다도 설득 능력이 있기 때문입니다. 그 증거는 바로 그의 말입니다. 어째서 그렇다는 말입니까? 그는 코린토 신자들에게 말하고 있었습니다. 우리는 우선 그가 동정에 대해 한 말에 대해 살펴보겠습니다. 코린토 신자들과 함께 있을 때에 그는 그들이 십자가에 못 박힌 예수 그리스도 외에는 아무것도 알지 않는 것이 좋다고 생각했습니다(1코린 2,2 참조). 그는 영적인 사람들에게 말하듯 코린토 신자들에게 말할 수 없었고, 그들은 육적인 사람들이기에 아직도 젖을 먹어야 했습니다. 바오로는 이렇게 꾸짖습니다. "나는 여러분에게 젖만 먹였을 뿐 단단한 음식은 먹이지 않았습니다. 여러분이 그것을 받아들일 수 없었기 때문입니다. 사실은 지금도 받아들이지 못합니다. 여러분은 아직도 육적인 사람이고 인간의 방식대로 살아가는 사람입니다"(1코린 3,2-3 참조). **4.** 이러한 이유로 바오로는 코린토 신자들을 혼인에서 돌아서게 하고 동정으로 이끌기 위해 볼 수 있고 만질 수 있는 지상 사물들을 내세웁니다. 그는 사실 땅바닥을 기고 지상 것에 아직도 기울어져 있는 가련한 사람들에게 충격을 주고 이끌기 위해서는 그들에게 지상 사물들에 대해 이야기하는 편이 더 효과적임을 잘 알았습니다. 사실 여전히 투박하고 거친 많은 이가 큰 일이건 작은 일이건 간에 곧잘 하느님의 이름으로 맹세하고 심지어 거짓 맹세를 하면서도, 자기 자식들

의 머리를 걸고서는 결코 맹세하지 않는 것은 왜 그렇습니까? 하느님을 두고 하는 거짓 맹세와 징벌이 훨씬 더 위중한데 말입니다. 그런데도 그들은 자식을 두고 하는 맹세를 더욱 망설입니다.

5. 더 나아가 가난한 이들을 구제하는 문제에서도 청중은 아무리 자주 되풀이해서 하늘 나라에 대해 말해 주어도 이 세상에서의 그들과 그들 자식들의 이익에 대한 희망에서만큼 큰 자극을 받지는 못합니다. 아무튼 사람들이 이런 종류의 구제에 가장 큰 열성을 보이는 순간은 긴 병에서 회복했거나, 어떤 위험을 막 벗어났거나, 높은 지위나 사법관직에 올랐을 때입니다. 한마디로 대부분의 사람은 자신들이 소유한 것들에 의해 영향을 받음을 확인할 수 있습니다. 순탄할 때 그들은 자신의 소유들로 더욱 자극받고, 시련의 때에는 그것들을 잃을까 봐 더욱 두려움을 느낍니다. 그것들에 대해 훨씬 직접적으로 민감하기 때문입니다. 그런 까닭에 사도는 코린토 신자들에게는 그런 것들을 소재로 이야기했고, 로마 신자들에게는 현세 사물들을 고려하게 함으로써 그들을 시련 중의 인내로 이끌었습니다.

6. 사실 나약한 영혼은 적수의 공격을 받을 때, 하늘 나라나 장기적인 희망에 대한 이야기보다 적수에 대한 복수의 이야기를 들을 때 분노라는 독을 좀 더 쉽게 버립니다. 그래서 모욕에 대한 기억을 뿌리째 뽑기 위해, 원망을 완전히 없애기 위해 바오로는 희생자를 위로하기에 가장 적합한 것을 제안합니다. 저세상에서 그 희생자를 기다리고 있는 영예를 그에게서 빼앗으려는 것이 아니라 어떤 수단으로든지 희생자를 서둘러 지혜의 길로 데려가고 어서 그의 앞에 화해의 문을 열려는 것입니다. 왜냐하면 덕의 행위에서 가장 힘든 것이 첫걸음이기 때문입니다. 일단 그 길에 들어서서 걷기 시작하면 어려움은 그다지 크지 않습니다.

7. 그런데도 우리 주 예수 그리스도께서는 동정을 다루실 때나 시련 중의 인내를 다루실 때 이런 식으로 하시지 않습니다. 동정을 다루실 때에 그분은 하늘 나라를 제안하십니다. "하늘 나라 때문에 스스로 고자가 된 이들도 있다"(마태 19,12). 그리고 원수를 위해 기도하라고 초대하실 때 그분은 원수가 입을 손해 같은 것은 전혀 이야기하지 않고 "불타는 숯불"도 언급하지 않으십니다. 그분은 심약한 못난 이들에게 하는 이 모든 말은 제쳐 둡니다. 그리고 당신 제자들을 훈련하기 위해 가장 고귀한 동기들에 호소합니다. 어떤 동기입니까? "너희가 하늘에 계신 너희의 아버지를 닮으려면"(마태 5,45 참조). 보상의 크기를 헤아려 보십시오! 그분의 청중은 사실 베드로와 야고보, 요한, 사도들 무리였습니다! 바로 그 때문에 그분은 영적 보상의 매력을 통해 그들을 자극하신 것입니다. 바오로 역시 그와 같은 청중을 상대로 했다면 똑같이 행동했을 것입니다. 그러나 그의 청중은 완덕에서 훨씬 멀리 있는 코린토 신자들이었기에 그는 그들 수고의 열매를 곧바로 제시함으로써 그들이 덕의 실천에 더욱 마음을 기울이게 했습니다.

8. 하느님께서 유대인들에게 하늘 나라를 약속하시기보다는 지상적 재물의 은총을 약속하신 것도 이런 까닭입니다. 그리고 그들의 악한 행동에 대해서도 지옥이 아니라 현세의 재앙, 흑사병, 기아, 질병, 전쟁, 포로가 됨 같은 그런 종류의 온갖 불행으로 위협하십니다. 육적인 인간에게는 그것이 더 나은 억제책이고 더욱 효과적인 두려움이기 때문입니다. 그들은 눈에 보이지 않는 것이나 손이 닿지 않는 것들에 대해서는 관심을 덜 갖기 때문입니다. 그래서 바오로도 그들의 우둔함을 깨뜨리기에 가장 적합한 설득 수단을 강조하는 것입니다. 게다가 그는 모든 덕 중에서 어떤 것들은 이 세상에서부터 셀 수 없이 많은 수고를 요

구하면서도 그 열매는 미래의 삶에서만 거둘 수 있는 반면, 동정은 그것을 실천하는 동안 벌써 눈에 보이는 보상이 있다는 것을 보여 주고자 했습니다. 왜냐하면 동정은 무수한 수고와 걱정에서 우리를 구해 주니까 말입니다. 나아가 바오로는 우리에게 [동정에 대한] 세 번째 가르침을 줍니다. 어떤 가르침입니까? 이 덕이 다가가기 어렵다고 믿어선 안 되며 오히려 모든 덕들 가운데 쉽다는 것을 믿어야 한다는 것입니다. 이를 위해 그는 혼인이 비교할 수 없을 만큼 더 많은 불쾌함을 담고 있다는 것을 보여 줍니다. 그것은 마치 그가 대화 상대방에게 '그 상태가 당신에게 유감스럽고 고통스러운 것 같습니까? 사실 그런 상태를 기꺼이 받아들여야 한다고 내가 주장하는 이유는 이러합니다. 동정은 너무도 쉽고 우리에게 혼인보다 훨씬 덜한 곤란을 준다는 것입니다'라고 말하는 것과 같습니다. 그는 실제로, '내가 여러분이 혼인을 포기하는 것을 보고자 하는 것은 이런 현세의 고통을 면하게 해 주고 싶기 때문입니다'(1코린 7,28 참조)라고 말합니다.

9. "하지만 어떤 고통입니까'라고 어쩌면 여러분은 물을지 모릅니다.' 우리는 오히려 혼인 안에서 수많은 감미로움과 안락함을 얻을 것입니다. 우선 본성의 맹렬한 공격에 저항할 필요 없이 자기 욕망을 온전히 자유롭게 만족시킬 수 있는 것은 삶을 상당히 쉽게 해 줍니다! 그리고 삶은 슬픔과 메마르게 하는 고통을 피하여 좋은 기분과 웃음과 넘쳐 나는 기쁨 속에 흘러가게 됩니다! 호화로운 식탁과 부드러운 옷, 한층 더 부드러운 잠자리, 끝나지 않는 목욕, 향수, 향 좋은 포도주, 무수히 다양한 형태의 지출. 이런 것들이 혼인한 이들이 수많은 즐거움을 몸에 제공하기 위해 하는 것들이지요!

제50장 옛 율법도 새 율법과 마찬가지로 쾌락의 삶을 금지한다

1. 그러나 혼인에 그런 행복들은 따라오지 않습니다. 일반적으로 혼인은 오직 육적 결합의 자유만을 가져다줄 뿐 쾌락의 삶을 살 자유를 갖다주지는 않습니다. "자기 욕심대로 사는 과부는 살아 있어도 죽은 몸입니다"(1티모 5,6)라고 말하는 복된 바오로가 이 점을 증언합니다. 과부들에게 하는 이 말 외에 혼인한 사람들에 대한 그의 말도 들어 보십시오. "여자들도 마찬가지로, 얌전하고 정숙하게 단정한 옷차림으로 단장하기를 바랍니다. 높이 땋은 머리와 금이나 진주나 값비싼 옷이 아니라, 하느님을 공경한다고 고백하는 여자답게 선행으로 치장하십시오"(1티모 2,9-10). 이 대목에서만이 아니라 다른 곳에서도 바오로는 우리가 이런 것들에 대한 관심을 완전히 버려야 할 필요성에 대하여 길게 논합니다.

2. 그는 "먹을 것과 입을 것이 있으면, 우리는 그것으로 만족합시다. 부자가 되기를 바라는 자들은 사람들을 파멸과 멸망에 빠뜨리는 유혹과 올가미와 어리석고 해로운 갖가지 욕망에 떨어집니다"(1티모 6,8-9)라고 말합니다. 성령의 은총이 풍부하던 위대한 철학[67]의 시대에 살던 바오로이니만큼 구태여 그의 이 같은 말을 인용할 필요가 어디 있겠습니까? 아모스 예언자가 쾌락의 삶과 사치, 정확하게 말해 삶의 모든 사치가 허락되던 시절 아직 유아기에 있던 유대인들에게 말할 때 쾌락의 삶에 집착하는 사람들을 얼마나 엄하게 꾸짖는지 들어 보십시오. "불행하여라, 불행의 날을 향하여 걷는 자들, 거짓 안식일을 자주 찾아 기념하며, 상아 침대 위에 눕고 안락의자 위에서 뒹구는 자들, 양 떼에서 고

---

[67] 유대인들이 아직 '어린아이'들이던 때와 대조적인, 더 상위 규범들을 가르치는 그리스도교 시대를 가리킨다.

른 어린 양을 잡아먹고 우리에서 젖을 먹인 송아지를 잡아먹는 자들, 수금 소리에 박수갈채를 보내는 자들, 곱게 거른 포도주를 마시고 최고급 향유를 몸에 바르는 자들. 그들은 이런 것들이 영원하리라고, 덧없는 것이 아니라고 생각한다!"(아모 6,4-6 참조).

제51장 설령 쾌락의 삶을 살 수 있다 해도 혼인에 따른 근심들은 거기서 얻는 쾌락을 사라지게 하기에 충분하다

그러므로 내가 말했듯이, 우선 쾌락의 삶을 사는 것이 허락되지 않았습니다. 다른 한편 앞에 말한 것들 중 어떤 것도 금지되지 않고 모든 것이 허락되었다 해도 혼인은 그 대신 그만큼의 슬픔과 아픔의 원인들을 안고 있습니다. 아니, 더 정확히 말하면 그런 원인들이 너무나 많고 위중하여 우리는 앞에서 말한 행복들에서 가장 작은 감동도 끌어내지 못할 것이고, 그것들이 약속하던 쾌락은 그만큼 더 큰 결핍만 느끼게 할 것입니다.

제52장 질투라는 커다란 악

1. 실제로 천성적으로 질투가 심하거나 근거 없는 이유로 질투라는 악에 빠진 어떤 남편을 상상해 봅시다. 그런 영혼보다 더 가련한 것을 상상할 수 있겠습니까? 그런 집을 정확히 묘사하기 위해 어떤 전쟁, 어떤 폭풍의 이미지를 가져와야 하겠습니까? 곳곳에 고통이요, 곳곳에 의심과 불화와 무질서입니다. 이런 어리석음에 사로잡힌 남자는 마귀 들린 자나 정신 질환자보다 나을 것이 조금도 없습니다. 그 정도로 그는 끊임없이 나부대고 덤벼들며, 모든 사람에게 공격적 태도를 쏟아 내고, 종, 아들 또는 그 누구가 되었든 자기 아랫사람들에게 그들이 아무

런 잘못이 없을 때도 언제나 화를 냅니다. 쾌락은 온데간데없이 사라져 버렸고 슬픔과 비탄, 침울한 기분뿐입니다. 그가 집에 있건 광장에 나가건 여행을 하건 간에 그는 어디에나 이 악을 끌고 다닙니다. 그 악은 죽음보다 위험하고 그의 영혼을 잠시도 가만두지 않고 찌르고 자극합니다. 왜냐하면 이 병은 단지 슬픔만 낳는 것이 아니라 보통 참을 수 없는 원한을 낳기 때문입니다. 이 각각의 악들 중 하나만으로도 그 희생자를 파멸시키기에 충분할 것입니다. 그러니 이들 모두가 뭉쳐서 희생자를 포위하고 그에게 숨 돌릴 틈도 주지 않고 쉴 새 없이 그를 공격한다면, 엄청나게 많은 죽음인들 그보다 끔찍하겠습니까? 가장 심한 가난이나 불치병, 화재, 전쟁에 대해 말한다 해도 이 질병과 같은 것을 표현할 말은 없을 것입니다. 이것을 경험한 사람들만이 이해할 것입니다. 그 어떤 말로도 이 재앙의 말할 수 없는 심각성을 제대로 표현할 수 없을 것입니다. 그 무엇보다도 더 사랑하는 한 여인, 그를 위해 기꺼이 목숨까지 바칠 그 여인을 끊임없이 의심할 수밖에 없다면 이 세상에 이런 병을 위로할 수 있는 것이 과연 있겠습니까?

2. 잠을 자야 할 때건 먹고 마셔야 할 때건 간에 질투하는 남편은 식탁 위에 가득한 것이 음식이 아니라 독약이라고 상상할 것입니다. 잠자리에서는 끊임없이 떨고, 마치 불붙은 석탄을 깐 침대 위에 누운 듯 펄떡이고 뒤척입니다. 친구들이나, 자기 일에 대한 염려, 위험에 대한 두려움, 쾌락의 극치 등 그 어떤 것도 그가 이 같은 소란을 피하게 할 수 없을 것입니다. 이 질투라는 광증은 그 어떤 기쁨이나 고통보다 더 맹렬하게 그의 영혼을 사로잡습니다. 이를 깊이 관찰한 솔로몬은 "정열은 저승처럼 억세다"(아가 8,6)고 했는가 하면, "그 남편은 질투로 격분하여 복수하는 날에 조금도 사정을 보지 않는다. 그는 어떠한 보상도 거

들떠보지 않고 아무리 많은 선물을 준다 해도 받으려 하지 않는다"(잠언 6,34-35)고도 했습니다.

3. 이 병이 일으키는 격분은 너무 심해서 질투의 원인이 된 사람을 처벌해도 그 고통을 사라지게 하지 못할 정도입니다. 종종 많은 남편들이 (아내와) 간통한 남자를 죽이고 나서도 원한과 슬픔을 삭이지 못합니다. 자기 아내를 죽인 다음에도 그 자신을 초췌하게 하는 화를 그대로 간직하거나 더욱 타오르게 하는 남편들도 있습니다. 그리고 남편은 모든 것이 사실무근일 때조차 이 모든 악을 달고 삽니다. 이 불행한 여인, 이 불운한 여인인 그의 아내는 자기 남편보다 훨씬 더 큰 괴로움을 겪습니다. 그녀가 고통 중에 있을 때 힘이 되어 주어야 하고 도움을 주어야 할 사람이 야수로 변하고 자신의 가장 큰 원수가 되는 것을 볼 때 그녀는 어디로 눈을 돌릴 수 있겠습니까? 그 누구에게서 안식처를 찾겠습니까? 눈앞에서 항구가 닫히고 무수한 암초가 깔리는데 어디서 자기 고통을 낫게 할 약을 구하겠습니까?

4. 이런 상황에서 하인과 하녀들은 그녀의 남편보다 더 모욕적인 태도로 그녀를 대합니다. 언제나 의심 많고 배은망덕한 이 사람들은 제멋대로 행동하는 것이 허용되고 자기들 주인 사이의 불화를 보면 그 갈등을 틈타 자기들의 본성적인 야비함을 마음대로 드러낼 더없는 구실을 찾아냅니다. 그런 때에 그들은 자기들이 원하는 대로 무엇이든 마음대로 지어내고 상상할 수 있고, 지어낸 험담으로 자기들의 의심에 신빙성을 더할 수 있습니다. 왜냐하면 일단 이 해로운 병에 걸린 영혼(남편)은 무엇이든 즉시 받아들이고, 첩자와 그렇지 않은 자를 구분하길 거부하면서 누구의 말에나 다 귀 기울이며, 심지어 그의 눈에는 자기의 의심을 북돋는 이들이 그것을 사라지게 하려 애쓰는 이들보다 더 믿음직스

럽게 보입니다.

5. 그래서 그 아내는 자기 집안 사람들, 곧 그 악한 노예들과 그들의 아내들 앞에서 두려워하고 떨 수밖에 없습니다. 그녀는 자기의 자리를 그들에게 넘겨주고 그들의 자리를 자신의 것으로 할 수밖에 없습니다! 그녀는 언제가 되어야 눈물 없이 살 수 있겠습니까? 어느 밤에? 어느 날에? 어떤 축제일에? 언제 한숨과 탄식과 흐느낌이 멎겠습니까? 협박, 무례함, 끊임없는 모욕 ─ 더러는 상처 입었다고 상상하는 남편에게서, 더러는 뻔뻔한 하인들에게서 ─, 감시, 염탐 등 도처에 두려움과 공포뿐입니다. 왜냐하면 집 안팎 출입뿐 아니라 말과 시선, 한숨까지 낱낱이 감시를 받기 때문입니다. 아내는 돌처럼 꼼짝 안 하든가, 모든 것을 말없이 견디고 죄수보다 더 비참하게 자기 방에 언제나 갇혀 있어야 합니다. 만일 그녀가 입을 열어 말을 하고 집 밖으로 외출하길 원한다면 이 매수된 심판관, 다시 말해 하인과 종들 무리 앞에서 그 모든 것을 보고하고 자신의 정당함을 증명해야 합니다. **6.** 그대가 원한다면 이 비참의 한가운데에 엄청난 재산, 사치스러운 식사, 많은 수의 종, 가문의 영광, 큰 권력, 엄청난 명성, 조상들의 영예를 놓아 보십시오. 부러운 삶을 만드는 것은 하나도 빠뜨리지 말고 그 모든 특권들을 죄다 모은 뒤 그것들을 이 고통과 비교해 보십시오. 그대는 그것들이 약속하는 쾌락의 그림자조차 보지 못할 것입니다. 그 쾌락은 대양에 떨어진 작은 불꽃처럼 흔적도 없이 사라져 버릴 것입니다. 이상과 같은 것이 남편이 질투할 때 일어나는 일입니다. 그러나 이 질병이 만에 하나 아내에게 전염되더라도 ─ 드물지 않게 일어나는 사건이지요 ─ 남성은 그런 상황을 여성보다 좀 더 쉽게 살아 내며, 대부분 고통을 당하는 것은 이 불행한 여자입니다. 왜냐하면 그녀는 자기 의심의 대상에 대하여 남

동정

성과 같은 무기를 쓸 수 있는 처지가 못 되기 때문입니다. 대체 어떤 남성이 자기 아내의 명령에 따라 집에서 꼼짝하지 않는 것을 받아들이겠습니까? 7. 대체 어떤 하인이 당장 감옥에 던져질 각오 없이 주인을 염탐할 엄두를 내겠습니까? 그러므로 아내는 안심하기 위해 이런 방법을 쓸 수도, 말로 분노를 쏟아 낼 수도 없을 것입니다. 남편이 한두 번은 그녀의 나쁜 기분을 참아 줄지 모릅니다. 그러나 그녀가 불평을 그치지 않는다면 남편은 그녀가 상황을 견디고 아픔을 침묵으로 삼키는 편이 더 낫다는 것을 곧 깨닫게 해 줄 것입니다. 이것은 단순한 의심의 경우입니다. 그러나 만일 그런 악이 실제로 일어났다면 어느 누구도 그녀를 모욕당한 남편의 손에서 빼내지 못할 것입니다. 남편은 법의 도움을 받아, 자기가 세상 그 무엇보다 아끼던 아내를 재판정에 끌고 나와 처벌받게 할 것입니다. 남자는 법의 징벌을 피하는데,[68] 그에게 예정된 징벌은 저 위의 심판, 하느님의 심판 때에 받게 될 것입니다. 그러나 이런 사실은 이 불행한 여자의 힘을 북돋기엔 모자랍니다. 그녀는 간통한 여자들이 지어낼 줄 아는 독毒과 같은, 남자를 호리는 매력에 의해 비참하게 서서히 죽어 가는 것을 견뎌야 할 테니까요. 간통한 여자들은 심지어 그들의 희생자들에 대해 음모를 꾸미지 않아도 됩니다. 희생자들 스스로 심한 절망에 사로잡혀 이미 그 여자들이 바라는 것보다 더 빨리

---

[68] 그리스도 앞에서는 모든 사람이 성별과 무관하게 동등한 권리를 지니지만 법 앞에서는 그렇지 않다. 히에로니무스 『편지』 77,3(오케아누스에게): "카이사르의 법과 그리스도의 법은 다르다. 파피니아누스가 명한 것과 우리의 바오로 사도가 명한 것은 다르다. 이교인들에게서 부끄러움이라는 고삐는 남자들에게 유리하도록 매우 느슨하다. 파렴치한 행위와 간통만 단죄될 뿐 그들이 사창가에서나 또는 자기 노예들에게서 제멋대로 정욕을 만족시키는 것은 허락된다. 마치 관능이 아니라 사회 계층이 죄의 원인이라는 듯이! 우리 그리스도교에서는 여성에게 허용되지 않은 것은 남성에게도 허용되지 않는다. 의무가 같으면 신분도 같다."

죽음에 다가가니까요. 그러니 비록 모든 남자가 서둘러 혼인한다 해도 여자들은 그래서는 안 될 것입니다. 여자들은 자기들 안에 있는 욕망의 횡포가 그만큼 크다고 주장할 수 없기 때문이고, 다른 한편 그녀들은, 우리가 앞에서 보았듯이, 부부 생활의 대부분의 비참을 떠안기 때문입니다.

8. '뭐라고요? 이런 곤란들이 모든 혼인의 운명이라고요?'라고 사람들은 말할 것입니다.' 그들이 여전히 동정에서 멀리 있는 한, 어쨌든 모든 이가 거기에서 면제되진 않습니다. 혼인한 여자는 비록 불행에 떨어지지 않는다 해도 불행에 대한 두려움을 느낄 것입니다. 한 남자와 삶을 함께하기로 한 여자가 공동생활에 내재한 모든 악을 예측하고 두려워하지 않기는 불가능하기 때문입니다. 동정녀는 혼인의 비참에서뿐 아니라 두려움에서도 해방됩니다. '그러나 모든 혼인이 다 그런 것은 아닙니다.' 나도 그렇다고 주장하지 않습니다. 하지만 그런 악이 아니더라도 수많은 다른 악들이 혼인에 있고, 그런 악들을 피하는 데 성공한다 해도 그것들 모두를 피하기는 절대 불가능할 것입니다. 그것은 마치 우리가 울타리를 넘어갈 때 옷에 달라붙는 가시덤불 같습니다. 그것들 중 하나를 떼려고 해 보십시오. 그러면 더 많은 다른 덤불이 당신에게 달라붙습니다. 혼인의 어려움도 이와 같습니다. 이것을 벗어나면 저것이 당신을 찌르고, 이것을 피하면 당신은 또 다른 것에 부딪힙니다. 요컨대 모든 불쾌함에서 해방된 혼인을 찾기란 불가능합니다.

제53장 부유한 혼인은 부러운 것이긴커녕 가난한 혼인보다 더 고통스럽다

하지만 여러분이 원한다면 이제 혼인의 비참은 내버려 두고, 혼인에서 복됨의 극치로 통하는 것, 너무도 많은 사람이 ― 차라리 모든 사람이라고 말합시다 ― 너무나 자주 얻고자 하는 것들에 대해 생각해 봅시다. 무슨 얘기냐고요? 들어 보십시오. 어떤 가난하고 단순하며 소박한 남자가 권력 있고 매우 부유한 명문가 출신 여성과 혼인합니다. 그것 참! 너무나 부러운 이런 상황이 앞에서 이야기한 몹시도 혐오스러운 상황에 비해 시련들이 덜하지 않다는 걸 우리는 볼 것입니다. 사실 여성들은 대체로 교만하고 남자들보다 약합니다. '그래서 여자들은 이 결점에 더 쉽게 빠집니다.' 그러나 그녀들이 이 교만을 키울 요소들을 적잖이 갖고 있다면 그 무엇으로도 그녀들을 막을 수 없습니다! 연료를 집어삼키는 불꽃처럼 그녀들은 자신을 엄청나게 과대평가하며, 일들의 순서를 뒤엎고 모든 것을 뒤죽박죽으로 만듭니다. 왜냐하면 여자가 남자를 가장家長의 자리에 두는 것이 아니라 터무니없는 오만에 사로잡혀 남자를 가장의 자리에서 내몰아 종속되는 자의 자리로 쫓아 보내고, 여자 자신이 가장이요 우두머리가 되기 때문입니다. 이런 무질서보다 더 나쁜 것이 어디 있겠습니까? 비난과 불명예, 모욕은 말할 것도 없습니다. ― 이것은 그 무엇보다 더더욱 참을 수 없는 것입니다!

제54장 만일 어떤 남자가 부유한 여자를 자기 명령에 복속시킬 수 있다면 더욱 불쾌한 상황에 맞닥뜨린다

나는 사람들이 이 주제에 대해 얘기할 때 흔히 그렇게 말하는 것을 들었습니다. 만일 누군가 나에게 '그 여자가 부유하고 재산이 있기만 하다면야! 그녀의 오만을 낮추고 꺾는 것쯤이야 문제도 아니다!'라고 말한다면, 이렇게 말하는 것은 우선 그 일이 가장 힘든 일 중 하나임을 모르기 때문이고, 설령 그 일이 가능하다 치더라도 중대한 피해를 가져온다는 것을 모르는 까닭이라고 말하겠습니다. 만일 여자가 폭력 앞에 겁에 질려 강제로 남편의 명령에 복종한다면 그녀가 남편에 대해 완전한 권위를 행사하는 경우보다 상황은 훨씬 더 고통스럽고 불쾌할 것입니다. 왜 그렇겠습니까? 그와 같은 폭력은 모든 애정과 쾌락을 쫓아 버리기 때문입니다. 그런데 더 이상 애정도 사랑의 갈망도 없고 그 대신 공포와 강제만 있다면 그런 혼인이 무슨 가치가 있겠습니까?

제55장 여자가 자기보다 부유한 남자와 혼인하는 것은 견딜 수 없는 악이다

이상과 같은 것이 여자가 재력가일 때 일어나는 일입니다. 그러나 뜻밖에 남편은 부자인데 여자가 무일푼이면 그 여자는 아내에서 여종으로, 자유로운 여인에서 노예로 전락합니다. 그녀는 자기의 역할에 걸맞은 안전을 잃어버리고, 그녀의 운명은 사람들이 사고파는 노예의 운명보다 나을 것이 없습니다. 남편이 난봉과 폭음을 일삼고 그들의 침대에 무수한 정부들을 끌어들이길 원하더라도 모든 것을 미소로 참아 낼 수밖에 없거나 그렇지 않으면 집을 떠날 수밖에 없습니다. 그런데 끔찍한 일은 그것으로 끝이 아닙니다. 그런 남편과 함께하는 한 그녀는 하인과 종들에게 자유롭게 명령을 내릴 수 없고, 마치 자기에게 속하지 않는 것을 이용하는 불청객처럼 살며, 그의 남편은 배우자라기보다 주인이어서 그녀는 온갖 일을 도맡아 하고 모든 것을 견딜 수밖에 없습니다. 이번엔 어떤 남자가 평등한 조건의 여자와 혼인하길 원한다고 가정해 보십시오. 여기서도 평등함은 순종의 규범에 의해 위태롭게 됩니다. 균등한 재산 조건 덕분에 여자가 자기 남편과 동등한 지위에 있을 수 있다 해도 그렇습니다. 우리를 에워싸는 이 모든 어려움 한가운데서 우리

동정

는 무엇을 결심해야 하겠습니까? 이런 악들을 벗어난 몇 안 되는 혼인들의 경우를 들어 나에게 반대하지 마십시오. 어떤 사항을 정의할 때는 예외에 의해서가 아니라 그 사항의 일반적 결과에 의해서 해야 하기 때문입니다.

제56장 혼인한 여자는 슬퍼할 이유들이 무수히 많다

1. 동정에서는 사실 위와 같은 곤란들을 만나는 것이 거의 불가능하지만 혼인에서는 그런 곤란들을 만나지 않기가 어렵습니다. 그런데 행복한 것으로 간주되는 결합들 안에서 그토록 많은 불쾌함과 불행이 생긴다면, 말할 수 없이 비참해 보이는 혼인에 대해서는 말해 무엇 하겠습니까? 사실 여성은 단 한 번 죽는 존재임에도 하나 이상의 죽음을 겪으며, 그에겐 영혼이 하나뿐인데도 하나 이상의 영혼의 안위를 염려하며 돌보아야 합니다. 그녀는 남편과 아이들, 아이들의 가정, 손주들 때문에 전전긍긍합니다. 뿌리인 그녀가 자식을 많이 낳을수록 걱정은 그만큼 더 쌓여 갑니다. 자식들 중 하나에게 불행이나 재산 손실, 질병, 가슴 아픈 사고가 일어나면 그녀는 불행의 희생자 못지않게 비탄에 잠기고 한탄할 수밖에 없습니다. 만일 자식들이 모두 그녀보다 먼저 세상을 떠난다면 그녀에겐 견딜 수 없는 고통일 겁니다. 만일 자식들 중 몇몇이 때 이른 죽음을 맞으면 몇몇은 살아 있다고 해도 그녀에게 완전한 위로는 불가능할 것입니다. 2. 살아 있는 자식들 때문에 그녀의 영혼에 닥치는 끊임없는 두려움은 죽은 자식들 때문에 느끼는 고통에 못지않을 것이기 때문입니다. 아니, 차라리 그녀의 두려움은 더욱 고통스럽다고 말해야 할 겁니다. 시간이 가면 죽은 자식들로 말미암은 슬픔은 무뎌지지만 살아 있는 자식들에 대한 걱정은 그치지 않고 죽음만이 여기

에 마침표를 찍을 수 있기 때문입니다. 만일 우리의 시련이 우리 하나만으로 충분치 않고 다른 이의 불행까지도 슬퍼해야 하는 것이라면 대체 우리의 삶은 어떤 삶이 될까요? 저명한 부모에게서 태어나 호화롭게 성장한 많은 여성들이 세상의 권세가와 혼인하였는데 그들이 이 행복을 맛보기도 전에 갑자기 어떤 위험이 마치 폭풍우나 돌풍처럼 그녀들에게 덮치면 그들도 조난의 공포에 삼켜지고 내맡겨집니다. 혼인 이전에 헤아릴 수 없는 특권들을 누리던 그들인데 혼인은 그들을 극단적 불운에 빠뜨렸습니다. '여기서도 어떤 이는 반박하겠지요. 이런 불행이 모든 혼인에 일어나는 것도, 언제나 일어나는 것도 아니라고요.' 어쨌든 그들 모두가 그런 불행을 면하는 것은 아닙니다. 그렇습니다, 나도 되풀이해서 말하겠습니다. 몇몇은 직접 그런 경험을 하고, 그런 불행을 면한 이들은 그 불행들이 닥치지 않을까 하는 두려움으로 괴로움을 당합니다. 동정녀는 언제나 이런 경험과 두려움이 닿을 수 없는 곳에 머뭅니다.

제57장 모든 혼인에 따르는 곤란들

1. 그러나 이 얘기는 놔두고, 좋건 싫건 아무도 피할 수 없는 곤란들, 혼인에 고유한 곤란들을 살펴봅시다. 어떤 곤란들이 있습니까? 임신과 출산의 고통과 아이들입니다. 그러나 문제를 근원부터 살펴보기 위해 혼인에 앞서 일어나는 것들을 알아봅시다. 물론 가능한 한에서입니다. 그것을 정확히 알려면 그것을 경험했어야 하니까요! 약혼 때가 오면 갖가지 걱정들이 줄지어 생겨납니다. 어떤 남편을 만나게 될까? 그가 낮은 신분 출신이거나 평판이 나쁘거나 거만하지는 않을까? 교활하거나 허풍쟁이이거나 뻔뻔하거나 질투가 많지 않을까? 꽁생원이거나 어

리석거나 심술궂거나 난폭하거나 나약하지 않을까? 물론 이 모든 것이 혼인하는 처녀들 모두에게 반드시 일어나지는 않지만 그들 모두는 불안과 걱정을 할 수밖에 없습니다. 그들은 어떤 남편을 만날 운명일지 아직 모르고, 자기들 앞에 무엇이 기다리고 있는지 불확실하므로 그들의 영혼은 어쨌든 불안하고 전율을 느낍니다. 이런 가능성들 중 그들 머리에 떠오르지 않는 것은 하나도 없습니다. 만일 누군가가 자기는 그 반대의 경우도 얼마든지 희망할 수 있으며 따라서 기쁨 속에 있을 수 있다고 주장한다면 이것을 꼭 기억하기 바랍니다. 행복에 대한 희망으로 받는 격려는 불행에 대한 두려움으로 겪는 괴로움을 결코 이기지 못합니다. 행복에 대한 희망은 그것이 확실할 때만 즐거움을 주지만, 불행은 그에 대한 단순한 예상만으로도 곧바로 영혼에 괴로움과 혼란을 일으킵니다.

2. 이는 노예들의 경우와 다르지 않습니다. 그들이 모시게 될 주인이 어떤 사람인지 모를 때 그들의 영혼은 잠시도 평안할 수 없습니다. 이처럼 처녀들의 영혼은 약혼 기간 내내 폭풍우에 시달리는 배와 같습니다. 그들의 가족은 어떤 날은 구혼자를 받아들였다가 그다음 날은 거부하곤 하기 때문입니다. 전날의 승리자를 또 다른 구혼자가 그다음 날 몰아내고, 이 구혼자를 세 번째 구혼자가 또다시 몰아냅니다. 때로는 혼인 바로 전날, 처녀가 기다리던 신랑이 빈손으로 퇴짜 맞고, 처녀의 부모는 딸을 뜻밖의 구혼자에게 주는 일도 일어납니다. 이는 단지 처녀들에게만 일어나는 일이 아니라, 총각들도 끔찍한 걱정을 경험합니다. 그렇지만 사실 그들은 신붓감들에 대해 미리 알아볼 수 있습니다. 그러나 집 안에 계속 갇혀 살던 여성에게 남편의 성격과 겉모습에 대해 알 수 있는 어떤 수단이 있을까요? 이는 약혼 기간 동안에 일어나는 일입

니다. 그러나 혼인날이 되면 불안은 갑절이 되고 즐거움은 두려움 앞에서 사라져 버립니다. 자신이 그날 저녁부터 매력이 없어 보일까 하는, 기대하던 것 이하로 보일까 하는 두려움입니다. 처음엔 찬사를 받다가 나중에 무시당하는 것은 견딜 만합니다. 그러나 그녀가 출발선에서부터 밉보인다면 장차 언제가 되어야 찬탄을 불러일으킬 수 있겠습니까?

3. ˝뭐라고요? 만일 그녀가 예쁜 처녀라면요?˝라고 말하지 마십시오.' 비록 그렇다 해도 그녀는 이런 불안을 피할 수 없습니다. 뛰어나게 아름다운 많은 여성들이 자기 남편의 마음을 사로잡는 데 성공하지 못하고, 그들의 남편은 그들을 버리고 그보다 훨씬 못한 다른 여인들에게 자신을 내맡깁니다! 이런 불안이 사라지고 나면 또 다른 불안이 뒤를 잇습니다. 지참금 지불로 불쾌한 일이 생기지 않을까 하는 불안입니다. 장인은 마지못해 지참금을 지불합니다. 원금 회수가 불가능한 지불이니까요. 남편은 빨리 모든 것을 손에 넣고 싶지만 지참금을 받기 위해 강제 수단을 쓰기는 수치스러워합니다. 아내는 지참금 지불에 대한 이 같은 늑장 부리기를 창피해하고 남편 앞에서 특히 형편없는 채무자인 아버지를 둔 것에 얼굴을 붉힙니다. 이 같은 불쾌함들에 대해서는 이쯤 하고 다른 이야기로 넘어가겠습니다.

4. 이런 불안이 가시고 나면 불임의 두려움이 곧바로 그녀의 마음에 파고들거나, 반대로 너무 많은 자식을 두게 되지 않을까 하는 두려움이 스며듭니다. 이 상반되는 두 가지 걱정이 이런 문제에 대해 여전히 불확실한 상태인 그녀를 처음부터 흔들어 놓습니다. 만일 그녀가 매우 빨리 임신을 하면 기쁨은 또다시 두려움과 뒤섞입니다. 혼인에서는 두려움을 면하는 것이 아무것도 없습니다. 유산을 하지 않을까, 배 속의 아이가 죽지는 않을까, 출산할 때 죽을 위험을 겪지는 않을까 하는 두려

움입니다. 다른 한편, 배 속의 아이가 세상에 나오는 것이 늦어지면 여성은 그것이 마치 자신의 책임인 양 더 이상 감히 입을 열지 못합니다. 출산의 순간이 되면 그토록 오랫동안 시련을 겪은 이 배를 고통이 덮쳐와 찢어 놓습니다. 그 고통 하나만으로도 혼인의 모든 즐거움을 어둠 속에 던져 넣기에 충분합니다. 그러고 나면 또 다른 불안들이 여기에 합세합니다. 불행하고 불운한 젊은 아내는 이런 고통으로 그토록 고문을 당했음에도 결코 그에 못지않게 예리한 두려움을 느낍니다. 반듯하고 건강한 아이 대신 병약하고 장애가 있는 아이를 낳지 않을까, 남자아이 대신 여자아이를 낳지 않을까 하는 두려움입니다. 이런 불안은 사실 이 순간 육체적 고통 못지않게 그녀를 괴롭힙니다. 왜냐하면 그녀들은 자신에게 아무런 책임이 없는 일에 대해서도 자신에게 책임이 있는 것에 대해서와 마찬가지로 남편 앞에서 떨게 마련이기 때문입니다. 그같이 위급한 상황 속에서도 그녀들은 자신들의 안전에 대해 생각하지도 못한 채, 배우자의 찬동을 얻을 수 없는 사건이 일어나지 않을까 두려워합니다. 그리고 아기가 세상에 태어나자마자, 그가 첫울음을 터뜨리자마자 또 다른 걱정들이 뒤를 잇습니다. 어떻게 그의 생명을 지키고 그를 길러야 하는가 하는 걱정입니다.

5. 아이가 덕의 경향이 있는 좋은 성격일 경우 그의 부모는 또다시 두려움에 빠집니다. 아이가 불행이나 때 이른 죽음의 희생자가 될까, 어떤 악에 빠져들지 않을까 하는 두려움입니다. 사람은 나쁜 행실에서 좋은 행실로 옮겨 갈 수 있지만, 반대로 정직함에서 악행과 악의로 갈 수도 있기 때문입니다. 만일 이런 두려운 일들 가운데 하나가 일어나면 처음부터 그랬을 경우보다 더 견디기 어려운 슬픔을 가져다줍니다. 그런데 그와 반대로 이 모든 자질들이 견고하고 지속적이라면 어쨌든 변

질의 두려움이 항존하면서 부모의 영혼을 흔들어 놓으며 즐거움의 상당 부분을 빼앗습니다. '하지만 혼인한 이들 모두에게 아이들이 있지는 않습니다!' 그것은 고뇌의 또 다른 원천을 인정하는 발언이 아닙니까? 이처럼 아이가 있건 없건, 그들이 덕스럽건 악하건 부모들은 온갖 슬픔과 걱정에 둘러싸입니다. 이런 조건 속에서 어떻게 우리가 혼인의 복됨에 대해 말할 수 있겠습니까?

6. 또 얘기해 봅시다. 두 배우자가 서로 일치되어 있습니까? 죽음이 덮쳐 와서 그들의 행복을 파괴하지 않을까 하는 두려움이 그들을 사로잡습니다. 아니, 그것은 두려워하거나 겁낼 수밖에 없는 불행일 뿐 아니라 어느 날엔가 반드시 일어나는 할 수 없는 사실입니다. 두 배우자에게 한날한시에 죽음이 덮치는 것을 결코 보지 못했고 이런 일이 가능하지 않으므로, 부부 생활의 기간이 길든 짧든 죽음보다 훨씬 잔인한 삶을 견뎌야 한다는 유일한 전망만이 남습니다. 부부로 살아온 기간이 길수록 사별의 고통은 더 큽니다. 오랫동안 서로의 곁에서 함께한 삶이 이별을 견딜 수 없게 만들기 때문입니다. 짧은 부부 생활을 한 사람에게는, 애정을 맛보기도 전에, 애정에 젖어 들기도 전에, 아직 뜨거운 정열이 사그라지지 않았건만 그 애정을 빼앗겼기에 그로 말미암은 고통은 더욱 심합니다. 이처럼 서로 반대되는 이유로 이 두 존재는 비슷한 슬픔에 짓눌립니다. **7.** 한편 때때로 하게 되는 이별, 긴 여행과 그에 따르는 걱정, 질병들에 대해서는 무슨 말을 해야 할까요? '대체 그런 것이 혼인과 무슨 관계가 있느냐고 사람들은 반문할 것입니다.' 우선 혼인 때문에 많은 여성들이 병에 걸리는 경우가 자주 있습니다. 폭력과 분노의 희생자인 그녀들은 때로는 분한 마음으로, 때로는 낙담으로 열이 오릅니다. 반대로 만일 그들의 남편이 가까이에 있어도 그런 태도로 아내

들을 대하지 않고 오히려 세심하게 배려한다면, 남편이 멀리 가게 될 때 그녀들은 위에서 말한 병의 희생자가 됩니다! 하지만 이 모든 것에 대해 더 이상 말하지 맙시다, 혼인에 대해 아무것도 비난하지 맙시다. 그렇지만 적어도 혼인의 마지막 폐해를 면할 수는 없지 않겠습니까. 어떤 폐해입니까? 혼인이 건강한 남자에게 약속하는 운명은 병자의 운명보다 낫지 않으며, 그를 병들어 자리에 누운 사람과 똑같은 비참에 빠뜨린다는 폐해입니다.

제58장 모든 곤란을 면한 혼인이라 해도 위대한 것은 아무것도 없다

1. 이 모든 것을 다시 한 번 제쳐 두고 불가능한 것을 상상해 봅시다. 예를 들어 많은 귀여운 자녀, 돈, 현명하고 아름답고 똑똑한 아내, 잘 통하는 마음, 긴 수명 등 행복의 모든 조건을 갖춘 혼인이 있다고 가정해 봅시다. 또한 좋은 가문, 큰 권력도 지니고, 우리 모두가 겪는 그 증상, 곧 역경에 대한 두려움도 그들을 괴롭히지 않는다고 가정합시다. 슬픔의 원인도, 걱정과 불안의 계기도 전혀 없다고 칩시다. 혼인의 유대를 깨뜨리는 그 어떤 다른 동기도, 때 이른 죽음도 일어나지 않고 모두가 한날한시에 죽음을 맞이한다고 상상해 봅시다. 한 걸음 더 나아가 행복의 절정으로 여겨지는 것, 곧 그들의 자녀들이 남아서 대를 잇고, 긴 노년기를 보내고 한날한시에 사망한 자기네 아버지 어머니가 그들의 마지막 거처인 무덤으로 가는 길을 동행한다고 가정해 봅시다. 이것들의 결과가 무엇입니까? 저세상으로 떠나는 순간에 그들은 그토록 완벽한 쾌락에서 어떤 이익을 끌어내겠습니까? 방금 열거한 사치와 온갖 행복 속에서 많은 자녀를 두고 아름다운 아내와 함께 장수하는 것이 심판대

에서 영원하고 진실한 것들 앞에 섰을 때 무슨 소용이 있겠습니까? 아무짝에도 소용이 없습니다. 이 모든 것은 그림자요 꿈처럼 덧없는 일이 아닙니까? 2. 저 위에서 우리를 기다리는 끝없는 그 시대에는 지상의 좋은 것들로부터 어떤 이득도 끌어낼 수 없고 어떤 위로도 누릴 수 없기 때문에 그것들을 갖거나 갖지 못하거나 마찬가지라고 생각해야 합니다. 천 년 동안 단 하룻밤만 유쾌한 꿈을 꾼 사람이 있다고 가정합시다. 우리는 그런 꿈을 맛보지 못한 사람보다 그가 더 행복하다고 말할 수는 없을 겁니다. 그러나 이런 말도 저의 생각을 다 표현하지는 못합니다! 밤에 꾸는 꿈과 현실이 거리가 멀다지만, 이승의 삶과 저 위의 삶 사이는 훨씬 더 멀기 때문입니다. 그리고 천 년 중에 단 하룻밤이라는 것도 장차 다가올 시간과 지상의 시간의 차이를 표현하는 데는 부족할 뿐입니다. 그 차이는 훨씬 더 크니까요. 동정녀의 운명은 이와 같지 않습니다. 그녀는 후하게 갖추고 이 세상을 떠납니다. 그러니 차라리 시작부터 이 일을 이야기해 봅시다.

제59장 동정은 쉬운 것이다

동정녀는 자기 배우자에 대해 알아보지 않아도 되고 학대받는 데 대한 두려움도 없습니다. 사실 그의 배우자는 사람이 아니라 하느님이고, 노예살이의 동료가 아니라 주인입니다. 여기에 두 배우자 사이의 차이가 있습니다. 또한 배우자와의 결합의 조건도 서로 다릅니다. 이 약혼녀가 받는 혼인 선물은 노예나 넓은 땅이나 막대한 양의 금이 아니라 천국과 천상의 재물들입니다. 게다가 혼인한 여자가 자기를 배우자에게서 갈라놓는 죽음을 무엇보다 두려워한다면, 동정녀는 죽음을 갈망하고, 삶이 무거운 짐일 만큼 그녀는 얼른 신랑과 얼굴을 마주 보며 그 영광을 누리길 바랍니다!

제60장 동정은 우리 힘에 달려 있지 않은 것들을 전혀 필요로 하지 않는다

1. 동정녀의 가난한 상태는 혼인에서와는 달리 그에게 해로울 수가 없습니다. 오히려 가난은 그것을 기꺼이 견디는 동정녀를 그의 신랑에게 더욱 귀한 사람으로 만들어 줍니다. 이는 그녀의 낮은 출신, 육신의 못생김, 그 밖에 그런 종류의 모든 것들에도 해당합니다. 아니, 나아가 동정녀가 자유인 신분이 아니라 하더라도 그것 역시 그녀의 약혼의 명예를 더럽히지 못합니다. 그 [약혼] 자체가 그녀 영혼의 아름다움을 보여 주며 [하느님 앞에서] 첫자리를 차지하기에 충분합니다. 그녀는 여기서 질투를 두려워할 필요도, 좀 더 뛰어난 남자와 혼인한 다른 여성에 대한 시샘으로 괴로워할 필요도 없습니다. 그녀의 배우자와 같은, 비슷한, 아주 조금이나마 근접한 배우자는 없습니다. 이와 정반대로 혼인에서는 어떤 여자가 엄청나게 부유하고 권세가인 남자를 남편으로 맞았다 해도 그녀는 자기 배우자보다 더 나은 남편을 가진 다른 여자를 언제나 찾아낼 수 있을 것입니다. **2.** 그런데 우리보다 못한 사람들을 능가할 때 우리가 느끼는 즐거움은 우리를 뛰어넘는 이들의 우월성을 생각할 때 현저하게 줄어듭니다. 그리고 금붙이, 의복, 고급스러운 음식, 그 밖의 편리함들이 전제하는 윤택한 삶은 우리 영혼을 유인하고 유혹하기에 딱 좋습니다!⁶⁹ 그런데 대체 얼마나 많은 여성이 그런 특혜

---

69 우리보다 처지가 나은 이는 언제나 있게 마련인데 거기서 느껴지는 좌절감은 금과 보석을 소유할 수 있을 듯한 거짓 희망을 우리 영혼에 던져 줌으로써 영혼의 고통은 지속될 수밖에 없다. 아마도 ἀλλ ἡ πολλὴ …(그러나 금붙이 … 들이 전제하는 윤택한 삶은 …)을 반박으로, καὶ πόσα

를 누립니까? 참으로 대부분의 남자들은 가난과 비참과 시련 속에 삶을 보냅니다. 몇몇 여자들이 그런 부를 누린다고 하지만 그들은 손가락으로 꼽을 수 있을 만큼 극소수입니다! 게다가 그녀들은 하느님의 뜻과 반대로 행동합니다. 그 누구도 우리가 앞에서 보여 준 것과 같은 쾌락 속에서 사는 것이 허락되지 않으니까요.[70]

제61장 금으로 치장하는 것은 즐거움보다 두려움을 가져다준다

더 나아가 이 쾌락의 삶이 허락된 것이고, 예언자도 바오로도 호화스러운 여자들을 비난하지 않았다고 가정해 봅시다. 그녀들은 금으로 된 이 보석들에서 어떤 이익을 얻을까요? 이만저만이 아닌 질투와 근심과 두려움 외에는 얻는 것이 아무것도 없을 것입니다. 왜냐하면 그들이 금고에 그것들을 넣어 두거나 밤이 왔을 때만 걱정에 사로잡히는 것이 아니라, 대낮에 그것들로 치장했을 때도 똑같은 불안이나 더 큰 불안으로 고통스러워하기 때문입니다. 그런 물건들을 훔치는 여자들은 사실 목욕탕이나 교회 안에 있기 때문입니다. 그리고 또한 이런 악당들에 대해 말하지 않더라도 금붙이로 치장한 사람들이 군중에 떠밀리고 부대끼느라 자기 보석 하나를 잃어버리고도 깨닫지 못하는 경우가 종종 있습니다. 이처럼 많은 여성이 이런 물건들만이 아니라 훨씬 더 귀중한 장신구들을 잃어버려 슬픔을 겪었습니다. 그러나 이런 두려움도 없고 마음속에도 이런 불안이 전혀 없다고 가정해 봅시다!

ⁱ …(그런데 대체 얼마나 많은 여성들이 …)를 답변으로 보아야 할 것이다.
70 참조: 요한 크리소스토무스『동정』50.51.

제62장 금으로 치장하는 것은 아름다움을 해치며 추함을 더 두드러지게 한다

1. '여러분은, ′어떤 남자가 나를 보고 감탄해 마지않았습니다′라고 말합니다.' 그렇지 않습니다. 그가 감탄한 것은 치장한 여자가 아니라 장신구 자체입니다. 그 보석들은 마치 그 여자를 잘못 치장한 것처럼 종종 그것을 하고 있는 이의 가치를 떨어뜨립니다! 어떤 때는 실제로 아름다운 여인인데 보석들이 그녀의 자연스러운 아름다움을 해칩니다. 장신구들이 너무 돋보여서 그녀의 아름다움을 있는 그대로 드러내기는커녕 대부분 사라지게 하기 때문입니다. 또 정반대로, 추하고 호감을 주지 않는 여인의 경우 장신구들은 그녀의 추함을 더욱 눈에 띄게 합니다. 사실 추함이 홀로 나타날 때는 추함 그대로 나타날 뿐입니다. 그러나 보석의 광채로 추함을 둘러싸면 뭔가 이질적인 이 재료의 아름다움은 바라보기가 더욱 불쾌해질 뿐입니다. **2.** 거무칙칙한 몸은 그 몸 위에서 어둠 속인 듯 광채를 내뿜는 진주의 빛 때문에 더욱 거무칙칙해집니다. 돌이킬 수 없는 얼굴의 결점은 옷의 자수 장식에 의해 더욱 추하게 드러납니다. 그녀의 얼굴 모습은 그 장식의 인공적이고 번쩍이는 아름다움과 대조되어 나타나기에 더더욱 추레해집니다. 옷에 붙어 있는 금장식, 갖가지 장신구, 그 밖의 모든 장식은, 타락하고 허기진 형편없는 적수를 물리칠 용감하고 힘세고 튼튼한 경기자와 같습니다! 그런 장식들은 그것으로 치장한 여인의 얼굴의 품위를 떨어뜨리면서 모든 이의 눈길을 자기들 위에 집중시키며, 그 결과 그 여자를 더더욱 웃음거리로 만들고 그 대신 그것들 자체가 끝없는 감탄의 대상이 됩니다.

제63장 동정의 장식들은 무엇이고 그 아름다움은 어떠한가

1. 동정의 장식들은 이와 같지 않습니다. 이것들은 여성을 장식하면서도 그녀의 미관을 해치지 않습니다. 이것들은 육적이지 않고 온전히 영적이기 때문입니다. 동정녀가 못생겼습니까? 동정은 그녀를 놀라운 아름다움으로 옷 입혀서 추함을 갑자기 변모시킵니다. 동정녀가 한창 아름답고 빛납니까? 동정은 그 광휘를 더 높여 줍니다. 왜냐하면 영혼의 장신구는 보석도 금붙이도 화려한 옷감도 갖가지 빛깔의 멋진 자수도 아니며, 사라져 버릴 재화들 중 그 어떤 것도 아니기 때문입니다. 영혼에게는 단식, 거룩한 밤샘기도, 온유함, 검소함, 가난, 용기, 겸손, 인내, 요컨대 이 세상 모든 사물에 대한 멸시가 장신구입니다.

2. 그렇습니다. 동정녀의 눈길은 너무나 아름답고 매력적이어서 남자들의 사랑이 아니라 영적 존재들과 그들 우두머리의 사랑을 불러일으킵니다. 그 눈길은 너무나 순수하고 통찰력이 있어서 유형의 아름다움이 아니라 무형의 아름다움을 바라볼 수 있습니다. 그 눈길은 또 매우 평화롭고 평온하기에 그녀를 박해하고 끊임없이 괴롭히는 자들에 대항하여 성을 내거나 대립하긴커녕 그들을 온유하고 자비롭게 바라봅니다. 동정녀를 둘러싸는 겸손함은 어찌나 진솔한지 난봉꾼들마저도 그녀를 주의 깊게 바라보다가는 얼굴을 붉히고 당황하여 자신들의 광기를 진정시킬 정도입니다. 겸손한 여인의 지시대로 움직이는 하녀가 좋든 싫든 자기도 겸손하지 않을 수 없듯이, 지혜로 가득 찬 영혼을 동반하는 육신도 자신의 움직임을 그 영혼의 리듬에 맞추지 않을 수 없습니다. 눈길, 언어, 몸가짐, 걸음걸이, 요컨대 모든 것이 내적 규율에 따라 형성됩니다. 마치 고급 향수가 향수병 안에 있어도 그윽한 향기로 공기에 스며들어 가까운 거리에 있는 집안 식구들뿐 아니라 집 바깥 사

람들까지도 즐겁게 하듯이, **3.** 처녀답게 순결한 영혼의 감미로운 향기는 감각기관의 활동들에 스며들어 내면에 감춰진 덕을 드러냅니다. 그 영혼은 모든 경주마들에게 절제라는 황금 말고삐를 채워서 그들이 완벽한 리듬을 갖추게 하며, 혀에는 충격적이고 조화되지 않은 모든 말을 금하고 눈에는 뻔뻔하고 수상쩍은 눈길을 금하며, 귀에는 저속한 모든 노래 듣기를 금합니다. 발마저도 그 영혼은 주의를 기울입니다. 무기력하고 유약한 걸음걸이가 아니라 가식이나 꾸밈이 없는 발걸음이어야 합니다. 그 영혼은 지나치게 꾸민 옷차림을 끊임없이 피하고, 웃음으로써 얼굴 모습을 흐트러뜨리는 일이 없도록 하고, 미소조차 짓지 않으며 언제나 근엄하고 진지한 얼굴을 하고 언제든 곧바로 눈물지을 태세가 되어 있고 결코 웃음을 짓지 않도록 조심합니다.

제64장 비록 고통스러운 것이더라도 우리가 그리스도를 위해 그것을 견디면 즐거움을 안겨 준다

제가 눈물에 대해 얘기하는 걸 듣더라도 비관적인 생각은 하지 마십시오. 이 눈물은 이 세상의 떠나갈 듯한 웃음소리마저도 가져다줄 수 없을 만큼 큰 즐거움을 안겨 줍니다. 믿기 어렵다면 루카 복음사가가 하는 말을 들으십시오. 그는 사도들이 "그 이름으로 말미암아 매질을 당할 수 있는 자격을 인정받았다고 기뻐하며, 최고 의회 앞에서 물러나왔다"(사도 5,41)고 합니다. 그러나 사실 매질의 자연스러운 결과는 즐거움과 기쁨을 낳기는커녕 보통은 고통과 아픔을 줍니다. 그러나 매질이 실현할 수 없는 것을 그리스도께 대한 신앙이 실현한 것입니다. 신앙은 사물의 본성마저 이깁니다. 그리스도를 위해 당한 매질이 기쁨의 원천이었는데 바로 그 그리스도를 위해 쏟은 눈물이 똑같은 결과를 낸다는 것에 놀랄 이유가 어디 있습니까? 그런 까닭에 주님은 당신이 좁은 길이라고 부르신 것을 지금은 편한 멍에와 가벼운 짐이라고 부르십니다. 동정은 틀림없이 그 본성상 짐이지만 그것을 실천하는 이들의 결심과 그들이 동정에서 얻으리라 희망하는 선익 덕분에 그것은 매우 가벼워집니다. 이처럼 우리는 넓은 길보다 좁은 길을 선택한 사람들이 그 길을 더 큰 열정으로 걷는 것을 볼 것입니다. 그들이 그 길에서 아무 괴로움도 느끼지 않기 때문이 아니라 다른 사람들이 보통 느끼는 것만큼 괴롭게 느끼지 않기 때문입니다. 왜냐하면 이런 삶에도 틀림없이 시련들이 있지만 그것은 혼인의 시련들에 비할 때 시련이라 할 만하지도 않기 때문입니다.

제65장 동정의 시련을 다 합해도 혼인에 따르는 출산이라는 단 한 가지 고통보다 덜 무겁다

예를 들어 혼인한 여성이 거의 매년 겪는 출산의 고통과 신음으로 찢기는 체험을 동정녀가 평생 동안 한 번이라도 겪습니까? 그 고통의 영향력이 얼마나 대단한지 성경은 포로살이, 기아, 흑사병, 견딜 수 없는 어려움 등을 모두 해산의 고통이라고 표현합니다. 더구나 그것은 하느님께서 여자에게 벌과 저주로 내리신 것입니다. 물론 해산 자체가 아니라 시련과 고통 속에서 해산하는 것이 벌과 저주라는 말입니다. "너는 괴로움 속에서 자식들을 낳으리라"(창세 3,16)고 하느님은 말씀하셨습니다. 그러나 동정녀는 이런 고통과 저주가 닿지 않는 곳에 머뭅니다. 왜냐하면 율법의 저주를 폐지하신 분께서 그와 동시에 이 마지막 저주도 폐지하셨기 때문입니다.

제66장 노새를 타고 가는 것보다 걸어가는 것이 더 기분 좋다

1. '그렇지만 노새를 타고 광장을 도는 것은 매우 기분 좋습니다!'[71] 그것은 불필요한 사치로서 거기엔 어떤 즐거움도 없습니다. 어둠이 빛보다 바람직하지 않고 갇힌 상태가 자유보다 낫지 않으며 무수한 궁핍이 충분함보다 낫지 않듯이, 여자도 자기 발을 사용하지 않는 것을 더 편안하게 느끼지 않을 것입니다. 거기에 따라오는 불쾌한 일은 말할 것도 없습니다. 그녀는 원하는 때에 집에서 나갈 수도 없고, 흔히 나가야 할 중대한 이유가 있어도 마치 자리를 옮겨 줄 이가 아무도 없는 앉은뱅이 걸인들처럼 집에 머물 수밖에 없습니다. 만일 남편이 노새 여러 마리를 사용한다면 불화와 싸움과 오랜 토라짐의 원인이 됩니다. 만일 그녀가 결과를 전혀 예상하지 못하고 짐승들을 여러 마리 사용했다면 그녀는 남편을 무시한 일로 스스로를 탓하며 자신의 탓으로 겪게 된 곤경을 곱씹느라 속을 끓일 것입니다. 그녀가 사치를 좋아한 까닭에 그처럼 슬픔과 불화를 맛보는 대신 자기 발을 사용하는 편이 — 발은 하느님께서 우리에게 사용하라고 주신 것입니다 —, 그리고 그 모든 유감스러운 곤란을 피하는 편이 얼마나 더 좋았겠습니까! 왜냐하면 여성들이 집 안에 묶여 있게 되는 이유가 위와 같은 것만은 아니기 때문입니다. 노새 두 마리가 또는 둘 중 한 마리가 다리를 다치게 되면 여성은 역시 집 안에 갇히게 되고, 어쩌다가 그들을 목장에 풀어놓으면 — 이는 매년 며칠씩 일어납니다 — 여성은 마치 사슬에 묶인 듯 또다시 집을 지

---

71 노새를 타고 다니는 것은 4세기에 사치의 표시였다. 여자들은 노새를 요란하게 꾸미는 데 신경을 썼다. 그들은 그것을 자랑으로 여겼고 이 운송 수단을 사용할 아무리 작은 기회라도 놓치지 않았다. 요한은 『마태오 복음 강해』 7,5에서 평범한 촌락을 지나가기 위해 노새를 타고 가는 이 여자들에 대해 말한다.

켜야 하고 급한 용무가 있어도 집 밖으로 나갈 수가 없습니다.

  2. 만일 누군가가 나에게, 그녀는 그렇게 해서 수많은 곤란한 일에서 놓여나고, 자기가 아는 이들 하나하나의 시선을 받으며 얼굴을 붉히지 않아도 된다고 말한다면, 내 생각에 그는 여성이란 존재를 수치스러움에서 보호하는 것이 무엇인지, 그에게 수치를 안겨 주는 것이 무엇인지 모르는 것입니다. 그것은 대중 앞에 나타나는 것이나 숨는 데에 달린 문제가 아닙니다. 그녀에게 수치를 안겨 주는 것은 영혼을 고요하게 간직하지 못하는 낯 두꺼움이요 수치로부터 보호하는 것은 조심성과 염치입니다. 이런 까닭에, 이러한 갇힌 삶이 강요되지 않고 수많은 군중이 있는 광장을 돌아다니는 많은 여성들이 그들을 비난하는 중상자들을 갖긴커녕 그들의 조심성에 대해 커다란 찬사를 불러일으킵니다. 그들의 태도와 걸음걸이, 단순한 옷차림을 통해 그들은 내면에 있는 지혜의 눈부신 빛을 드러냅니다. 반대로 집에 남아 있는 상당수의 여인들은 고약한 평판만을 듣습니다. 왜냐하면 집에 은거하는 여성은 자기 모습을 드러내는 여자들보다 더 쉽게, 그녀를 만나는 누구에게나 조심성 없고 한없이 염치없는 이로 드러날 수 있기 때문입니다.

제67장 하녀들이 많은 것은 성가신 일이다

  '그러나 아마도 많은 하녀들을 거느리면 기분 좋을 것입니다.' 그런 즐거움보다 더 성가신 것은 없습니다. 하녀들의 숫자만큼 걱정도 느니까요. 그들 하나하나의 질병이나 죽음은 피할 수 없는 고뇌와 슬픔의 요인입니다! 그러나 이러한 불편함은 그래도 참을 만합니다. 더 성가신 다른 일들 — 예를 들어 매일 그들의 게으름과 악행을 꾸짖어야 하고, 싸움을 진정시키고 그들의 다른 모든 악덕들을 바로잡아야 하는 일

동정

— 도 마찬가지로 참을 만합니다. 그러나 가장 고통스러운 것 — 이는 특히 이런 유의 하녀들이 많을 때 생기는데 — 은, 이 하녀들 중에 용모가 빼어난 사람이 있을 때입니다. 하녀가 많기 때문에 그런 일은 있게 마련입니다. 부자들은 하녀를 많이 거느리는 데만이 아니라 그들의 용모에도 신경을 쓰기 때문입니다! 그러므로 그들 가운데 하나가 뛰어나게 예쁠 때, 그녀가 자기 주인의 마음을 홀리든가 그저 찬사 외의 다른 어떤 것도 얻어 내지 못하든가 간에, 그 집 여주인에게는 똑같은 고통입니다. 자기보다 더 사랑받거나 적어도 아름다움과 찬사 면에서 자기보다 더 선호되는 여자가 있는 셈이니까요. 그러므로 혼인에서 눈부시고 부러워할 만한 것들로 여겨지는 장점들에 그토록 많은 곤란이 따른다면 혼인의 비참은 말해 무엇 하겠습니까?

제68장 동정에 따르는 영혼의 평온

1. 반면에 동정녀는 그러한 것을 견딜 일이 아예 없습니다. 그녀의 소박한 거처에서는 아무것도 문제를 일으키지 않고, 모든 고함도 추방됩니다. 마치 고요한 항구에서처럼 그의 마음엔 침묵이 다스리고, 침묵보다 더 완벽한 평온함이 그의 영혼에 자리합니다. 그녀는 그 어떤 인간적 일에도 관여하지 않고 하느님과 대화하고 그분께 시선을 두기를 그치지 않기 때문입니다. 그 누가 이런 즐거움의 크기를 잴 수 있겠습니까? 그처럼 마음의 준비가 된 영혼이 누리는 행복을 어떤 언어로 표현할 수 있겠습니까? 어떤 말로도 표현할 수 없습니다. 그러나 주님께 기쁨을 두는 사람들만은 그 희열이 얼마나 큰지 알며, 그 어떤 것과도 비교할 수 없음을 잘 압니다.

2. '그렇지만 많은 돈은 사람들에게 그 무엇보다 매력 있는 것이지

요!' 그러나 훨씬 더 큰 즐거움을 얻고자 천국에 눈을 두는 것이 얼마나 더 바람직합니까! 황금이 광채와 화려함에서 주석과 납보다 나은 것처럼, 천국은 금과 은을 비롯한 그 어떤 물질보다 더 빛나고 영화롭습니다! 이러한 관상은 걱정에도 사로잡히지 않지만, 다른 관상, 곧 돈을 바라보는 것에는 깊은 불안이 따르는데, 이는 우리의 욕망에 언제나 가장 나쁜 영향을 끼칩니다. 그런데도 여러분은 천국을 바라보길 원치 않습니까? 여러분은 공공장소에 놓여 있는 돈을 바라봅니다.[72] 여러분은 이렇게 하여 정신을 잃을 정도로 돈을 사랑하게 되기 때문에 저는 복된 바오로처럼 "나는 여러분을 부끄럽게 하려고 이 말을 합니다"(1코린 6,5)라고 말합니다. 정말 저는 무슨 말을 해야 할지 모를 정도로 극히 당혹스럽습니다. 저는 어떻게 모든 사람이 평온함과 마음의 휴식이라는 행복이 제공되는데도 거기서 즐거움조차 보지 못하는 한편, 걱정과 번민과 불안을 자기의 가장 큰 즐거움으로 삼는지 이해할 수 없습니다!

3. 왜 그들 눈에는 광장에 놓여 있는 돈이 자기 집에 갖고 있는 돈만큼 매력이 없습니까? 그 돈은 훨씬 더 빛이 나고, 우리 영혼이 그 때문에 조금도 불안해하지 않아도 되는데 말입니다. "그 돈은 내 것이 아니지만 다른 돈은 내 것이기 때문이라고' 여러분은 말할 것입니다.' 그렇다면 우리가 돈에서 매력을 느끼는 것은 우리의 탐욕 때문이지 돈의 본성 때문이 아닙니다. 만일 돈의 본성 때문이었다면 우리는 다른 돈에서도 똑같은 매력을 느껴야 마땅하기 때문입니다. 여러분은 유용성 때문이라는 핑계를 댑니까? 그러나 유리가 [돈의 재료인 은보다] 훨씬 더 유용하며 부자들 자신도 여러분에게 그렇게 말할 것입니다. 그들은 자

---

[72] 환전상의 탁자에 대한 암시.

동정

기네 잔을 대개 유리로 만드니 말입니다. 만일 그들이 우쭐대기 위해서 은을 술잔의 재료로 사용한다 하더라도 그들은 우선 잔 내부를 유리로 한 다음 바깥을 은으로 입힐 것입니다. 이는 잔은 유리로 만드는 것이 훨씬 더 기분 좋고 편리하며 은은 허영과 과시를 위한 것이라는 증거입니다. 그리고 사실 '그것은 내 것이다, 내 것이 아니다'란 말은 무엇을 뜻합니까? 이 표현들을 자세히 들여다보면, 저는 그 말은 그저 단순히 단어들에 지나지 않음을 발견합니다.

4. 얼마나 많은 사람이 이 세상에 사는 동안에 벌써 자기들의 돈이 어쩔 수 없이 손에서 빠져나가는 것을 보았습니까! 그리고 마지막까지 돈을 간직한 사람들은 죽음이 오면 좋건 싫건 소유권을 잃었습니다. '그것은 내 것이다, 그것은 내 것이 아니다'라는 표현이 단지 단어일 뿐임이 드러나는 것은 단지 금과 은만이 아니라 욕실, 정원, 집 안에 있는 모든 것의 경우에도 그러합니다. 왜냐하면 그것들의 사용은 누구에게나 공통적인데, 자칭 그것들의 소유주들은 그것들로 말미암은 걱정 외에 다른 이들보다 더 가진 것이 없기 때문입니다. 어떤 이들은 그것들을 향유하는 것에 만족하는가 하면, 또 다른 이들은 온갖 고생을 하면서도 아무런 고생 없이 그것들을 누리는 사람들과 별다를 바 없는 결과에 이를 뿐입니다.

제69장 호화로운 식사에는 수많은 불쾌한 일이 따라온다

1. 사람들은 세련된 쾌락, 예를 들어 풍부한 양의 잘게 자른 고기 요리, 고급 양념, 철철 넘치는 포도주, 집주인, 과자 기술자와 요리사들이 개발한 각종 요리, 무수한 식객과 손님들 앞에서 경탄한다고요? 다음 사실을 잘 알아 두기 바랍니다. 그런 식사에 대해 부자들은 그들의 요

리사들보다 더 나은 상황이 아니란 것입니다. 요리사들은 자기네 주인들을 두려워하지만 주인들은 초대 손님들을 두려워합니다. 그토록 큰 노력과 비용으로 손님들을 위해 준비한 이 잔치에서 손님들이 무언가 흠을 잡지 않을까 두려워하는 것입니다. 여기까지는 그들도 그들 하인들과 비슷합니다. 그러나 또 다른 점에서 하인들이 훨씬 더 혜택을 받은 사람들입니다. 왜냐하면 하인들은 단지 비판만이 아니라 시샘도 두려워하지 않기 때문입니다. 얼마나 많은 부자들이 그런 연회 끝에 종종 자기들에 대해 질투가 일어나는 것을 보았고, 그 질투는 그들에게 극도의 위험을 초래하고 나서야 끝나는 경우가 얼마나 많았습니까! '그러나 적어도 종종 미식에 빠지는 것은 기분 좋은 일이지요!' 설마, 그럴 리가 있습니까! **2.** 정말 두통, 복부팽만, 호흡곤란, 실신, 현기증, 시각장애, 그리고 이보다 더 비정상적인 다른 증상들이 이런 쾌락의 삶의 결과들인데 여기서 우리가 어떤 만족을 얻겠습니까? 그리고 이런 무절제와 그 결과가 단 하루의 이런 곤란들에 그치기만 한다면야! 사실 고치기 가장 힘든 병들은 이 같은 연회에 원인이 있습니다. 곧, 통풍과 폐결핵, 간질, 마비, 경련이 마지막 숨을 쉴 때까지 몸을 공격합니다. 이 모든 병들을 상쇄할 만한 쾌락으로서 어떤 것을 꼽을 수 있습니까? 그리고 그런 병들을 막기 위해서라면 어떤 내핍의 삶인들 받아들이길 망설이겠습니까?

제70장 쾌락이 없는 삶이 쾌락을 즐기는 삶보다 더 바람직하고 기분 좋다

1. 그러나 검소한 식사의 경우는 그와 다릅니다. 소식素食은 그러한 곤란을 초래하긴커녕 건강과 좋은 신체 조건의 근본입니다. 여러분은

소식이 쾌락의 삶보다 바람직하다는 것을 알게 될 것입니다. 우선 소식은 건강한 몸을 유지하게 하고, 위에 말한 어떤 병들에도 시달리지 않게 하기 때문입니다. 위의 병들 중 하나만으로도 모든 쾌락을 사라지게 하고 그 뿌리까지 없애기에 충분할 것입니다. 그다음으로, 음식 자체 때문에 그렇습니다. 왜 그럴까요? 우리가 쾌락을 맛보는 것은 식욕이 있기 때문이고, 식욕은 포만감이나 배부름이 아니라 욕구와 결여에서 생기기 때문입니다. 이 같은 결여는 부자들의 잔칫상이 아니라 언제나 가난한 이들의 식탁에서 찾아볼 수 있습니다. 결여는 세련된 맛을 지닌 꿀을 그 어떤 집 주인이나 요리사보다 더 훌륭하게 가난한 이들의 음식에 뿌립니다. 부자들은 배고프지도 않은데 먹고, 목마르지도 않은데 마시며, 수면에 대한 절대적 필요성을 느끼기도 전에 잠자리에 들지만, 가난한 이들은 이 모든 필요를 만족시키기 전에 먼저 느끼므로 그들이 거기서 느끼는 쾌락이 더욱 크기 때문입니다.

2. 어째서 솔로몬은 자기 종의 다디단 잠을 이렇게 표현했을까요? "적게 먹든 많이 먹든 노동자의 잠은 달콤하다"(코헬 5,11). 그 종의 잠자리가 푹신했기 때문일까요? 종들은 흔히 맨바닥이나 짚 더미 위에서 잡니다. 아니면 걱정 없는 자유로운 마음 때문입니까? 그러나 그들은 잠시도 자기 마음대로 할 수 있는 시간이 없습니다. 그렇다면 그의 삶이 편하기 때문입니까? 그들의 삶은 시련과 비참으로 촘촘히 짜인 천에 지나지 않습니다. 그렇다면 그들의 잠을 그토록 달콤하게 만드는 것은 무엇이겠습니까? 잠에 빠지기 전에 그들이 느끼는 피곤과 잠에 대한 욕구입니다. 부자들은 술에 취한 채 밤을 맞이하지 않는 한 잠시도 눈을 감을 수 없으며, 푹신한 잠자리에 누워서도 끊임없이 뒤척이고 불안해합니다.

제71장 쾌락의 삶은 영혼에 해롭다

우리는 쾌락의 삶의 불쾌함, 그 결과와 추잡함을 또 다른 방식으로 얼마든지 드러내 보일 수 있을 것입니다. 곧, 그런 삶이 영혼에 옮기는 병들, 몸의 병들보다 훨씬 더 많고 고통스러운 병들을 열거하는 것입니다. 무기력함, 비겁함, 무례함, 자만, 방종, 난폭함, 무절제, 성마름, 잔인함, 영혼의 천박성, 탐욕, 비열함, 유용하고 필요한 모든 일에 대한 무능함 등이 바로 그런 병들입니다. 이는 소식素食의 결과와 정반대입니다. 그러나 저는 이제 얼른 다른 문제를 다루고 싶기에, 사도의 말씀으로 돌아가기 전에 다음과 같은 단순한 관찰만을 덧붙이고 끝내겠습니다. 부러워할 만한 것으로 여겨지는 것들이 이 정도로 악으로 넘쳐 나는데, 그것들이 영혼과 육신에 그 같은 질병의 홍수를 몰고 오는데, 진정한 비참에 대해서는 또 어떻게 생각해야 하겠습니까? 예를 들어 행정관들에 대한 두려움, 민중 항의들, 밀고자와 질투꾼들의 음모 — 주로 부자들을 공격하는 비참들이며, 여성들에게 필연적으로 더 무겁게 다가오는 비참들입니다. 왜냐하면 그녀들은 이런 역경들을 견딜 용기가 없기 때문입니다 — 같은 비참 말입니다.

제72장 다른 불행들 외에도 쾌락의 삶은 역경들을 견딜 수 없는 것으로 만든다

그런데 왜 여성들에 대해서만 말해야 할까요? 남성들도 이 비참의 불행한 먹잇감입니다. 가진 것으로 만족하며 사는 사람은 누구나 역경을 두려워하지 않습니다. 그러나 향락과 방탕에 기운을 다 쓴 사람은 재난이나 역경이 닥쳐 궁핍해지면 자신이 준비되지도 훈련되지도 못한 이 변화에 적응하기도 전에 죽을 것입니다. 그래서 복된 바오로는

동정

"그렇게 혼인하는 이들은 현세의 고통을 겪을 것입니다"(1코린 7,28)라고 하였고, "때가 얼마 남지 않았습니다"(1코린 7,29)라고 말한 것입니다.

제73장 이 시대는 혼인의 때가 아니다

1. "그것이 혼인과 무슨 관계가 있습니까'라고 어쩌면 여러분은 반문할지 모르겠습니다.' 매우 밀접한 관계가 있습니다. 혼인이 이 세상 삶의 한계를 초월하는 게 아니라면, 또 장차 올 삶에서는 아무도 시집가거나 장가들지 않는다면, 이 시대가 끝나 가고 있고 부활의 날이 문 앞에 와 있다면, 우리는 더 이상 혼인이나 이 세상 재물이 아니라, 우리의 궁핍에 대해서, 그리고 저세상 삶에서 유용할 그 밖의 모든 지혜의 요소들에 대해서 생각해야 하기 때문입니다. 이는 젊은 처녀의 경우와 마찬가지입니다. 그녀가 자기 어머니의 집에 함께 사는 한 그녀는 어린 시절의 모든 것에 대단히 흥미를 보이고, 자기의 금고를 창고 안에 넣어 두고 금고 열쇠를 가까이에 간직하며 그것들을 온전히 향유하고 자기의 자질구레한 물건과 심심풀이 재료들을 관리하되 큰 집을 관리할 때와 똑같은 염려로 지키는 데 몰두합니다. 그러나 그녀가 약혼하고 혼인하기 위해 부모의 집을 떠나야 할 때가 오면 그녀는 이 보잘것없고 시시한 것들을 포기하고 집과 재산, 수많은 하인 관리, 배우자를 돌보고 이것들보다 훨씬 더 중대한 다른 모든 것을 염려해야 합니다. 우리도 이처럼 행동해야 합니다. 우리가 성인이 되고 어른에 합당한 생활에 도달하면, 우리는 사실 어린아이의 장난감들인 지상의 모든 재물을 포기하고 우리 생각을 하늘로, 천국 생활의 광채와 모든 영광으로 돌려야 합니다.

2. 왜냐하면 우리 역시 한 배우자와 결합하였기 때문입니다. 그는 우

리에게 지상 사물, 무의미하고 무가치한 그런 사물들뿐 아니라 필요하다면 목숨까지도 희생할 정도의 사랑을 요구하는 배우자입니다. 그러므로 지상의 거처를 떠나 천국 거처로 갈 우리이므로 이 헛된 관심사를 버립시다. 만일 우리가 초라한 거처를 궁전과 바꿔야 한다면 진흙과 나무로 된 실내장식품이나 가구나 그 밖의 보잘것없는 집 안 물건들에 대해 염려하지 않을 것입니다. 그러므로 오늘 지상 사물들에 대해서도 걱정하지 맙시다. 로마서를 쓴 복된 바오로에 따르면 우리를 하늘로 부르는 때가 왔기 때문입니다. "이제 우리가 처음 믿을 때보다 우리의 구원이 더 가까워졌습니다. 밤이 물러가고 낮이 가까이 왔습니다"(로마 13,11-12). 바오로 사도는 또 "때가 얼마 남지 않았습니다. 이제부터 아내가 있는 사람은 아내가 없는 사람처럼 사십시오"(1코린 7,29)라고 말합니다.

3. 그러니 혼인의 혜택을 누려서는 안 되는 사람들, 아내가 없는 사람처럼 살아갈 사람들에게 혼인이 무슨 소용이 있겠습니까? 그렇습니다, 행운이 무슨 소용이며, 소유물과 생활용품이 무슨 소용이 있겠습니까? 그것을 이용하기에는 이미 철이 지났고 때에 맞지 않으니 말입니다. 피고인들이 자기가 잘못한 이유를 설명하기 위해 법정에 출두해야 하는 날짜가 다가오면 아내나 먹고 마시는 것이나 그 밖의 모든 다른 걱정거리에 대해서는 생각지 않고 다만 자기를 어떻게 변호할까에만 골몰합니다. 하물며 천상 어좌에 출두해야 하는 우리는 더더욱 그렇습니다. 이 지상 법정이 아니라 천상 어좌에 출두하여 우리의 말과 행위와 생각들에 대해 보고해야 하는 우리는 모든 것, 이 세상 사물이 우리에게 일으키는 기쁨과 슬픔을 무시하고, 이 두려운 날에 대해서만 마음을 써야 합니다. "누구든지 나에게 오면서 자기 아버지와 어머니, 아내와 자녀, 형제와 자매, 심지어 자기 목숨까지 미워하지 않으면, 내 제자

가 될 수 없다. 누구든지 제 십자가를 짊어지고 내 뒤를 따라오지 않는 사람은 내 제자가 될 수 없다"(루카 14,26-27)라고 주님은 말씀하십니다.

4. 그러나 여러분은 여인에 대한 정열과 웃음, 폭신함, 사치에 몰두하며 빈둥거리고 있습니다! "주님께서 가까이 오셨는데"(필리 4,5) 여러분이 염려하고 걱정하는 것이 돈이라니요! "하늘 나라가 코앞에 왔는데" 여러분은 집과 사치와 그 밖의 쾌락들만 생각하다니요! "이 세상의 형체가 사라지고 있습니다"(1코린 7,31). 그러니 여러분이 지나가 버리지 않고 영속성 있는 것들은 소홀히 하면서 남지 못하고 사라져 버리는 이 세상 것들 때문에 괴로워할 이유가 어디 있습니까? 더 이상 혼인이나 분만, 쾌락, 육신의 결합, 많은 돈, 재산 관리, 음식이나 옷, 밭일이나 항해, 직업이나 건설, 도시나 집이 아니라 새로운 상태, 새로운 실존이 문제입니다. 이 모든 것은 머지않아 사라질 것입니다. 그것이 "이 세상의 형체가 사라지고 있습니다"란 말의 의미이니까요. 그러므로 마치 우리가 영영세세 이 땅에 남을 것처럼, 종종 저녁이 되기도 전에 우리에게서 사라지고 말 것을 그토록 초조해하며 걱정할 필요가 어디 있습니까? 그리스도께서 자유로운 삶으로 우리를 부르시는데 우리는 왜 시련으로 가득한 우리의 삶을 더 좋아합니까? 과연 바오로 사도는 "나는 여러분이 걱정 없이 살기를 바랍니다. 혼인하지 않은 남자는 어떻게 하면 주님을 기쁘게 해 드릴 수 있을까 하고 주님의 일을 걱정합니다"(1코린 7,32)라고 말합니다.

제74장 우리가 걱정 없이 살기를 바라시는 하느님께서 우리를 걱정으로 초대하시는 이유

1. '당신이 우리에게 또 다른 걱정거리를 짐 지우면서 어째서 당신은

우리가 걱정 없이 살기를 원한다는 것입니까?' 그리스도를 위해서 고통을 당하는 것이 고통이 아니듯이 그것은 걱정이 아니기 때문입니다. 사물의 본성이 바뀌어서가 아니라, 그런 고통을 기쁘게 견디는 이들의 확고한 태도가 본성마저 극복하게 하기 때문입니다.[73] 덧없는 즐길 거리를 걱정하는 것을 불안이라 부르는 것은 마땅합니다. 그러나 자기의 걱정들에서 그 걱정을 보상하고도 남을 이득을 거두는 사람을 걱정이 면제된 사람들이라 부르는 것은 맞을 것입니다. 더구나 이 두 가지 걱정의 차이는, 후자는 전자에 비할 때 걱정이라고 말할 수도 없을 정도입니다. 그만큼 가볍고, 모든 면에서 견딜 만합니다. 이 모든 것을 우리는 앞에서 증명하였습니다. "혼인하지 않은 남자는 어떻게 하면 주님을 기쁘게 해 드릴 수 있을까 하고 주님의 일을 걱정합니다. 그러나 혼인한 남자는 어떻게 하면 아내를 기쁘게 할 수 있을까 하고 세상일을 걱정합니다"(1코린 7,32-33). 그러나 세상은 지나가고 하느님은 영원히 계십니다.

2. 이 이유 하나만으로도 동정의 높은 가치를 입증하기에 충분하지 않습니까? 이런 걱정이 또 다른 걱정에 비해 갖는 우월성은 하느님과 세상 사이의 거리만큼이나 크기 때문입니다. '그렇다면 당신은 어떻게 우리를 걱정에 매이게 하고 영적 사물들에서 멀어지게 하는 혼인을 허락할 수 있습니까?' 사도는, 바로 그 때문에 "아내가 있는 사람은 아내가 없는 사람처럼 사십시오"(1코린 7,29)라고 했고, 이미 매였거나 매이려는 찰나인 사람들은 어떤 다른 수단을 통하여 자기들의 유대를 더 느슨하게 할 것을 주장했다고 말합니다. 사실 여러분이 그런 관계에 일단

---

[73] 『동정』 64,1도 비슷한 내용이 있다.

묶이면 그것을 더 이상 끊을 수 없을 것이므로 그런 관계를 좀 더 견딜 만한 것으로 만드십시오. 왜냐하면 우리는 원한다면 피상적인 모든 것을 생략할 수 있고, 혼인의 본성에서 오는 걱정에다가 우리의 태만으로 빚어지는 더 큰 걱정들을 보태는 일을 피할 수 있기 때문입니다.

제75장 아내가 있는 사람이 어떻게 아내가 없는 사람처럼 살 수 있는가

1. "아내가 있는 사람은 아내가 없는 사람처럼"이란 말의 뜻을 더 분명히 알고자 한다면 아내를 갖지 않은 이들의 "십자가에 못 박힌" 삶에 대해서 생각해 보시기 바랍니다. 그런 삶은 어떻습니까? 그들은 수많은 하녀, 금붙이와 보석 목걸이, 사치스럽고 널따란 집, 광대한 토지를 사지 않아도 됩니다. 그들은 이 모든 재산은 무시하고 자기의 단벌옷과 양식만 걱정하면 됩니다. 아내가 있는 남자도 이런 지혜에 이를 수 있습니다. 왜냐하면 좀 더 앞에서 한 "서로 상대방의 요구를 물리치지 마십시오"(1코린 7,5)라는 말은 육체관계와만 관련된 말이기 때문입니다. 사실 이 점에서 사도는 부부들에게 상호 순종을 명하며, 그들 각자가 자신의 주인이 되는 것을 허락지 않습니다. 그러나 그 밖의 다른 지혜 규정, 곧 옷차림, 생활 방식 같은 모든 것에 관한 지혜 규정의 실천에 대해 부부 각자는 상대방에게 보고할 의무가 없으며, 남편들은 자기 아내의 뜻과 반대로 모든 사치와 그에 따르는 수많은 근심을 제거하는 것이 허락됩니다. 그리고 아내도 마찬가지로 자기 자신의 의사와는 다르게 남편 때문에 헛된 영광의 장식품으로 치장하거나 안 해도 될 근심을 굳이 하지 않아도 됩니다. 이는 옳습니다. 정욕은 자연 본성이므로 큰 관용을 받을 수 있고, 부부 각자는 상대방의 뜻을 물리치면서 그를 실

망시킬 권리가 없기 때문입니다. 그러나 사치에 대한 욕망과 피상적 편리함, 불필요한 걱정들은 본성적인 것이 아니라 게으름과 부풀어 오른 자만심의 결과입니다. 그래서 사도는 다른 또 하나의 경우와 달리 이런 경우 부부가 서로에게 복종하라고 하지 않는 것입니다.

2. "아내가 있는 사람은 없는 사람처럼"이란 말의 뜻은 여성의 변덕과 나약함 탓으로 생겨난 불필요한 걱정을 거부하고, 보통으로 단 하나의 영혼, 그것도 지혜롭고 단순한 삶에 찬성하는 영혼에 대한 책임에서 생기는 걱정만을 기꺼이 받아들이는 것입니다.[74] 이것이 사도의 생각임을 다음 구절이 잘 보여 줍니다. "우는 사람은 울지 않는 사람처럼, 재산을 기뻐하는 사람은 기뻐하지 않는 사람처럼 사십시오"(1코린 7,30 참조). 왜냐하면 자기 재산을 기뻐하지 않는 사람은 그 재산을 걱정하지도 않을 것이고, [가난함에 대해] 울지 않는 사람은 가난함을 고통스러워할 수도 없고, 소식素食을 싫어할 수도 없을 것이기 때문입니다. 이상과 같은 것이 아내가 있지만 아내가 없는 것처럼 산다는 뜻이고, 세상을 이용하되 이용하지 않는 사람처럼 산다는 것입니다.

3. "혼인한 남자는 세상일을 걱정합니다"(1코린 7,33). 이처럼 양쪽 다 걱정이 문제이지만 한쪽은 헛되고 쓸모없는 걱정, 아니 차라리 비탄의 원인이 되는 걱정이고 — 왜냐하면 "그들은 육 안에서 고통을 겪을 것"이니까요 — 다른 한쪽은 그와 반대로 말로 표현할 수 없는 선익의 원인이 되는 걱정이므로 우리에게 그토록 멋진 보상을 안겨 줄 뿐 아니라 본성상 다른 걱정보다 훨씬 가벼운 이쪽 걱정을 왜 더 좋아하지 않습니까? 혼인하지 않은 여자는 사실 무엇을 걱정합니까? 돈입니까, 하인

---

[74] 배우자의 지상적 행복이 아니라 그의 영혼을 구원하는 것만이 우리의 책임이란 뜻이다.

이나 집사, 재산과 그 밖의 것들에 대해서입니까? 그녀는 요리사, 직조공, 그리고 집 안의 모든 하인을 감시해야 합니까? 쳇! 그 어느 것도 그녀의 정신을 스치지 못합니다. 그녀는 단 한 가지만 걱정합니다. 자기 영혼을 일깨우고, 이 거룩한 성전을 꼬아 만든 술이나 금, 진주, 분과 화장과 그 밖의 불편함과 비참이 아니라 육신과 정신의 거룩함으로 장식하는 것만을 걱정합니다. 4. 반면에 "혼인한 여자는 어떻게 하면 남편을 기쁘게 할 수 있을까 하고 세상일을 걱정합니다"라고 사도는 말합니다. 재치 있게도 사도는 이에 대해 구체적으로 접근하지 않으며, 여자들이 남편을 기쁘게 하기 위해 자기 육신과 영혼 — 그녀들이 고문하고 발라 대며[75] 그 외의 또 다른 고문으로 괴롭히는 그 몸. 그리고 그녀들이 저속함과 아첨, 위선과 비열함, 피상적이고 쓸데없는 걱정들을 향해 활짝 여는 그 영혼 — 으로 겪어야 하는 고통에 대해 말하지 않습니다. 그는 그 이상 파고드는 노력을 청중의 양심에 맡겨 두고 그저 한마디 말로 이 모든 것을 암시합니다. 동정의 탁월함을 보여 주고 하늘까지 찬양한 다음 그는, 청중이 동정을 계명으로 여길까 하는 한결같은 두려움에서 다시 한 번 혼인 허락에 대한 이야기로 돌아옵니다. 그래서 그는 앞의 권고들로 만족하지 않고 "미혼자들에 관해서는 내가 주님의 명령을 받은 바가 없습니다"(1코린 7,25), 그리고 "처녀가 혼인하더라도 죄를 짓는 것은 아닙니다"(1코린 7,28)라고 한 다음 여기서는 또다시 "여러분에게 굴레를 씌우려는 것이 아닙니다"(1코린 7,35)라고 말합니다.

---

75 동사 κονιᾶν은 '석고로 덮다'는 뜻이다. 여기서는 얼굴에 덮는 가루를 뜻한다. '벽토를 바르다'로 번역할 수 있는 이 단어는 매우 경멸적 의미로 쓰이는데, 그것은 이 단어가 시든 얼굴을 생생한 빛깔의 향내 나는 연고로 '회반죽 바르듯 바르는 것'을 떠올리게 하기 때문이다.

제76장 동정이 아니라 우리의 열성 부족이 굴레다

1. 이 지점에서 우리가 당혹감을 느끼는 것은 당연합니다. 사도는 조금 앞에서 동정이 모든 속박에서 해방시킨다고 말하고, 우리 자신의 이익을 위해서, 다시 말해 우리가 현세의 고통을 면하고 아무 걱정 없이 지내게 하기 위해 동정을 권고한다고 했고, 또 그 모든 동기들을 통하여 동정이 얼마나 가볍고 쉬운 짐인지 보여 준 마당에 어떻게 "여러분에게 굴레를 씌우려는 것이 아닙니다"라고 말할 수 있을까요? 그는 무슨 말을 하고자 하는 것일까요? 그가 굴레라고 부른 것은 동정 자체가 아니라 — 물론 아니지요! — 동정이라는 선善을 강압과 강요 속에서 선택하는 것입니다. 이는 진실입니다. 강압에 의해 마지못해 받아들이는 모든 것은 그것이 아무리 가볍다 하더라도 견딜 수 없는 짐이 되고 우리의 영혼을 올가미보다 더 잔인하게 질식시킵니다. 그래서 "여러분에게 굴레를 씌우려는 것이 아닙니다"라고 말한 것입니다. 다시 말해 제가 동정의 모든 장점을 여러분에게 열거하고 보여 주었지만 그런데도 저는 여러분이 자유롭게 선택하도록 놔두며, 여러분을 억지로 이 덕으로 이끌지는 않습니다. 왜냐하면 제가 여러분에게 이런 권고를 하는 의도는 여러분을 짓누르려는 것이 아니기 때문입니다. 저는 다만 "여러분이 (주님 앞에 머무는) 아름다운 열심"이 세상사와의 접촉으로 방해받지 않아도 되기를 바란다는 것입니다.

2. 그리고 여기서도 바오로의 지혜로움을 주목하십시오. 그가 어떻게 또다시 권고를 기도와 연결하고, 허용하는 말에다 조언을 슬쩍 끼워 넣는지 보십시오. "나는 여러분 자신의 이익을 위하여 이 말을 합니다. 여러분에게 굴레를 씌우려는 것이 아닙니다"(1코린 7,35)라고 한 다음 "여러분이 아무런 방해도 받지 않고서 품위 있고 충실하게 주님을

섬기게 하려는 것입니다"(1코린 7,35)라고 덧붙이면서 그는 동정에서 찬양할 만한 것들에 대해, 그리고 하느님을 따르는 삶을 위해 우리가 동정에서 끌어낼 수 있는 이익에 대해 이야기합니다. 세속적인 것들에 대한 걱정에 사로잡혀 사방팔방으로 갈팡질팡하는 여성이 품위 있고 충실하게 주님을 섬기기는 불가능하기 때문입니다. 그의 모든 활동과 여가는 너무 많은 일들, 곧 남편, 집 관리, 그리고 혼인이 보통 이끌고 들어오는 모든 것들로 갈라집니다.

제77장 세속의 일들을 걱정하는 여성은 동정녀일 수 없을 것이다
　'이로써 사도는 무슨 말을 하려는 것입니까? 동정녀가 여러 가지 일로 분주하고, 세속적인 걱정들이 있다면 ― 제발 그런 일이 없기를! ― 사도는 그녀를 동정녀 무리에서 제외하는 것입니까?' 혼인을 한 번도 하지 않은 것만으로는 동정녀가 되기에 충분치 않고 영혼의 순결도 필요하기 때문입니다. 저는 '순결'이란 말을 나쁘고 수치스러운 욕망, 피상적인 꾸밈과 장식에서 자유롭다는 의미만이 아니라, 모든 세속적 걱정이 섞이지 않았다는 뜻으로 씁니다. 그렇지 않다면 육신의 순결이 무슨 소용이 있겠습니까? 군인이 자기 무기를 집어던지고 주막에서 시간을 보내는 것보다 더 부끄러운 일이 없듯이, 세속적 걱정에 얽매인 동정녀들보다 더 부적절한 것은 없을 것입니다. 이처럼 어리석은 다섯 처녀는 등불을 가지고 있었고 동정도 실천하였지만 문이 닫히자 그들은 밖에 남아 멸망할 수밖에 없었습니다. 그렇습니다. 동정을 그토록 아름답게 만드는 것은 동정이 모든 헛된 걱정의 기회를 걷어 가고 하느님의 일에 몰두할 여유를 온전히 제공하기 때문입니다. 그렇지 않다면 동정은 오히려 혼인에 비해 훨씬 못할 것입니다. 그러한 동정은 영혼을 가

시덤불로 덮어 순수하고 천상적인 씨앗을 숨 막혀 죽게 만들기 때문입니다.

제78장 바오로는 왜 자기 약혼녀[를 동정으로 둠으로써 그녀]에게 잘못한다고 생각하는 이들을 호되게 꾸짖지 않는가

1. "어떤 사람이 자기 약혼녀[를 동정으로 둠으로써 그녀]에게 잘못한다는 생각이 들고 열정까지 넘쳐 혼인해야 한다면, 원하는 대로 하십시오. 그가 죄를 짓는 것이 아니니, 그 두 사람은 혼인하십시오"(1코린 7,36). '아니, 원하는 대로 하라고요? 이 잘못된 견해를 바로잡기는커녕 당신은 그 혼인을 허락합니까? '어떤 사람이 자기 약혼녀에게 잘못한다는 생각이 든다면 그는 딱하고 불행한 사람입니다. 그토록 찬양할 만한 상태를 지탄받을 일이라고 판단하다니'라고 왜 말하지 않았습니까? 왜 그 사람에게 그런 편견을 버리고 약혼녀를 멀리하라고 조언하지 않았습니까?' 사도는 그런 사람들은 매우 유약하여 땅 위를 기어다니는 부류이기 때문이라고 말합니다. 그런 정도의 능력밖에 없는 그들을 단번에 동정에 대한 가르침으로 끌어올릴 수는 없었을 것입니다. 이 세상 것에 몰두하고 현세 삶을 너무도 찬양하기에, 위와 같은 권고를 듣고서도, 천국에 어울리고 천사들의 조건에 가까운 그런 상태를 수치스럽다고 여기는 사람이 어떻게 동정에 대한 권유를 참을 수 있었겠습니까? 바오로가 이런 방법을 사용하는 것은 보통 율법에 반대되는 금지된 것들에 대해서인데, 허락된 것에 대해서 이런 방법을 쓰다니 놀랍지 않습니까? 2. 예를 들어 봅시다. 음식들을 구별해서 어떤 음식은 받아들이고 다른 것은 거부하는 것은 유대인의 나약함이었습니다. 그런데 로마 신자들 중에 이런 나약함에 빠진 신자들이 있었습니다. 하지만 바오로

는 그들을 엄하게 단죄하지 않을 뿐 아니라 그들의 행동을 막는 사람들을 비난합니다. "그대는 왜 그대의 형제를 심판합니까?"(로마 14,10). 그러나 콜로새 신자들에게 편지할 때는 전혀 다릅니다. 그는 그들을 실컷 나무라고는 다음과 같이 가르칩니다. "먹거나 마시는 일로 아무도 여러분을 심판하지 못하게 하십시오"(콜로 2,16). 그리고 좀 더 뒤에서는 이렇게 말합니다. "여러분은 그리스도와 함께 죽어 이 세상의 정령들에게서 벗어났으면서도, 어찌하여 아직도 이 세상에 살고 있는 것처럼 규정에 얽매여, '손대지 마라, 맛보지 마라, 만지지 마라' 합니까? 그 모든 것은 쓰고 나면 없어져 버리는 것들에 대한 규정입니다"(콜로 2,20-22).

3. 왜 이렇게 행동할까요? 콜로새 신자들은 굳건한 신앙을 지녔지만 로마 신자들은 아직도 큰 관용을 필요로 했기 때문입니다. 사도는 먼저 그들 영혼에 신앙이 깊이 뿌리내리길 기다렸습니다. 가라지를 너무 일찍 없애려다가 올바른 가르침이라는 식물의 뿌리까지 뽑지 않을까 걱정한 것입니다. 그런 이유로 그들을 엄하게 꾸짖고자 하지 않았고, 그렇다고 아무 경고도 없이 그들을 내버려 둘 마음은 없었습니다. 그들을 꾸짖은 것은 사실이지만 다른 이들에 대한 꾸짖음인 양 드러나지 않게 그들이 모르게 그렇게 했습니다. 그는 "그가 서 있든 넘어지든 그것은 그 주인의 소관입니다"(로마 14,4)라고 말하면서 비판자의 입을 다물게 한 것 같지만 실제로 그의 공격은 [비판받는] 당사자의 영혼에 가 닿았습니다. 그런 행동은 자기 다리로 굳건히 서 있는 사람의 행동이 아니라 아직도 흔들리며, 서 있지 못하고 넘어질 위험이 큰 사람의 것임을 보여 주었기 때문입니다.

4. 바오로는 동정에 대해 부끄러워하는 이의 크나큰 나약함 때문에 이 대목에서도 똑같은 방식을 따릅니다. 그는 나약한 사람에 대한 자기

생각을 내놓고 밝히지 않고 그 대신 약혼녀를 동정으로 남겨 두는 사람을 찬양함으로써 그에게 한 방 먹입니다. 그가 뭐라고 합니까? "마음속으로 뜻을 단단히 굳히고"(1코린 7,37). 이 단어들은 대조적으로, 가볍고 태평한 마음으로 이리저리 흔들리는 사람, 결코 확고한 걸음으로 걸을 줄 모르는 사람, 서 있을 만큼 충분한 힘이 없는 사람을 떠올리게 합니다. 그런 다음 자기의 말이 상대방 영혼에 충분히 예리하게 파고들었음을 알았을 때 바오로가 어떻게 무난한 동기를 대면서 자기 말의 강도를 다시금 누그러뜨리는지 보십시오. 그는 "마음속으로 뜻을 단단히 굳히고"라고 말한 뒤 "어떠한 강요도 없이 자기의 의지를 제어할 힘이 있어서"라고 덧붙입니다. 그런데 '마음속으로 뜻을 단단히 굳히고 그 일에서 아무런 잘못도 보지 못하므로'라고 말하는 것이 더 논리적이었을 것입니다. 그러나 이 표현은 너무 노골적이었을 것입니다. 그런 이유에서 바오로는 다른 표현, 곧 "어떠한 강요도 없이 자기의 의지를 제어할 힘이 있어서"로 대치함으로써 상대방에게 되도록이면 그 동기에 기댈 가능성을 주면서 그를 격려하고자 한 것입니다. 왜냐하면 동정에 반대하는 것이 강요 때문인 경우는 동정에 대한 수치심 때문에 반대하는 경우만큼 심각하지 않기 때문입니다. 전자는 나약하고 불행한 영혼의 문제지만 후자는 사물의 본성을 올바로 평가할 능력이 없는 부패한 영혼의 문제이기 때문입니다.

5. 그러나 당시는 그런 식으로 말하기에[76] 아직 적절한 때가 아니었습니다. [그런 식으로 말하는 것이 맞는 이유는] 비록 강요가 있을 때

---

[76] "그 일에서 아무런 잘못도 보지 못하므로"를 가리킨다. 요한 크리소스토무스는 "그것이 그리스도인에게 합당한 유일한 표현이므로 그렇게 말해야 하지만 그 당시는 아직 적절한 때가 아니었음"을 말하고자 한다.

라도 동정녀로 남기로 결심한 처녀가 결심대로 이행하는 것을 금지하는 일은 허용되지 않기 때문입니다. 우리는 오히려 이 아름다운 계획을 깨뜨릴 수 있는 모든 것에 적극적으로 맞서야 합니다. 여기에 대해 그리스도께서 하시는 말씀을 들어 보십시오. "아버지나 어머니를 나보다 더 사랑하는 사람은 나에게 합당하지 않다"(마태 10,37). 우리가 하느님 뜻에 일치하는 일을 추구할 때는 아버지든 어머니든 또는 그 누구이든 그 일에 장애가 되는 이라면 우리의 원수요 적으로 봅시다. 그런데도 바오로는 자기 청중의 불완전함을 아직 참아 내야 했기에 "마음속으로 뜻을 단단히 굳히고 어떠한 강요도 없이"라고 썼습니다. 바오로는 거기서 그치지 않고 "어떠한 강요도 없이"와 같은 뜻의 말인데도 "자기의 의지를 제어할 힘이 있어서"라고 덧붙였습니다. **6.** 그러나 반복적 설명과 끊임없는 양보를 통하여, 그리고 나아가 그 모든 것에 또 하나의 조건, 곧 "마음속으로 작정하였다면"을 덧붙임으로써 그는 단순하고 평범한 사람을 안심시킵니다. 왜냐하면 자유롭다는 것만으로는 동정에 투신하기에 충분치 않기 때문입니다. 심사숙고한 선택과 결심만이 좋은 행동을 낳을 수 있습니다. 그리고 그의 커다란 관용이 동정과 혼인 사이의 거리를 아무것도 아닌 것으로 여기는 것처럼 비치지나 않을까 하는 걱정에서 바오로는 다시 한 번 그 차이를 조심스럽게 시사하는 데 이렇게 말합니다. "이와 같이 자기 약혼녀와 혼인하는 사람도 잘하는 것이지만, 혼인하지 않는 사람은 더 잘하는 것입니다"(1코린 7,38). 그러나 여기서도 똑같은 이유로 그는 혼인하지 않는 것이 얼만큼 더 나은 것인지 밝히지 않습니다. 여러분이 그것을 알고 싶다면 그리스도의 말씀을 들으십시오. "장가드는 일도 시집가는 일도 없이 하늘에 있는 천사들과 같아진다"(마태 22,30). 여러분은 그 둘을 가르는 차이를 봅니까?

참된 동정이 필멸의 유한한 존재를 단번에 어떤 위치로 올려놓는지 봅니까?

제79장 엘리야와 그의 동료들은 천사들과 조금도 다르지 않았는데 그것은 그들이 동정이었기 때문이다

1. 동정의 진정한 연인들인 엘리야, 엘리사, 요한이 천사들과 무엇이 달랐는지 제발 알려 주십시오. 그들이 죽음을 면치 못하는 조건을 지녔다는 것 외에 아무것도 다르지 않았습니다. 다른 조건들을 아무리 잘 살펴보더라도 이 예언자들이 천사들보다 덜 받은 것이 조금도 없음을 알게 될 것입니다. 열등함처럼 보이는 점까지도 그들을 크게 찬양할 재료가 됩니다. 땅 위에 살고, 죽음을 면치 못하는 본성에 묶여 있으면서도 그런 수준의 덕으로 나아갈 수 있었다는 것은 그를 위해 얼마나 큰 힘과 지혜가 필요했을까를 생각하게 하기 때문입니다. 그들이 그런 상태에 도달한 것이 동정 때문이었음을 다음과 같이 증명할 수 있습니다. 만일 그들에게 아내와 아이들이 있었더라면 사막에서 살기는 쉽지 않았을 것이고, 집과 그 밖의 생활 편의품을 무시할 수 없었을 것입니다. 실로 그들은 이 모든 관계에 얽매이지 않았기에 지상 생활을 마치 천국에 있는 듯 살았고, 벽도 천장도, 침상과 식탁 같은 것도 전혀 필요하지 않았습니다. 그들의 지붕은 하늘이었고 침상은 땅, 그들의 식탁은 사막이었습니다. 2. 그리고 다른 사람들에게는 기아의 조건처럼 보이는 사막의 불모성이 이 거룩한 사람들에게는 풍요로움의 원천이었습니다. 그들은 포도밭도 포도 확도, 밀밭도 수확도 전혀 필요하지 않았습니다. 그러나 샘과 시내, 수맥이 그들에게 상쾌하고 풍부한 음료수가 되어 주었습니다. 천사가 그들 중 하나에게 놀랄 만큼 훌륭하고, 사람들이 보

통 사용하는 것보다 훨씬 큰 식탁을 차려 주었습니다(1열왕 19,5 참조). "이 빵 하나면 네가 사십 일을 걷는 데 충분하다." 성령의 은총은 종종 이 또 다른 예언자의 배고픔을 달래 주었습니다(2열왕 4,38 참조). 그는 이처럼 기적들을 행했는데 그로써 자신의 배고픔뿐 아니라 다른 여러 사람의 시장기도 달래 주었습니다. 그리고 예언자 이상이었으며, 여인에게서 태어난 자식 중 가장 위대한 인물인 요한도 인간의 음식을 필요로 하지 않았습니다. 그가 육신 생명을 유지한 것은 밀이나 포도주나 기름이 아니라 메뚜기와 들꿀 덕분이었습니다. 이들이 땅 위의 천사들입니다! 이것이 동정의 힘입니다! 살과 피를 지닌 존재, 땅 위를 걷고 죽음을 면치 못하는 본성의 요구에 매여 있는 존재인 이들은 동정 덕분에 모든 일에서 마치 육신 같은 것도 지니지도 않은 듯, 하늘이 벌써 그들에게 내려온 듯, 이미 불사를 얻은 듯 행동할 수 있었습니다.

제80장 "품위 있고 충실하게 (주님을 섬긴다)"라는 말의 의미

1. 그들에게는 모든 것이 사치품이었습니다. 실제로 사치인 것들 — 쾌락, 부, 권력, 영광과 그에 따라오는 모든 것들 — 뿐 아니라 필수품으로 여겨지는 것들 — 집, 도시와 직업 — 까지도 사치품이었습니다. 바로 이런 것이 "품위 있고 충실하게 (주님을 섬긴다)"란 말의 의미이고, 동정의 덕의 의미입니다. 맹렬한 정열을 통제하고 광기 어린 본성을 억제하는 것은 물론 찬미할 만하고 수많은 월계관을 받을 만한 일입니다. 그러나 삶의 실천이 따라야 참으로 찬미할 만한 것이지, 동정 자체는 무력할 뿐이며 동정으로 사는 사람을 구원하기에는 충분치 않습니다. 오늘날에도 동정을 실천하는 모든 여성들, 하지만 그 삶은 땅이 하늘에서 먼 것만큼 엘리야와 엘리사와 요한에게서 먼 모든 여성이 그 증인들

입니다.

2. 사실 "품위 있고 충실하게 (주님을 섬기는 것)"을 생략한다면 동정에서 그 원동력을 제거하는 것이듯, 동정에다가 완벽한 행실까지 곁들이면 선익의 뿌리와 근원을 보유하는 것입니다. 기름지고 비옥한 땅이 뿌리에 영향을 미치듯이 완전한 행실은 동정이 열매를 맺도록 양분이 되어 줍니다. 아니, 더 정확히 말해 십자가에 못 박힌 삶(갈라 6,14 참조)은 동정의 뿌리인 동시에 열매입니다. 십자가에 못 박힌 삶이야말로 이 용맹스러운 존재들이 찬양할 만한 경주를 하도록 그들에게 기름칠을 하고, 그들 주위의 모든 관계에서 그들을 끊어 내며, 그들이 능숙하고 가벼운 발로 마치 날개가 달린 존재들처럼 하늘을 향해 날아오르게 해 주는 것입니다. 돌보아야 할 아내도, 책임져야 할 아이들도 없을 때 가난은 견디기가 매우 쉽습니다. 그런데 이 가난은 우리를 두려움과 걱정과 위험에서뿐 아니라 그 밖의 모든 장애에서도 벗어나게 함으로써 우리를 천국에 가까이 데려갑니다.

제81장 가난의 아름다움

아무것도 지니지 않은 사람은 마치 모든 것을 지닌 듯 그 어떤 것도 대수롭지 않게 여깁니다. 그는 행정관들이나 왕자들, 심지어 왕관을 쓴 임금 앞에서도 담대하게 행동합니다. 부를 대수롭지 않게 여기는 사람은 길을 계속 가는 동안 죽음을 대수롭지 않게 여기는 데로 쉽게 도달하기 때문입니다. 세속의 존경에 구애받지 않는 그는 그 누구도 두려워하거나 겁내지 않고 모든 사람에게 담대하게 말할 것입니다. 그러나 머릿속에 돈 생각밖에 없는 사람은 돈의 노예일 뿐 아니라, 영광과 영예와 현세 삶, 요컨대 모든 인간적인 것들의 노예이기도 합니다. 그래서 바오로도 돈에 대한 사랑을 "모든 악의 뿌리"(1티모 6,10)라고 규탄합니다. 그런데 동정은 이 뿌리를 말려 버릴 수 있고 우리 안에 다른 뿌리, 곧 온갖 선과 자유, 확신, 용기, 뜨거운 열정, 천국의 일에 대한 뜨거운 사랑, 지상적인 모든 것에 대한 멸시가 움터 나올 수 있는 완전한 뿌리를 심을 수 있습니다. 우리는 이렇게 하여 "품위 있고 충실하게 (주님을 섬기는)"데 도달합니다.

제82장 동정 신봉자들은 아브라함 곁으로 가길 바라는 것이라고 주장하는 이들에게

1. 그러나 대부분의 사람들이 현명하답시고 하는 말은 무엇입니까? '성조 아브라함은 아내와 자녀들, 재산과 양 떼와 소 떼가 있었다고 되어 있습니다. 그럼에도, 둘 다 동정인 세례자 요한과 복음사가 요한, 그리고 뛰어난 금욕가인 바오로와 베드로는 아브라함 곁으로 가길 바란다고 합니다.' 친구여, 누가 당신에게 그렇게 이야기했습니까? 어떤 예언자가? 어떤 복음사가가? '그리스도 자신입니다. 백인대장의 깊은 믿음 앞에서 그분은 ′많은 사람이 동쪽과 서쪽에서 모여 와, 하늘 나라에서 아브라함과 이사악과 야곱과 함께 잔칫상에 자리 잡을 것이다′(마태 8,11)라고 말씀하셨습니다. 그리고 부자도 라자로가 성조 아브라함의 복됨을 나누는 것을 보지 않습니까?' 그렇다면 이것이 바오로나 베드로와 무슨 관계가 있습니까? 요한과는 또 무슨 관계가 있습니까? 바오로와 요한은 라자로가 아니었고, "동쪽과 서쪽에서 모여 오는 많은 사람"은 사도단을 이루지 않았습니다. 그래서 당신의 추론은 근거도 가치도 없습니다.

2. 사도들에게 약속된 전리품이 무엇인지 정확히 알고 싶습니까? 그

러면 그것을 그들에게 주실 분의 말씀을 들으십시오. "사람의 아들이 영광스러운 자기 옥좌에 앉게 되는 새 세상이 오면, 나를 따른 너희도 열두 옥좌에 앉아 이스라엘의 열두 지파를 심판할 것이다"(마태 19,28). 이 구절 어디에도 아브라함이나 그의 아들, 그의 손자, 그리고 그들을 받아들일 그의 품에 대한 얘기는 없으며 그보다 훨씬 더 중요한 품위를 얘기합니다. 왜냐하면 그들은 이들 성조들의 후예를 심판하기 위해 옥좌에 앉게 될 것이니까요. 게다가 차이는 거기에 그치지 않습니다. 아브라함과 같은 보상을 많은 사람도 얻을 것입니다. "많은 사람이 동쪽과 서쪽에서 모여 와, 하늘 나라에서 아브라함과 이사악과 야곱과 함께 잔칫상에 자리 잡을 것이다." 그러나 이 옥좌에는 거룩한 사도들 무리 외에는 아무도 앉지 못할 것입니다.

3. 그런데도 여러분은 아직도 저에게 양 떼와 소 떼, 혼인과 자녀들에 대해 말합니까? '뭐라고요? 동정을 실천한 이들 가운데 많은 이가 그 같은 노력을 한 뒤에 도달하는 곳이 겨우 그런 것뿐입니까?' 내가 여러분에게 좀 더 중대한 것을 얘기하겠습니다. 동정을 실천한 많은 사람도 아브라함의 잔칫상은커녕 그보다 못한 보상도 얻지 못하고 지옥에 떨어질 것입니다. 이는 혼인 잔치에 들어가지 못한 처녀들의 예가 잘 보여 줍니다. '그렇다면 혼인이 동정과 같은 가치가 있고 심지어 동정이 혼인보다 못하단 말입니까? 당신이 든 예는 동정을 열등한 것으로 만드니까요. 혼인했던 아브라함이 지금은 휴식과 평안을 누리고 있는데 동정을 실천한 이들은 지옥에 있다면, 당신의 추론이 우리에게 내리게 하는 유일한 결론은 동정이 혼인보다 못하다는 것입니다.' 아니, 절대 그렇지 않습니다. 동정은 혼인보다 못하긴커녕 혼인보다 훨씬 우월한 것입니다. 왜 그렇습니까? 아브라함은 혼인했기 때문에 그런 운명

을 맞은 게 아니며, 그 불행한 처녀들이 멸망한 것은 동정 때문이 아니기 때문입니다. 성조 아브라함의 영광을 보장해 준 것은 그의 다른 도덕적 덕들이고, 처녀들을 지옥에 떨어지게 한 것은 그들의 타락한 삶입니다. 아브라함은 혼인생활을 했지만 동정의 덕들을 함양하기 위해 애썼습니다. 다시 말해 "품위 있고 충실하게 (주님을 섬기기)"위해 애썼습니다. 4. 그리고 그 어리석은 처녀들은 동정을 택했음에도 세상의 폭풍우와 혼인의 걱정거리들 속에 떨어졌기 때문입니다. '그렇다면 혼인하여 아이들과 재산, 그 밖의 모든 것을 가진 남자가 ′(주님을 섬기기 위해) 충실하게' 되는 것을 가로막는 것이 무엇입니까?' 우선 오늘날 아브라함과 비교할 만하거나 그와 조금이라도 근접하는 정도의 사람은 아무도 없습니다. 돈을 대수롭지 않게 여김에서 아브라함은 가난을 실천하는 사람들보다 더했습니다. 그는 부자였고 혼인했음에도, 동정에 헌신하는 사람들보다 쾌락을 더 잘 절제했습니다. 동정에 헌신하는 사람들도 사실 매일 정욕에 불타오르는데, 아브라함은 자신의 정욕을 너무도 잘 억제했고 탐욕의 끈에서 너무나 잘 벗어났기에 자기의 여종을 건드리긴커녕 모든 싸움과 불화의 기회를 막기 위해 그를 집에서 내쫓았습니다. 오늘날 그와 같은 행위를 찾기는 매우 어려울 것입니다.

제83장 오늘날 우리에게 권고되는 덕의 척도는 예전과 같지 않다

1. 여기에 더해, 앞에서 말씀드린 것을 다시 한 번 되풀이하겠습니다. 곧, 오늘날 우리에게 요구되는 덕의 척도는 아브라함 당시의 척도와 같지 않다는 것입니다.[77] 오늘날 완전해진다는 것은 자기 재산 모두

---

77   참조: 요한 크리소스토무스 『동정』 44,1; 50.

를 팔지 않고서는, 재산과 집만이 아니라 자기 목숨에 이르기까지 모든 것을 포기하지 않고서는 불가능합니다. 당시에는 아직 이 같은 도덕적 요구의 예가 없었습니다. '그렇다면 오늘날 우리는 성조의 삶보다 도덕 차원에서 더 엄격한 삶을 산다는 말입니까?' 그래야 마땅하고 또 그것이 우리가 받은 가르침이지만 우리는 그렇게 하지 않습니다. 그래서 우리는 이 의인에 한참 못 미치는 수준에 머물고 있습니다. 오늘날 우리에게 제시되는 시험들은 분명히 더 혹독한 만큼 우리는 아브라함에 한참 못 미칩니다. 성경도 노아를 탄복할 인물로 소개하면서도 그에 대한 찬미는 기탄없는 찬미와는 미묘한 차이를 보입니다. "노아는 당대에 의롭고 흠 없는 사람이었다. 노아는 하느님과 함께 살아갔다"(창세 6,9). 그는 절대적으로 "흠 없는" 것이 아니라, 그 시대에 비추어 그랬습니다. 다양한 상황에 따라 다르게 정의되는 여러 방식의 완전함이 있고, 한 시대에 완전함이던 것이 후대에는 불완전함이 되기도 하기 때문입니다. 2. 예를 들어 과거에는 율법에 따라 사는 것이 완전함이었습니다. "그것들을 실천하는 이는 그것들로 살 것이다"(레위 18,5). 그러나 그리스도께서 오셔서 이러한 완전함은 불완전하다는 것을 보여 주셨습니다. "너희의 의로움이 율법 학자들과 바리사이들의 의로움을 능가하지 않으면, 결코 하늘 나라에 들어가지 못할 것이다"(마태 5,20). 과거에는 살인만이 범죄로 여겨졌지만 예수 시대에는 분노와 욕만으로도 지옥에 갈 행위였습니다. 과거에는 간통만이 처벌되었지만 예수 시대에는 음욕을 품고 여인을 바라보는 것도 벌을 면하지 못하는 행위였습니다. 과거에는 거짓 맹세만이 악에서 나왔다면 예수 시대에는 맹세 자체가 악에서 나오는 것이 되었습니다. "그 이상의 것은 악에서 나오는 것이다"(마태 5,37). 과거에 우리는 자기를 사랑하는 사람들을 사랑하면 되었지만, 훌륭하고 찬탄할 만한 이런 행위가 예수 시대에는 너무나 불완전하여 그것을 잘 실천하더라도 우리는 세리들보다 더 나은 사람이 되지 못합니다(마태 5,46 참조).

제84장 똑같이 덕스러운 행위를 해도 우리와 구약 시대 사람들에게 다른 보상이 내리는 것은 옳다

1. 왜 똑같은 덕의 행위를 하고서도 우리와 구약 시대 사람들이 서로 다른 보상을 받습니까? 우리가 그들과 같은 대우를 받으려면 왜 더 큰 덕의 행위를 해야 합니까? 오늘날 성령의 은사가 풍부하게 내렸고, 그리스도의 오심이라는 큰 선물을 통해 젖먹이이던 우리가 완전한 어른이 되었기 때문입니다. 이는 우리가 자녀들을 대할 때와 마찬가지입니다. 그들이 사춘기가 되면 우리는 그들에게 바른 행실을 더욱더 요구하고, 그들이 어렸던 시절에 우리가 칭찬하던 행동들을 했다고 해서 어렸을 때만큼 칭찬하지는 않습니다. 우리는 그들에게 훨씬 더 진지한 또 다른 증표들을 요구합니다. 인간 본성의 역사도 그러합니다. 하느님께서도 처음에는 인간 본성에 위대한 덕의 행위를 요구하지 않으셨습니다. 인간의 본성이 아직 어렸기 때문입니다. 그러나 인간 본성이 예언자들과 사도들의 목소리를 듣고 성령의 은총에 닿자 하느님께서는 인류에게 더욱 큰 덕을 요구하셨습니다. 이는 옳았습니다. 왜냐하면 그분은 오늘날 더욱 아름다운 보상과 훨씬 영예로운 전리품을 제시하시기 때문입니다. 덕을 실천하는 이들에게 베풀어지는 것은 땅이나 지상의 사물이 아니라 하늘과, 인간의 이해를 뛰어넘는 선善이기 때문입니다.

2. 어른이 되고 나서도 아이 같은 언행을 계속한다면 어처구니없지 않겠습니까? 구약 시대에 인간 본성은 가차 없는 싸움의 희생자로서

내적으로 분열되어 있었습니다. 바오로는 이 상태를 묘사하면서 "내 지체 안에는 다른 법이 있어 내 이성의 법과 대결하고 있음을 나는 봅니다. 그 다른 법이 나를 내 지체 안에 있는 죄의 법에 사로잡히게 합니다"(로마 7,23)라고 표현했습니다. 그러나 지금은 그렇지 않습니다. "율법이 육으로 말미암아 나약해져 이룰 수 없던 것을 하느님께서 이루셨습니다. 곧 당신의 친아드님을 죄 많은 육의 모습을 지닌 속죄 제물로 보내시어 그 육 안에서 죄를 처단하셨습니다"(로마 8,3). 그리고 이 은혜에 대해 주님께 감사하면서 그는 이렇게 외쳤습니다. "나는 과연 비참한 인간입니다. 누가 이 죽음에 빠진 몸에서 나를 구해 줄 수 있습니까? 우리 주 예수 그리스도를 통하여 나를 구해 주신 하느님께 감사드립니다"(로마 7,24-25).

3. 그러므로 족쇄에서 해방된 우리가 적어도 [관계라는] 사슬에 묶인 사람들이 달리는 속도만큼 빨리 달리기를 거부한다면 벌을 받아 마땅하지 않습니까? 더 정확히 말해, 비록 우리가 그들과 똑같은 속도로 달릴 수 있다 하더라도 벌에서 면제되지는 않습니다. 깊은 평화를 누리는 사람은 전쟁의 짐에 짓눌리는 사람보다 훨씬 더 크고 빛나는 전리품을 거머쥐어야 하기 때문입니다. 우리가 끊임없이 돈과 쾌락, 여자와 사업에 몰두하길 바란다면 언제 어른이 되겠습니까? 언제 성령으로 살게 되겠습니까? 언제 주님의 일을 염려하겠습니까? 이 지상 삶을 마쳤을 때? 그러나 그때는 더 이상 시련이나 투쟁이 아니라 월계관과 징벌의 때일 것입니다. 그러므로 그때 처녀의 등불에 기름이 없다면 다른 처녀에게 빌릴 수도 없어 밖에 남을 것입니다. 그리고 남루한 옷을 입고 잔치에 들어간 사람은 옷을 갈아입으려고 밖으로 나갈 수 없고 지옥 불에 던져질 것입니다. 그가 아브라함에게 도움을 청한다 해도 이미

아무 소용이 없을 것입니다. 심판의 날이 오고 법정이 열리고 심판관이 재판석에 앉고 불의 강이 흐르기 시작하고 우리 행실에 대한 검토가 시작되면 우리는 더 이상 우리 잘못을 벗을 수 없고, 싫건 좋건 우리 행실에 대한 벌을 받을 수밖에 없습니다. 그때는 그 누구도 우리를 위해 중재해 줄 수 없을 뿐 아니라, 우리가 찬양하는 위대한 사람들의 확신을 지닌 사람이라 해도, 노아나 욥이나 다니엘이라 해도, 그리고 그들이 자기 자녀, 자기 딸들을 위해 간청한다 해도 이 모든 것은 아무 소용이 없을 것입니다.

4. 그때 죄인들이 받는 벌은 덕 있는 사람들이 받는 보상과 마찬가지로 영원할 것입니다. 생명이 영원하다면 징벌 또한 영원할 것이라고 그리스도께서 말씀하셨듯이 벌도 보상도 끝이 없을 것입니다. 그분은 당신 오른쪽에 있는 이들을 맞아들이시고 왼쪽에 있는 이들을 단죄하신 다음 이렇게 말씀하셨습니다. "이렇게 하여 그들은 영원한 벌을 받는 곳으로 가고 의인들은 영원한 생명을 누리는 곳으로 갈 것이다"(마태 25,46).

따라서 우리는 이 세상에서, 아내가 있는 이는 없는 것처럼 살기 위해, 그리고 실제로 아내가 없는 이는 동정을 통하여 다른 모든 덕들을 실천하기 위해, 모든 노력을 다해야 합니다. 그리하여 이 삶이 끝날 때 쓸데없는 한탄 속에서 고통받는 일이 없어야 합니다.

주제어 색인

간음 20 33 42-4 48 62 66 71 82 84 90 98-9 101 110 114-5 127 131

간통 43-4 48 56-7 62 66-7 71 103 121 130 138 148 158 160 205

거룩함 52 64 93 192

걱정 25-6 40 47 50 63 82 113 115 126 130-1 138 140 143 150 154 164-70 173 179 181-2 184 187-94 196 198 201 204

검소 14 36 128 139 144 175 183

결합 18 31 33 40 42 45 52 64 68 70 73 81-2 89 106 112 122 147-8 155 164 171 186 188

겸손 29 36-7 64 117-9 134-6 175

고뇌 58 117 169 179

곤경 139 178

관상 19 40 50-1 181

굴레/사슬 130-1 139 147 149 178 192-3 207

권위 14 28 59 76 103 131-2 136 163

금욕 13-4 16-24 29 31 33 36 45-6 48 50-1 57 59-60 63 68-70 74 85 88 101-2 105-6 114-5 118-20 124 126 129 133 136 140 145 147-8 202

나약 33 43-4 72 80 84 86 94 98 113-5 121 127 152 166 191 195-7 207

노아 89 205 208

단식 37 61 70 100 105-7 109 119 175

덕 17 19-20 22-3 26-7 33-4 37-8 45 47 49-50 57 61 69 77-80 85-7 93-4 98-9 102 109 116-9 123 133-4 137-40 144 149 152-4 168-9 176 193 199-200 204 206 208

마니(교) 25 60 63

마르키온 60 71

모세 55 85 93 106

무절제 70 87 90-1 113-5 119-20 127 183 185

밤샘기도 37 70 100 175

방종 14 62 90 148 185

벌/징벌 19 25 27 33 48 55-6 58-9 61-2 68-9 71 73 81 91-8 119-20 126-7 129 134 139 148

152 158 160 177 205 207-8
보상   26 34-5 37 47 55-6 58 61 69 81 99 123 139-40 148-51 153-4 157 189 191 203 206 208
복됨   162 169 202
본성   17 38-9 57 67 69-70 72-3 88 90-1 101 123 144 149-50 154 158 176-7 181 189-191 197 199-200 206
불경(건)   64 67 97
불안   40 81 83 117 166-8 170 173 181 184 189

사랑   18 29 36 45 47 55-7 74 78 86-7 106 108 110 157 163 175 180-1 187 198 202 205
삶의 현실   61
선   16 25 30 34 37 48 56 58 60-1 67-74 97 100 109 116 193 202 206
선택   25 33-7 50 52 59 68-70 91 99 120 125-6 132-4 138 177 193 198
순결   35 55 63-4 176 194
순수   36 38-9 47-8 63 76 92 119 124 175 195
심판   26 41 44 57 66 95-6 119 125 159-60 170 196 203 208
싸움/투쟁   51 59 61 66 70 80 78 91 99 100-1 111 122-4 128 139 149 178-9 204 206-7

아담   37-8 41 81-4 86 89 141
아론   97
아브라함   202-5 207

악의   24 42 72 91 94 96 131 168 202
야곱   202-3
엘리야   94 199 200
열망   23 77 106 114
열정   23-4 33 50 55 68 87-8 100 177 195 202
온유   109 119 175
완전   18 26 50 57 69 85 94 119 141 163-4 201-2 204-6
요한, 세례자   15 202
용기/용맹   65 87 146 175 185 201-2
육욕   43 102 109
율법   17 27 55 60 75 85-6 88 93 100 166-7 138-9 155 177 195 205 207
은사   115 117-20 206
은총   31 37 77 106 117-8 134-5 153 155 200 206
이사악   202-3

자제   68 73 90 92 106 124-7 130
전리품   99 140 202 206-7
절제   45 66 70 88 110 113-5 131 144 176 204
정결   19 32 35-6 38 41 48 55 62 70-1 73 90 98
정욕   35-6 41-4 70 82 84 89 100 123-5 127 137 143 160 190 204
지혜   26 28 35 38 42 62 66-7 77-8 88 141 144 152 175 179 186 190-1 193 199

철학   26 30 34 38 43 60 65 86

116 144 155
출산　16-7 43 45 70 80 127 143
　　165 167-8 177
친밀함　32 37 45 58 81
친절　85-6

쾌락　21 63 85 90 108 111 113-
　　4 127 131 138 140 142 144
　　155-7 159 163 170 173 182-5
　　188 200 204 207

태만　80 190

평온　34 48 70 112 175 180-1
품위　18 31 39 48 50-1 71 104
　　142 174 193-4 200-4
플라톤　30 67

하와　37 41-2 81-4 86 89
행복　25 35 40 42 44 61-2 75 119
　　155-6 164-6 169-71 180-1 191
호의　14 37 39 50 61 93 102 104
　　106 108 133 149
혼인　31-2 39-48 60 66-72 83-6
　　90-1 98-9 102-3 105-7 124-30
　　137-9 156 161-71 177 168-8
확신　13 30 37 50 66 76 120 136
　　138 150 202 208

주제어 색인

211

성경 색인

■구약

창세
1,3-25 81
　26 80 142-3
　28 27 41 83 88
　　142
2,18 141-3
　19 142
3,14-17 84
　16 130 177
6,1 141
　2 89
　7 89
　9 205
15,2 83
18,27 82 101 123

탈출
9,15 106
14,28 97

레위
18,5 205

민수
12,1 93
　　2 93

16,1 97

신명
24,1 130

1사무
10,25 104

1열왕
19,5 200

2열왕
1,9-12 95
2,23 93-4
4,38 200

2마카
7,19 62

욥
2,9 141
29,14 82
30,19 101

시편
44,14 LXX 65
45,14 65
50,20 92

73,5 97
127,1 100

잠언
6,27 112
　34-35 158

코헬
5,11 184

아가
8,6 157

지혜
9,14 76

예레
3,1 117

집회
1,1 140
25,19 141
　　24 141

이사
5,20 92
62,5 55

호세
2,21 55

요엘
2,15 106
  16 106

아모
2,12 92
6,4-6 156

하바
2,15 92

말라
3,20 92

■신약

마태
5,20 205
  22 56 92
  28 110
  32 75 103
  37 205
  44 56
  45 153
  46 57 206
8,11 202
  12 97
10,37 198
18,6 93
  24 108
  32 73
19,8 130
  9 130
  10 78 109 131
  12 18 28 35 59
     69 78-9 87 118
     133 153
  28 203
22,30 72-3 198
25,15 58
  32 57
  34 28
  41 61 97
  46 208
26,41 59

마르
1,24 68

루카
6,27 56
10,20 119
14,26 140
  26-27 188
17,10 59
20,36 72

요한
8,44 60
10,11 60
  15 60
16,12 75

사도
5,39 62
  41 176
8,20 97
16,17 68

18,26 144

로마
6,8 106
7,1 121
  23 207
  24-25 207
8,3 207
12,6 118
  20 150-1
13,11-12 187
14,1 63
  4 196
  10 196

1코린
2,2 151
  14 81
3,2-3 151
  17 98
6,5 181
  15 98
  19 98
7장 16-8 28 30
7,1 77 79 98-9 101
     109 115
  1-27 25
  2 90 99 101 145
  2-5 109
  3 102 104
  4 102 104 131
  5 90 103 104 113
     127 129 190
  6 114
  7 59 115 117 133
  7-8 120

성경 색인

213

8   123 133 136
8-9   125
9   90 124 126
10   74
10-11   128
11   129 130
12   74 76 133
12-13   75
16   143 145
21   132
23   132 207
25   59 114 132-5 145 192
25-26   148
25-28   145
26   136-7 150
27   145 148
28   126 148 150 154 186 192
28-40   26
29   150 186-7 189
30   191
31   188
32   150 188
32-33   189
32-43   113
33   82 191
34   66
35   18 73 192-4
36   195
37   197
38   46 49 72 119 198
39   121 125
40   75
8,1   63

9,2   136
25   66
26   58
11,30-32   96
15,9   116
10   118

2코린
6,4-5   119
6   119
11,2   55

갈라
4,12   116

에페
2,21   98
4,13   85
31   130
5,21   29
25   55
6,12   100 149

필리
2,16   58
4,5   188

콜로
2,16   63 196
20-22   196

1티모
1,6   121
2,9-10   155
14   141
4,1-3   63

5,6   155
9   121 126
11-12   125
12   199
15   121
24   95
6,8   144
8-9   155
10   202

2티모
2,5   66

히브
13,4   66-7 105

2베드
2,22   96

묵시
19,7   55